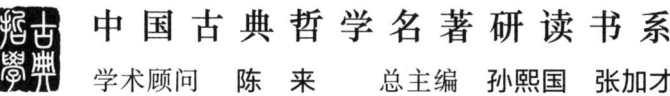

中国古典哲学名著研读书系

学术顾问 陈 来　　总主编 孙熙国 张加才

止于至善的诠释
《大学·中庸》

刘成有 ◎著

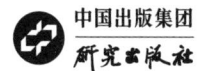

中国出版集团

研究出版社

图书在版编目(CIP)数据

止于至善的诠释:《大学·中庸》/ 刘成有著. --
北京:研究出版社,2022.4
 ISBN 978-7-5199-1107-2

Ⅰ.①止… Ⅱ.①刘… Ⅲ.①儒家②《大学》- 研究
③《中庸》- 研究 Ⅳ.①B222.15

中国版本图书馆CIP数据核字(2021)第241105号

出 品 人:陈建军
出版统筹:丁 波
责任编辑:刘善军
助理编辑:于孟溪

止于至善的诠释:《大学·中庸》
ZHIYU ZHISHAN DE QUANSHI: DAXUE ZHONGYONG
刘成有 著

研究出版社 出版发行
(100006 北京市东城区灯市口大街100号华腾商务楼)
北京中科印刷有限公司印刷 新华书店经销
2022年4月第1版 2024年4月第2次印刷
开本:710毫米×1000毫米 1/16 印张:19.75
字数:245千字
ISBN 978-7-5199-1107-2 定价:59.00元
电话(010)64217619 64217652(发行部)

版权所有·侵权必究
凡购买本社图书,如有印制质量问题,我社负责调换。

中国古典哲学名著研读书系编委会名单

学术顾问： 陈 来

总 主 编： 孙熙国　张加才

编　　委（以姓氏笔画为序）：

　　　　王英杰　化 涛　白 奚　朱 岚　刘成有

　　　　李 琳　李良田　李道湘　肖 雁　宋立卿

　　　　张旭平　张艳清　林存光　董 艺

总序

著名哲学家、哲学史家
清华大学国学研究院院长

中华优秀传统文化是中华民族的"根"和"魂",是中华民族的精神命脉,是涵养社会主义核心价值观的重要源泉,也是我们在世界文化激荡中站稳脚跟的坚实根基。在这一意义上说,丢弃了中华优秀传统文化就等于割断了我们的精神命脉。党的十八大以来,习近平总书记多次强调中华优秀传统文化之于中华民族的重要意义,强调中华优秀传统文化积淀着中华民族最深沉的精神追求,包含着中华民族根本的精神基因,代表着中华民族独特的精神标识。

"文以载道,文以化人。当代中国是历史中国的延续和发展,当代中国思想文化也是中国传统思想文化的传承和升华,要认识今天的中国、今天的中国人,就要深入了解中国的文化血脉,准确把握滋养中国人的文化土壤。"这是 2014 年 9 月 24 日习近平总书记在纪念孔子诞辰 2565 周年国际学术研讨会暨国际儒学联合会第五届会员大会开幕会上的讲话中提出的一个重要论断。千百年来,中华优秀传统文化已深深地植根在中国人的内心和血液之中,潜移默化地影响着中国人的思想方式和行为方式。因此,要了解中国,做

总序

一个真正意义上的中国人，必须学习中华优秀传统文化，明白我们从哪里来，将来要到哪里去。

学习中华优秀传统文化，最有效的方式就是读中华文化经典，学中华文化原文，悟中华文化原理。但是，中华文化典籍浩如烟海，究竟应该读哪些典籍，从哪些典籍入手学习中华优秀传统文化呢？德国哲学家雅斯贝尔斯在《历史的起源与目标》一书中提出，公元前800年至公元前200年是人类文明的"轴心时代"，是人类文明精神的重大突破时期。这一时期产生于古代希腊、古代中国、古代印度等国的伟大思想家的著述和思想塑造了人类文化的不同传统，直到今天还影响着人类的生活和实践。因此，本丛书选取了中华文明"轴心时代"具有重要代表意义的典籍《易经》《老子》《论语》《孙子兵法》《墨子》《大学·中庸》《孟子》《庄子》《荀子》《韩非子》，请相关专家进行注释、梳理和阐释，最后形成了《中华文化的源头：〈易经〉》《道法自然的境界：〈老子〉》《儒家思想的奠基：〈论语〉》《兵家圣典的智慧：〈孙子兵法〉》《兼爱天下的情怀：〈墨子〉》《止于至善的诠释：〈大学·中庸〉》《内圣外王的追寻：〈孟子〉》《天地精神的融通：〈庄子〉》《礼法并举的方略：〈荀子〉》《经世治国的谋略：〈韩非子〉》等十项成果。

我理解，本套丛书所做的这一工作，不仅仅是让读者读懂和了解中国先秦时期的思想和文化，还希望读者在学习和阅读的过程中，领会中华优秀传统文化的主要内容和独特创造，思考中华优秀传统文化的价值理念和鲜明特色，把握中华文化的历史渊源、发展脉络、基本走向。正如恩格斯所说："在希腊哲学的多种多样的形式中，差不多可以找到以后各种观点的胚胎、萌芽。"中国也是一样。在中国先秦哲学的多种多样的形式中，差不多可以找到后来中国哲学演变发展的各种观点的胚胎、萌芽。只有学习了解和把握了先秦哲学，才能进一步了解和把握汉唐以来的中国哲学乃至整个中华文化的演变和发展。

参加本套丛书撰写的作者都是中国哲学专业的博士、有多年教学和研究经验的专家学者。我在阅读他们的初稿时，感受到他们有强烈的社会责任感、民族自信心和文化自豪感。他们的工作力图达到两个目的，一是让读者通过阅读中国古典哲学名著学习中华优秀传统文化，了解中华优秀传统文化是我们这个古老民族的"根"和"魂"，二是力图用当代中国的生活和实践激活中国古典哲学名著中所蕴含的思想智慧与合理内容，实现中华优秀传统文化的创造性转化和创新性发展，从而服务于当代中国的文化建设和文化发展。

不忘本来才能开辟未来，善于继承才能更好创新。我愿意向各位读者郑重推荐本套丛书，并期待着本套丛书能够为各位读者了解中华优秀传统文化，增强文化自觉和文化自信，坚定道路自信、理论自信、制度自信，发挥应有的作用。

2022 年 3 月于清华园

目　录

导言 ······ 01

《大学》

第一章　大学之道 ······ 002

第二章　明明德 ······ 030

第三章　新　民 ······ 038

第四章　止于至善 ······ 045

第五章　本　末 ······ 056

第六章　格物致知 ······ 059

第七章　诚　意 ······ 064

第八章　正心修身 ······ 074

第九章　修身齐家 ······ 079

第十章　齐家治国 ······ 083

第十一章　治国平天下 ······ 095

《中庸》

第一章　天　命 ······ 129

第二章　时　中 ······ 140

第三章　鲜　能 ······ 143

第四章　行　明 ······ 145

第五章 不 行 …………………… 149

第六章 大 知 …………………… 151

第七章 予 知 …………………… 154

第八章 服 膺 …………………… 156

第九章 可 均 …………………… 158

第十章 问 强 …………………… 160

第十一章 素 隐 …………………… 163

第十二章 费 隐 …………………… 166

第十三章 不 远 …………………… 172

第十四章 素 位 …………………… 178

第十五章 行 远 …………………… 183

第十六章 鬼 神 …………………… 185

第十七章 大 孝 …………………… 188

第十八章 无 忧 …………………… 192

第十九章 达 孝 …………………… 195

第二十章 问 政 …………………… 199

第二十一章 诚 明 …………………… 226

第二十二章　尽　性 ………………………… 229

第二十三章　致　曲 ………………………… 232

第二十四章　前　知 ………………………… 235

第二十五章　自　成 ………………………… 237

第二十六章　无　息 ………………………… 240

第二十七章　大　哉 ………………………… 246

第二十八章　自　用 ………………………… 257

第二十九章　三　重 ………………………… 262

第三十章　祖　述 …………………………… 270

第三十一章　至　圣 ………………………… 273

第三十二章　经　纶 ………………………… 277

第三十三章　尚　纲 ………………………… 280

参考书目 ……………………………………… 291

后记 …………………………………………… 293

导言

《大学》《中庸》的地位

构建社会主义和谐社会，需要我们付出艰辛的努力。《中庸》中所说的"人一能之，己百之；人十能之，己千之"，简明扼要地揭示了中华民族自强不息的奋斗精神；"致中和，天地位焉，万物育焉"，则把中华民族自强不息的奋斗目标明确指向了天人和谐。如今，和谐社会的理念，"人一之己十之"的精神，正发挥着引领我们"共克时艰"、取得更大胜利的重要指导作用。其实，这种精神源远流长，数千年来一直维系着中华民族绵延不绝的灿烂历史。

悠久灿烂的中华文明，如果从北京山顶洞人算起，距今已有一万八千年的历史。但是，中华文明最富有特色的地方，并不是殷商以前占主导地位的原始宗教，而是脱离原始宗教以后逐渐丰富起来的人文主义精神。这种人文主义精神，肇始于西周初年，花开在春秋战国，至今已有三千多年的辉煌历史。西周初年形成的"天命靡常""唯德是辅""天意在民"等基本观念，以后逐渐成为中国社会政治伦理的基本准则。围绕着理想的政治接班人的培养问题，个人道德逐渐成为全社会关注的焦点。天道人事，和谐统一，总是以天人合一的显性思维，影响着一代又一代的思想者。儒道墨法、阴阳兵农，哪一个是例外？特别是儒家，更是以内圣外王、天人合一的超迈气概，一枝独秀，推演着中华文明的千秋大业昂首向前！尽管偶尔也会出现一些小插曲，但这些小插曲也只能是儒家文明发展长河中的回漩而已，反而更能凸显儒家文明大河东流的磅礴气势！

儒家文明的基本典籍，有"四书""五经"乃至"十三经"之说。"五经"主要是指中国最为古老的各种典籍，主要包括《诗》《书》《礼》《易》《春秋》五部，因西汉汉武帝开始设立"五经博士"而成为最高国家意识形态的重要典籍。后来，《礼》又分为《周礼》《仪礼》《礼记》三种，《春秋》分为《左传》《公羊传》《穀梁传》三种，共成"九经"，唐代后期又加上《孝经》《尔雅》《论语》等而成"十二经"，最后又加上《孟子》共成"十三经"。这样的篇幅自然很大，完全弄懂也绝非易事。而且，其中有些偏重于文学、有些偏重于历史、有些又偏重于制度，并不完全都是思想性质的著作。因此，随着中华文明的演进，古代思想家们逐渐从上述典籍中发掘出篇幅短小、文字简洁、思想深邃的四个部分汇聚而成《四书》，那就是《大学》《中庸》《论语》和《孟子》。其中的《大学》和《中庸》，本是《礼记》中的两篇文章，汉武帝时随《礼记》成为五经之一而进入国家最高学府——学官，比《论语》《孟子》升入学官的时间还早。北宋天圣八年（1030）宋仁宗曾将单行本《大学》赐新第进士王拱宸等，程颢程颐兄弟也曾将二者整理并与《论语》《孟子》放在一起称为《四书》，此为"四书"名称之始。到南宋朱熹穷毕生心血为之注疏以后，《四书》逐渐成为中国知识分子的必读教科书。特别是1303年元代统治者规定《四书》为科举考试、选拔政府官吏的标准教材，然后一直到1905年废除科举考试为止，其间六百年的标准政治教科书时代，《四书》对于那个时代知识分子的心灵世界、生活方式产生了深远的影响。

《大学》和《中庸》的地位，是在《四书》中体现出来的。朱熹在《四书章句集注》的"序文"中指出，阅读《四书》的顺序应该是先《大学》，次《论语》和《孟子》，最后才是《中庸》。在朱熹看来，《大学》是儒家的入门书籍，《中庸》思想深邃，最不容易理解。实际上，经过朱熹的整理、注疏，我们不难发现：《大学》是儒家简明扼要的政治论文，它不仅把儒家的德性修养功夫讲得明明白白，而且也把儒家的政治抱负发挥得淋漓尽致！读《大学》，不能不使人感到热血上涌！《中庸》则是儒家思想深邃的哲学论文，既有旁通于社群的价值实现，也有上达于天道的理性诉求。在现实社会的人际关系中实现个人的价值，在实现个人价值的过程中体会天道、实践天道。所谓尊德性而道问学、极高明而道中庸，儒家的精神皈依处，不过如此！读《中庸》，不能不使人觉得理所当然！证之于《论语》《孟子》，道不远人，即事而真！圣人的人生实践，并不是高山仰止的日月星辰，只要你愿意，只要你努力，你就可以成为孔孟一样的圣贤！

可见，《四书》之间秩序井然，思想深刻，其中的《大学》《中庸》更是具有儒门"心经"或"圣经"一般的核心地位！

《大学》《中庸》的文本来源

《大学》《中庸》原本是《小戴礼记》中的第四十二篇和第三十一篇，篇幅都很小，《大学》1742个字，《中庸》3545个字。但由于宋代以后它们在儒家思想发展史上的突出地位，后人对于它们的研究也就倾注了大量的心血。但遗憾的是，研究越多，问题也就越多。特别是这两篇文章产生的时代与作者，更是莫衷一是，说法不一。不过，《大学》与《中庸》的产生时代与作者，我们可以从《礼记》的研究中得到线索。

《礼记》一书，据《汉书·艺文志》说是七十子后学者所记，由汉人戴圣传述，故又称《小戴礼记》，以区别于戴德所撰的《大戴礼记》。根据冯友兰在《中国哲学史新编》中的看法，《小戴礼记》似乎是《大戴礼记》的选本，所以两个选本没有重复的篇章。一般所说的《礼记》就是指《小戴礼记》。近代大多数学者认为《礼记》二十卷四十九篇，全书保存了大量的先秦时代的社会史料，但成书在汉代。首先，该书四十九篇中，仅关于婚丧祭礼的就有十七篇之多。其次，《礼运》篇中反映出了儒家学派闪光的政治理想——大同世界。再次，《大学》《中庸》和《学记》三篇分别载有许多合理的经济思想和教育思想。最后，《内则》中记载的家庭规制和敬老制度，《大传》中尊祖敬宗和大宗小宗的区别，对研究古代中国的家庭结构、政治结构和社会结构，探索封建社会长期延续的原因，具有重大的参考价值。

从现有的研究成果来看，《礼记》初无其书，它确实是汉代发现的几批儒家文献的汇编，其中有一半内容解释《仪礼》，一半内容属于儒学通论。但对许多学者关于"《礼记》成书于汉代"的主张，我们认为这种论断并不等于《礼记》中的每一篇文章都是汉代人所写，只能说是汉代人完成了现在通行的《礼记》定本。由于《礼记》是一种类似于现今论文集性质的著作，所以其中选文的时代界定，就变成了一项十分艰巨的文献考辨工作。所以学术界只好笼统地说，《礼记》是先秦儒家学术论文汇编，非一人一时所著，它包含了从孔子直到孟、荀各家各派的论著，其中皆为孔子七十子后学所记，内容相当庞杂。大多写就于春秋战国时代，文中反映的基本内容多系先秦古制，其中录有一些孔子言论或其弟子对孔子思想真谛的发挥，即使有个别篇章是秦汉儒生所撰，但其基本内容也都是对先秦古制的追记，书中包含着古代礼制和当时社会生活情景的内容。我们认为,这些篇章处处体现出春秋战国时期宗法制的原则和精神。

特别是《郭店楚墓竹简》与《上海博物馆藏战国楚竹书》相继面世后,给先秦思想的研究带来新的曙光,并从一个侧面证明了《礼记》中的主要文章写成于战国时代的观点。郭店简和上博简第一册中都有《缁衣》,且与今本《礼记》中的《缁衣》大致相同。上博简第二册中的《民之父母》,内容与《礼记·孔子闲居》大体相同;第四册中的《内礼》,与《大戴礼记·曾子立孝》内容相近。此外,上博简中还有一批在内容和形式上与大小戴《礼记》相近的作品,如第二册中的《鲁邦大旱》、第四册中的《相邦之道》,都与大小戴《礼记》中那些记载孔子应对弟子及时人的文章相近。这些出土竹书的数量与大小戴《礼记》现有文章相比,虽然所占比例较小,但足可窥一斑而见全身。这些文献的出土对某些学术定论——诸如认为大小戴《礼记》作于秦汉时代——提出了挑战,它们表明像大小戴《礼记》中的文章完全有可能作于春秋战国之际七十子后学之手,之后虽然经过了秦汉儒生的润色加工和部分的附益,但其材料的性质没变,主要反映了春秋末年到战国中后期的儒家思想。

《大学》《中庸》的作者与思想内容

弄清了《礼记》的性质与成书年代,就可以明白《大学》和《中庸》的作者与思想内容等相关问题。

按照宋代以后比较通行的朱熹的观点,《大学》一般被认为由两个部分组成:开头的"经"一章和后面的"传"十章。"经"的部分是"孔子之意而曾子述之","传"的部分是"曾子之意而门人述之"。这里提到的曾子,名曾参,是孔子晚年的学生,认为"忠恕"是孔子"一以贯之"

的思想。曾子以"孝"著称，注重修身，提出了"吾日三省吾身"的修养方法。孔子逝世后，统领一方，弟子较多，后被尊称为"宗圣"。孔子的孙子孔伋，也就是子思，相传就曾跟着曾子学习，并完成了《中庸》的写作，后被追封为"述圣"。这种说法，是汉代的司马迁、郑玄传下来的，但清人崔述则断言"《中庸》并非子思所作"。冯友兰则从《中庸》的内容和文体两点出发，认为《中庸》的中间部分多言人事，文为记言体，似为子思所作《中庸》的原貌；而首末两部分则论及天人关系，文为论著体，乃后人所加。应该说《中庸》从子思之文到收入《礼记》，再到宋人的解说，最终由朱熹从《礼记》中抽出重新校定章句，并加以注解成为《四书》之一，经历了一个漫长的过程。

《大学》有所谓"古本"和"通行本"之别，其实中间文字的差别不大。主要的不同，是朱熹觉得"古本"中有些地方不够通顺而进行了一定的调整。其实这种文字方面的调整，北宋思想家程颢、程颐兄弟都做过相应的尝试。他们对古本《大学》文字顺序进行调整的原因，主要就是觉得中间的文字可能有所佚失，一些地方读起来颇为费解。特别是经过朱熹的调整与解释，新本《大学》更能反映儒家的基本精神，而且文字通顺，思想鲜明，逻辑结构清晰。后来又经过元朝帝室的推崇而成为科举教材，逐渐成为权威的"标准版本"而流通于世。朱熹注本十分普及，而且影响巨大，以至于后来出版《礼记》的时候，《大学》和《中庸》往往被省略，留下的篇名目录中，辅以"大学章句"或"中庸章句"了事，正文中大多不再单独排印。

通行本《大学》的内容，通篇贯彻一个中心思想：修己以安民，也就是把人生哲学和政治哲学熔为一炉。个人的道德修养，不仅是每一个"君子"做人的本分，而且也是每一个"君子"实现自我价值、施展个人抱负的基础。道德论与政治论的有机结合，后来更被简化理解为"内圣外王"四个字。这种思想,在《大学》开篇第一段,也就是被称为"孔子之意"的一段话里,被表述为"明明德、新民、止于至善"和"格物、致知、诚意、正心、修身、齐家、治国、平天下"。前者被称为儒家的"三纲领",后者被称为"八条目"。就"三纲领"而言,"明明德"是对自己,彰显自己内在的光明德性;"新民"是对百姓,要把自己身上内在的光明德性外化为具体的社会实践,在统领管辖的范围内移风易俗,提升社会文明水平。"止于至善"则是强调"明明德"与"新民"的奋斗目标。《大学》后面所谓"传"的部分,基本上都是围绕着上述"三纲八目"展开的具体阐发和论述,特别是"诚意""正心"以至于"修身",强调不仅"自天子以至于庶人,壹是皆以修身为本",更认为"修身"之后,方可进一步"齐家""治国""平天下"。这些方面,《大学》论述得颇为详细。关于《大学》的中心思想与结构,可以用下表简单概括:

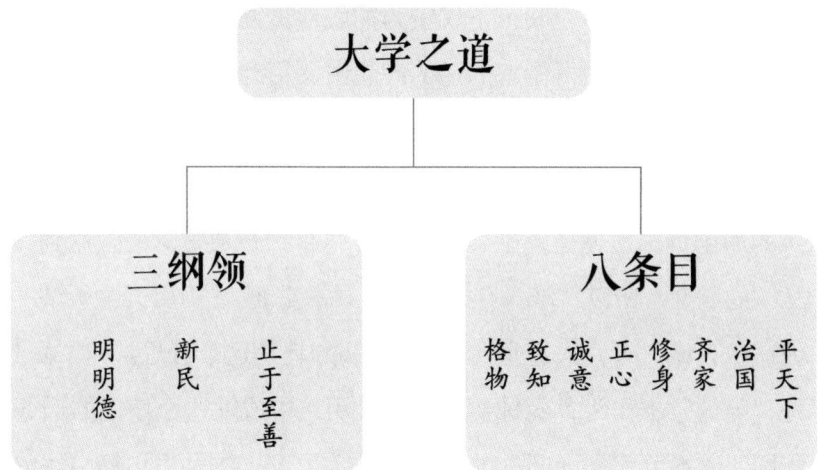

至于"诚意""正心"的依据何在,也就是"格物""致知"的内涵如何?格物与致知之间、致知与诚意之间的关系如何,《大学》中并没有进行清晰的说明。朱熹也觉得颇为困惑,于是根据程颢、程颐的思想补写了一段。但朱熹补写的"格物致知"的意思,宋明理学的痕迹太过明显,显然不符合《大学》原文的一贯思想。我们认为，《大学》中缺少对格物致知的详细说明，是由《大学》文本的特点决定的。因为格物与致知之间的关系，涉及认识的来源问题；致知与诚意之间的关系，更是涉及道德的来源问题。认识的来源与道德的来源，恰恰属于哲学所谓的本体论思考的范围。这个问题，显然不是儒家政治论文《大学》关心的核心。

担当上述使命的，正是儒家的哲学论文《中庸》。《中庸》版本的前后变化不大，其中心思想正是论证认识和道德的来源问题，论证儒家所倡导的理想人生的合法性问题。衡诸中外思想史，这个依据大多都是人之外的天道。但大多数思想都是基于天人二分的对立思维，将外在的力量神圣化、绝对化，从而产生了类似于上帝的至上神灵的观念。以《中庸》为代表的儒家文明则是基于天人合一的圆融思维，将外在的天道人间化、相对化，在天人之间架构了一座彼此相通的桥梁，从而强有力地压缩了外在神灵的存在空间，不仅较为彻底地贯彻了早期儒家形成的人文主义精神，而且也使得儒家的道德理想主义更为丰富和完善。《中庸》所架构的这座天人相通的桥梁，是一个简简单单的"诚"。《中庸》中的这个"诚"字，不仅具有"天道自然"的本体意味，而且也具有"天道无私"的道德诉求。但是，生之为人，难免有私心杂念，难以达到"天道无私"的高度，所以"修身"也就变得异常重要。《中庸》中所谓"诚者，天道也；诚之者，人道也"，反复强调的就是这个意思。但"修身"并不是"出世"不作为，而是要在百姓日用之中成就这个伟大的道德事业，所谓"道不可离"，也是"中庸"的应有之义。这种思想集中体现在《中庸》开篇三句话"天命之谓性，率性之谓道，修道之谓教"中。

汉代郑玄《礼记注》中的《中庸》，没有分章，也没有分卷。但到了唐代孔颖达的《礼记疏》，则分为上下两卷三十三章。程颢、程颐兄弟的《中庸解》，又分为三十六章。这样的编排，粗读起来，颇觉杂乱。有些部分明显具有议论文的特点，文字考究，逻辑严谨。但有些地方杂引孔子之语，并冠之以"子曰"或"仲尼曰"，仿佛读书笔记的摘抄。这样的文体，劳思光先生就认为"大抵是编礼记时所采之材料之一类"。朱熹作《中庸章句》的时候，把全书分为三十三章，但内容编排与孔颖达的分法很不一样。不过前后文本的顺序与具体内容没有改动，所以《中庸》不像《大学》那样存在古本和通行本的区别，到目前为止，《中庸》只有一个通行本。

朱熹曾经指出：在他所编排、注解的《四书》中，《中庸》是最难阅读的著作，因此主张在顺序上，应该最后阅读。的确，初读《中庸》，人们对于其中的第一段话，好像还能够产生一点儿模模糊糊的感觉，但又很难说得清楚。比如"天命之谓性，率性之谓道，修道之谓教"，"喜怒哀乐之未发谓之中，发而皆中节谓之和。致中和，天地位焉，万物育焉"等，读起来朗朗上口，但如果追问命、性、道、教、中、和等一个个关键词的含义，以及这些关键词前后之间的逻辑关系，可能就会产生飘渺于仙境之中的感觉，深深感到语言表达的局限性。如果人们能够耐心读下去，就会发现后面的文字中基本上都是一段段的引经据典，读起来简直如坠云雾。即使我们能够克服理解引文方面的困难，但要弄清楚一段段引文之间的关系，确实不是一件轻松的事情。但历代儒家宗师都十分重视《中庸》这篇文章，汉代的经学大师郑玄认为"孔子之孙子思伋作之，以昭明圣祖之德。"南宋的朱熹曾对李子方说："《中庸》一书，枝枝相对，叶叶相当，不知怎生做得一个文字整齐。"并指出"此篇乃孔门传授心法"，认为"放之则弥六合，卷之则退藏于密。其味无穷，皆实学也。善读者，玩索而有得焉，则终身用之，有不能尽者矣。"面对如此高的评价，我们不禁要问：应该如何理解中庸的含义？如何把握《中庸》的逻辑结构？只有弄清楚这些问题，才有可能消除雾里看花的感觉。

讲到中庸，许多人会联想到"中庸之道"；联想到"中庸之道"，则会进一步联想到"和事老"。似乎儒家的中庸之道,是一个不分是非的"滑头哲学"。但在《中庸》开篇第一段中,文章明确指出"喜怒哀乐之未发谓之中,发而皆中节谓之和"。这里的"中",显然不是"和稀泥",而是没有任何私心杂念参与其间的中正、无偏的状态;"和"则是无偏、无私的心具体应用到各种人类事务过程中符合社会各种规范的和谐状态。郑玄说:"名曰《中庸》者,以其记中和之为用也。庸,用也。"对此,朱熹是同意的:"中者,不偏不倚、无过无不及之名。庸,平常也。"但朱熹接下来又引证说:"子程子曰不偏之谓中,不易之谓庸。中者,天下之正道。庸者,天下之定理。"上述两种代表性的解释尽管文字不同,但义理是相通的。至诚至公、无偏无私的天道,应用到人间就是人道,相应的,人道就应该秉持像天道那样不可更改的"大中至正"的原则。上天日月相代、四时更替中表现出来的"天行健"精神,君子就应该仿效,所以要"自强不息";大地承载万物、化育万物中体现出来的"地势坤"精神,君子也应该仿效,所以要"厚德载物"。可见,中庸之道,实际上是宇宙中"中正"即中正、和谐精神在人类日常生活中的具体运用而已。

就《中庸》通篇结构而言,朱熹认为第一章是子思传述孔子之意,是全文的纲领,主要申述"中和"思想;第二章至第十一章为一节,子思引证孔子的话阐述第一章的思想,主要分析"中庸"思想;第十二章及以后的八章,重点分析"费隐"之间的关系来说明"道不可离"的思想;第二十章及以后七章,重点说"诚";第二十七章至第三十二章,重点说"大德""小德",反复解说天道人道的含义;第三十三章,又进一步申述第一章的思想。在我看来,朱熹的分段,也可能蕴藏着另外一种解读方法:立本与显用。首章"立本",解释天地之道;尾章回应,归结到天人合一的理想状态;中间的三十一章"显用",分为"知天道"(大知)、"行天道"(大行)两大部分。而"行天道"部分又明显包含着"齐家以孝""治国以诚""平天下以德"三个方面。按照这样的线索阅读，通行本《中庸》不仅秩序井然，思想深邃，而且各段引文妙韵无穷。细读《中庸》，文中所述天道至诚、人道可期的"孔门心法"，确有"放之则弥六合，卷之则退藏于密"的本体论价值，值得仔细玩味。关于《中庸》的思想结构，图示如下：

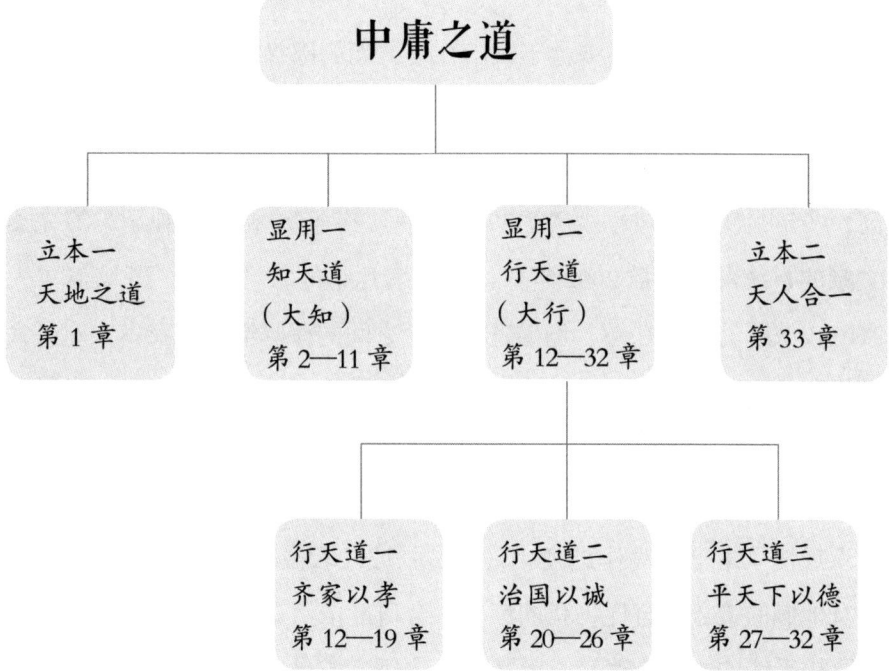

本书写作，以朱熹《四书章句集注》为底本，并仿朱熹《大学》十一章、《中庸》三十三章的段落划分，但不分"经""传"，每章标题，依意而定，借以显示各章的中心思想，务使一目了然。凡章节文字较多者，依内容结构，分节说明。各段文字，均按原文、注释、译文、品析四个方面予以解读，力求在消化前贤成果的基础上，揭示《大学》《中庸》中蕴藏的儒家人生论、政治论、本体论、认识论、人性论之精义，力图为弘扬传统文化略尽绵薄之力。

同时，为了给读者提供更多的阅读空间，在附录中又增加了《大学》和《中庸》的原文（包括古本《大学》）以及朱熹的注解。这样做的目的，可以使有心的读者直接面对五千多字的原文，阅读起来，一气呵成，可以体会原文的精义，或者直接通过朱熹的注解理解原文。按照笔者的体会，每一种阅读，都有它的精妙之处，希望附录的内容能够满足不同读者的需求。

本书的写作，主要得益于以下几个方面的因缘：首先是中央民族大学中国哲学专业硕士研究生的培养工作。在实际的教学工作中，我们深感古代典籍的重要以及国学基础的欠缺，所以在中国哲学原著的学习方面，多年来我们比较重视《四书》《老子》《庄子》《周易》《礼记》等先秦文献的系统阅读。自2002年开始，连续几年的教学相长，既培养了大家比较浓厚的学术兴趣，也增进了师生之间的深厚情谊，我本人对《大学》和《中庸》也积累了一些心得体会。罗瑜、林冬子、周妍、张景龙等2007级的几位研究生，在大家学习、研讨的基础上，更是做了较多的基础性工作。他们在部分段落的注释、译文，甚至品评方面的辛勤付出，大大加快了本书的写作进度。其次是张加才教授与赵卜慧女士的费心，没有他们的策划与督促，我的读书体会可能依然是想法而已，很难整理成比较系统的文字。第三，前贤时俊的研究成果，也都是本书得以完成的增上因缘，由于书稿的体例与行文要求，未能一一注明。若有冒犯之处，敬请谅解。

总之，感恩的心，无处不在。弘扬中华民族优秀的传统文化，我们责无旁贷；推动中华民族的伟大复兴，我们义不容辞！虽然难有增砖添瓦的显著力量，但尽心尽力，"仰不愧于天，俯不怍于人"，毕竟也是我们衷心的期望！

《大学》

《大学》是《小戴礼记》中的一篇，相传为孔子的弟子曾参所作，在中国古代教育理论中占有极重要的地位，正如程子所说："《大学》，孔氏之遗书，而初学入德之门也。"想要成为登堂入室的儒家门徒，学习《大学》是"通关"的第一步。为什么这么说呢？儒家教育，"为人"与"为学"，二者难分轩轾。大致说来，"为人"是做什么样的人，属于人生实践的问题，包含着树立什么样的人生观与确立什么样的人生抱负，《大学》所讲，正是这样的内容。"为学"属于较深层次的理论探索，需要进一步分析人生观的"合法性"问题，这自然涉及儒家人生观的天道依据，《中庸》所讲，正是此意。可以说，《大学》正是儒家一篇响亮的政治宣言，《中庸》则是儒家一篇深邃的哲学论文。《论语》和《孟子》则是两个重要的诠释性文献，目的正是要说明《大学》与《中庸》所揭示的儒家道理"极高明而道中庸"，目标高远、切实可行，人人皆可成为尧、舜、禹那样的圣人。所以，《四书》构成了一幅比较清晰的儒家文化的基本轮廓，也建构了一个育人的基本模式。宋元明清时代的"士"，能够逃脱《四书》的思维方式与生活方式者，屈指可数。

第一章　大学之道

【原文】

　　大学之道①，在明明德②，在亲（新）民③，在止于至善④。

【注释】

　　① 大学之道：大学的宗旨。"大"，古音"泰"，同"太"，现在一般读作"大"，含有至高至极的意思。"大学"是相对于"小学"而言的，都是古代的一种教育机构。"道"的含义，主要是指教育的根本目的、方法、内容等。

　　② 明明德：前一个"明"字是动词，彰明、彰显、表现出来的意思，"使……彰显"；后一个"明"字是形容词，有阳光、光明、善、美好等意思。"德"，德性的意思。此句主要是讲加强个体的道德修养，用儒家的话来讲，就是"修己"或"内圣"。明明德，如太阳一般，光照万物的伟大品性，都是源于自身的能量，而且是自己无偏无私的自然、自觉的行为。

　　③ 亲民："亲"字，古文中作"親"，与"新"通用，《大学》后面的正文中也都解释为"新"字。"新民"，即是"使民革新"的意思，用"五四新文化运动"中的提法，则是"刷新国民道德"的意思。

此句主要是讲到道德基础上的社会担当责任与意识,用儒家的话来说,就是"安民"或"外王"。

④ 止于至善:"止"是应当达到的境地,有"归宿"的意思,由"停止"等意义引申而来,所以朱熹解释为"必止于是而不迁之意"。"至善"则是指"明明德"与"新民"应该达到的最完美、最理想的境界。结合起来看,这里的"止",具有两层意思:一是如何达到最理想的境界,一是达到理想境界之后如何维持这种理想的状态。因此,这个"止",就不仅仅是"停止"的意思,还应该是一个动态的平衡过程。

【译文】

大学的根本宗旨,在于彰显人们内在的光明美好的德性;在于用这种德性教化百姓,使百姓弃旧图新,成为新人;在于使人们达到并安于最完美的至善的最高境界。

【品鉴】

"大学"是相对于"小学"来讲的。按照宋代朱熹的理解:中国古代"人生八岁,则自王宫以至于庶人之子弟皆入小学,而教以洒扫、应对、进退之节,礼、乐、射、御、书、数之文。及其十有五年,则自天子之元子,众子,以及公卿、大夫、元士之嫡子,与凡民之俊秀,皆入大学,而教之以穷理、正心、修己、治人之道。"朱熹的解释,虽然大意不差,但并不全面。实际上,"大学"一词至少应有三种含义:一是古代教育机构中的最高学府——"太学";二是《礼记》中第四十二篇或《四书》中的第一篇文章——《大学》;三是指相对于"小学"而言的一种学问。本段所指,即是第三种含义。

那么，什么是"小学"呢？古代的"小学"，一般有两种含义：一是训诂学等文字学研究，就像清代那些考据大家所做的工作，对汉字的字形、字音、字义的来龙去脉进行详细的研究；一种是写字、算术以及洒扫应对等启蒙教育。这种学问之所以被称之为"小学"，是因为它主要偏重于知识的学习、传授以及生存技能的培养，属于基础性的学问。相较而言，"大学"则是"大人之学"，是培养如何成为"大人"的学问。所以，"大人之学"一般也具有两层含义：一是"修己"，加强自己的道德修养，练就自己的高尚品德，具备教化人群的基本素质；一是"安民"，能够运用自己的知识、智慧、德性为更多的人民、更大的族群服务。这种学问则偏重于知识的受用与能力的推广，关心生命意义的追寻与自我价值的实现，属于较高级的学问。所以朱熹说"大学之书，古之太学所以教人之法也"。我们知道，古代"太学"的招生对象主要是贵族子弟，教育的主要目的也是为贵族统治培养接班人，因此教育内容主要就集中在两个方面：一是道德修养，二是治国才能。从这里我们不难看出，古代的"大人"就具有了人格上的"君子"和身份上的"贵族"双重含义，"小人"则具备了道德卑下与平民身份的双重象征。

因此，"大学之道"，首要的基础性的工作，是培养"君子"的内在气质，也就是道德修养。但"德"之一字，内涵非常丰富。古代的"德"，正如老子《道德经》所显示的那样，通常都是与"道"字联系在一起使用的，"德"的偏旁部首，就是一个双人旁，与"行走"有着密切的关系。进一步引申，则与"如何走过一生"的意义问题相关。而人生意义的追寻，实际上也是对个体行为合法性的解释。

人的一生如何"行走"才算合理？应该从哪里寻找自己行为合法性的依据？古代文明中，大都从人之外去寻找这个基本的依据。上帝、真主、天道、天理、自然……，几乎都具有类似的特征。我们知道，现代西方政治文明的重要表现之———人权,也有一个"天赋人权"的核心假设。尽管人们对这种类似宗教的解释会有不同的看法,但这恰恰说明了绵延数千年的宗教存在的合理性。

中国古代"德"字右下角的"心"字,还反映着人的行为合法性的"外在依据"与主体自觉之间的密切关系,体现着"天人合一"的显著特征。所以古人在解释这个"德"字的时候,往往会说"德者,得也"。"德"的根源,墨家可以理解为"天志",道家可以理解为"自然",儒家可以理解为"天道",但都是人之外的一种现象或力量。只有在认识、体验了这种外在现象或力量以后,才可以进一步落实到自己的行为当中,转化为影响社会人群的现实力量。如果借用现代哲学的语言来表达,则明显体现着认识"规律"、运用"规律"的思维方式。可见,"德"不仅仅是一个内心修养的问题,还具有明显的社会价值,因此古人在解释"德"字的时候,在"得也"之后,往往会写上"内得于心,外施于人"这样一句话。

但是,人之外的现象与力量,往往又具有二重性。就其对人类的意义而言,往往有利有弊。比如云行雨施,既可以春风化雨、滋润万物,也可以雷霆万钧、洪涝成灾。如果从道德上来评价,自然也会有善有恶。那么,源自"道"并在人身上体现出来的"德",也应该具有善恶二重性。所以,"大学之道"所要彰显的,应该是"明德",即人之外的力量所赐予人的光明美好、晶莹无瑕的德性。这种"弃恶从善"的思路,显然是儒家加强个体道德修养的重要理论基础。尽管《大学》里并没有进行详细的说明与分析,但透过《中庸》《论语》《孟子》等基本典籍,人们可以发现这个儒家"潜意识式"的思维方式。

"新民"一词,则体现着"大学之道"强烈的社会"担当"意识与革新意识,同时也折射出儒家浓厚的"精英意识"。在儒家的观念里面,人与人之间的关系，不仅有远近亲疏的不同，而且还有道德属性上的差异。《论语》里面虽然有"性相近，习相远"这样的话，但更有一句"唯上智与下愚不移"的表达。因此，我们看到，儒家在对人性善恶、智愚认识的基础上，总是把人群分成圣贤（君子）与凡夫（小人）两大类。《大学》里面提到的"新民"，也反映着类似的特征。实际上，儒家里面的精英意识与社会担当意识，是一体两面的问题，正如硬币的两面一样，难以截然分割开来。所以，我们也可以发现，孟子在提出"性善论"的同时，总是不忘记"天将降大任于斯人也"的谆谆告诫；而荀子公开张扬"性恶论"的同时，也总是念念不忘"化性起伪"的历史使命。

但问题是，"明明德"与"新民"有没有一个统一的标准呢？做到了什么样的程度才算是成功呢？所以"大学之道"的第三个方面就是"止于至善"。至于"至善"的对象，有人认为"至善"的对象不明确，所以大学之道只有"明明德"和"新民""二纲"；但大多数学者认为"至善"的对象正是"明明德"与"新民"，强调的是"明明德"与"新民"的实现过程与达到的理想状态，三者缺一不可，共成"三纲领"。有了这个"止于至善"，才能保证"明明德"与"新民"的"至高至极"。

当然，这个"止于至善"，《大学》并没有做出十分明确的规定，即使是后来的儒家也没有能够给出清晰的答案。事实上，即使到了现代社会，这个问题对于哲学家们来讲，依然没有一个十分清晰的答案。可以说，"止于至善"的模糊性，正说明了这个最高标准"至高至极"的完美特征，不同时代的人可以赋予其不同的含义和价值属性。但从整个儒家思想的发展来看，我们提出的这个问题，并不是困扰儒家知识分子的问题。因为在他们的心目中，"止于至善"正是一个人人生的理想追求，是达到圣人境界的标志。尧、舜、禹做到的是"止于至善"，孔、孟做到的也是"止于至善"。结合后面的论述，我们会发现这个"止于至善"，实际上是一个明辨是非、善恶、义利取舍的最高境界。而且，达到这个境界以后，更应该是"道德诉求的自然化"过程，就像孔子所讲的那样，"七十而从心所欲，不逾矩"。对"天道"的认识与实践，已经达到了潜意识自觉的高度。换句话说，达到了"止于至善"，无论做什么，不仅是发自内心的意念，而且也能时时刻刻合乎天道。仰无愧于天、俯无怍于民，无论怎么做，都能够对得起天地良心。

有鉴于此，《大学》经文开篇所指的"明明德""亲（新）民""止于至善"三者，宋代思想家开始明确地称之为儒家的"三纲领"。而且这些"纲领"也内在地包含着儒家一直推崇的"内圣外王"之道。"内圣"也叫"修己"，是指个人的道德修养，也就是君子追求的最完美品德的至高境界；"外王"也叫"安民"，是君子在道德修养的基础上推己及人，教化管理范围内的百姓，改变百姓身上不合理的生活习惯和思维方式，移风易俗，改新道德，从而使全天下的人达到并安于至善至美的境界。孔子一生周游列国，目的无非是想把他心目中极其美好的"周礼"（"郁郁乎文哉，吾从周"）推广到"普天之下"。

总之，在《大学》的整个思想体系中，开头第一句话已经十分鲜明地揭示了儒家的核心主题。主体与客体、个人与社会、天与人之间的关系，内在地蕴藏着"大学之道"。"明明德"是认识"天道"、实现个人道德修养的功夫，主要是"对己"而言；"新民"是实践"天道"、实现社会责任的功夫，主要是"对人"而言。而"明明德"与"新民"所要达到的"至善"境界，则是一个明辨善恶、是非、义利的理想人生。

【原文】

知止①而后有定②；定而后能静③；静而后能安④；安而后能虑⑤；虑而后能得⑥。

【注释】

① 知止：止，名词，即是上文"止于至善"中"止"的含义。知止，是说知道应当明辨的善恶、是非、义利等基本准则和奋斗目标，也是理想人生应当追求的至善境地。

② 定：定向，志向，意志确定，坚定。

③ 静：安静。静，针对的是心，指心不浮躁、没有杂念，全心全意、专心致志的意思。

④ 安：安稳。安，针对的是身，指身处的环境、面临的问题，均能坦然面对，泰然处之。

⑤ 虑：考虑、思虑之意。指冷静、全面地分析问题并提出条理清晰、效果明显的解决方法。

⑥ 得：得到、获得。指实现预期的目标，达到最完美的境地。

【译文】

知道自己应该达到的最完美的境地，意志才能够因为有了明确的方向而坚定不变；意志坚定了，然后才能内心宁静，心才不会妄动；心不会妄动了，然后才能做到不管身处何处，均能泰然处之；有了这样的前提之后，方能明辨问题的要害和解决问题的关键；只有建立在周详思虑的基础上，才能够实现预期的目标，到达至善至美的境界。

【品鉴】

本节论述了达到"至善"的六个步骤：知止、定、静、安、虑、得。对于这六个步骤，前人也有过较多的诠释。比如《十三经注疏》本收录的唐代孔颖达的解释就是："知止而后有定者，更复说止于至善之事。既知止于至善，而后心能有定，不有差贰也。定而后能静者，心定无欲，故能静，不躁求也。静而后能安者，以静故，性情安和也。安而后能虑者，情既安和，能思虑于事也。虑而后能得者，既能思虑，然后于事得宜也。"宋代胡泳认为："定者，如寒之必衣，饥之必食，更不用商量。所见既定，则心不动摇走作，所以能静。既静，则随所处而安，看安顿在甚处。如处富贵、贫贱、患难，无往而不安。静者，主心而言；安者，主身与事而言。若人所见未定，则心何缘得静？心若不静，则既要如彼，又要如此，身何缘而安？能虑，则是前面所知之事到得，会行得去。如平时知得为子当孝、为臣当忠，到事亲事君时，则能思虑其曲折精微而得所止矣。"(《朱子语类·大学一》)宋代黄义刚也说："定以理言，故曰有；静以心言，故曰能。"(《朱子语类·大学一》)实际上，这六个步骤，不仅涉及一些心理学的因素，而且也说明了前后步骤之间的因果关系，静、安、虑、得四个字前面的"能"字，颇能说明此种关系。既然"知止"的对象是"止于至善"，当然要知的就是"明明德"与"新民"的远大抱负。对《大学》"三纲领"的认知与体会，自然会进一步立定志向，以此作为人生的奋斗目标。方向与目标既然已经明确，心灵便不会轻易为外物所干扰。有了宁静的心灵作前提，不管身体处于何种境况，均不会忧惧疑虑。因此，不管面临何事、面对何物，均能够精细思虑，合理解决，达到最为理想的效果。所谓"心安理得"这个成语，正是对这一段话的准确概括。

其实，这一段话也包含着动与静之间的辩证关系。动与静是生命中的两种精神境界。"动"描写的是我们积极进取、拼搏向上的状态;"静"则不同,可以让我们在忙碌和喧闹中为自己的心灵找到栖息之地,也就是经文中所说的当止之地。诸葛亮的"淡泊以明志,宁静以致远"引导许多人在动与静之间寻找平衡。它让我们努力保持心灵的宁静,向着心中那个伟大的目标前进,从而实现自己的远大理想。进取和拼搏是我们一生中永不放弃的精神,同样,静也是一种很高的精神境界,是一种心灵的升华。城市的喧哗,物质的诱惑,让我们的心多多少少会有一丝波澜,这就更需要我们随时整理我们的心灵,清除来自外界的尘埃和浮躁,真正把我们的心安放在适当的位置,把个人道德的提升与人生价值的实现当作自己的首要目标。

要达到这样的境界,就要求人们在提升自身修养时,必须首先有一个明确的目标,即自己应该达到的我们认为的最完美的道德境界,并坚定不移地朝着这个目标前进。本节论述的达到"至善"的六个步骤,虽然强调的是道德修养,但也具有比较普遍的意义,而且这种思想在今天仍然具有现实意义。我们无论是在学习上还是工作上,都应该树立起自己的人生理想和目标,并以此为准绳,激励自己朝着这个目标奋斗。只有心中有了明确的目标,我们才会心无旁骛,一心一意地前进;我们才能抵抗前进道路上的种种诱惑,不为任何事物所干扰。在现代经济大潮冲击下的我们,更是应该坚守自己的人生准则,不为物质左右。现代文明的进步带给我们的不仅仅是便捷和快乐,同时也给我们的生活带来了许多烦扰和困惑,只要我们坚持自己的理想,为自己的心灵留下一片洁净的空间,安安静静地思考所处的各种事情,就会实现自己的目标。

【原文】

物有本末①,事有终始②。知所先后③,则近道④矣。

【注释】

① 物：古代汉语中"物"，主要是指有形体的具体事物。本末：树木的根本和末梢，引申为事物的根本和枝节、基础和发展。
② 事：古代汉语中的"事"，主要是指人类社会中发生的各种事情。终始：事情的结局和开端。
③ 知所先后：知道事物发展的本末终始、轻重缓急。这里主要是指道德修养及其外化。
④ 道：一般是指事物发展的规律，这里应该是指"大学之道"。近道：离道不远的意思。

【译文】

世上的任何事物都有根本和枝末，任何事情都有终结和开始。只有懂得了本末终始孰先孰后的道理，才会进一步体会、实践大学之道，不会离道越来越远。

【品鉴】

朱熹认为，这一段话是对前面两段话的总结。而且朱熹还发挥说："明德为本，新民为末；知止为始，能得为终。本始在先，末终所后。"又说："明德、新民两物而内外相对，故曰本末；知止、能得一事而首尾相因，故曰始终。"其他宋儒的解释，也大多与此相似。这里所强调的，并不是要在本末、始终之间突出孰轻孰重，而是要说明二者之间的辩证关系。按照通常的理解，本末二字蕴涵着固有的价值意味，比如农本商末、进而重农抑商，所以朱熹特意从"内外相对"来解说"本末"。否则，"明德为本"，是重要的；"新民为末"，是不重要的，这与《大学》开篇宣示的"三纲领"就会发生冲突。如上所述，"明明德"是"新民"

的基础，"新民"是"明明德"的进一步推广，二者均有"止于至善"的内在要求。二者之间，不仅是根本与枝节关系的问题，而且也是基础与发展的关系问题。推广不到"新民"的"明明德"，只是独善其身的个人利益，不仅不能彰显"明明德"的伟大，而且也体现不出人生价值的实现，因而根本算不上"君子"；没有"明明德"作保障的"新民"，很容易流于单纯的刑政法度，导致"民免而无耻"的社会混乱和道德沦丧。这样的"民"，不仅不能算得上是"新民"，连"旧民"都不如，只能称之为"刁民"。因为缺失了德性基础的纯粹的法治社会，只能把百姓的智慧引导到一味谋求物质财富、想方设法利用刑政法度漏洞的生活轨道上来。由此可见，法制社会，并不是简单的法治，而应该是一个兼具法治与德治的系统工程。

或许有些人会认为，20世纪以来我国现代化建设的"范本"——主要是西方发达国家，都有浓厚的"依法治国"的传统和制度诉求，并没有刻意追求道德建设。甚至还有许多人认为，西方发达国家物质财富丰富、国家实力强大，但那里道德沦丧，精神世界空虚。一些文化人讲到这些问题的时候，往往拿出两次世界大战爆发于欧洲的例子来说明，好像西方发达国家真的就是一个刻板、冰冷的充满机器、制度的机械社会，没有道德，没有温情。果真如此的话，开始于14世纪意大利的文艺复兴、繁盛于18世纪法兰西的启蒙运动、盛行于西方各国的资本主义民主制度，又该如何解释呢？单纯回避，不仅无知，也很无能。当代的中国人，早已经从列强瓜分、经济封锁的困境中走了出来，特别是经过四十年改革开放的伟大实践，我们在全球化的潮流中已经逐渐具有了全球化的"世界"眼光，完全有能力分析西方发达国家强大背后的精神因素。当我们如此审视西方社会的时候，我们就不难发现西方社会在强调政教分离的同时又特别重视宗教、人权。因为西方宗教，也就是基督教背后，始终蕴藏着基督教信仰者的道德诉求，蕴藏着西方人生活方式的合法性源泉。因此，我们看到西方发达国家的教育系统中，没有显性的政治类课程，但在学校里面或者学校周围，却存在大量的教堂。根据许多研究者的观察与研究，西方许多发达国家的道德教育，其实是宗教发挥了极为重要的作用。即使是美国总统就职，手按《圣经》宣誓也是惯例。

至于"终始"二字，理学家们又进一步从"止于至善"的六个步骤进行了分析。由于他们把"物有本末"与"明明德、新民"联系在一起进行解释，这个"物"显然已经不是有形体的物质，而是具体的人类事务。而"事有终始"的"事"，更是具有明显的人类事务的社会属性。在他们看来，"知止"是"始"，"能得"是"终"。但是，这六个步骤之间的关系，的确又过于微妙，读起来颇费思量。尤其把这六个步骤看成是"一事"，并不是十分顺理成章的事情。朱熹在《大学或问》中曾经指出："然既真知所止，则其必得所止，固已不甚相远，其间四节，盖已推言其所以然之故有此四者，非如孔子之志学以至从心、孟子之善信以至圣神富有等级之相悬，为终身经历之次序也。"朱熹的这种解释，显然不是就"一事"而言，而是落实到终身从事的事业上。六个步骤，并不是针对人生中遇到的每一件事情而言的。六个步骤之间，前面的一个，是达成后面一步的条件，但并不是必不可少的条件。如果前后的步骤用 A 和 B 来表示的话，在形式逻辑中，就是有条件 A 就可能会有结果 B 出现；但没有条件 A，也未必就一定没有结果 B 出现。作为朱熹心目中的君子事业，"终始"的"事"业，必须回到"明明德、新民、止于至善"的儒家事业上来。"明明德"不仅是"本"，也是"始"；"新民"不仅是"末"，也是"终"。所以，很自然的，朱熹就认为"物犹事也"。

除了宋明理学的发挥之外，唐代孔颖达对于本节"本末始终"的解读并没有作太多的发挥。他只是说："物有本末，事有终始者，若于事得宜，而天下万物有本有末，经营百事有始有终也。知所先后者，既能如此，天下百事万物皆识知其先后也。则近道矣者，若能行此，诸事则附，近于大道矣。"孔颖达的这种解释，虽然比较朴素，没有从"明明德、新民"和"知止、能得"的方面解说"本末终始"，毕竟也是一家之言。其实，我们也认为，在上下文的文脉之中，"物有本末，事有终始"，完全可以理解为作者引用了一句日常用语，目的无非是用来比喻说明人们处理各种问题时应该采取的先后次序，知道下手做事的入门与关键，明了做事的目的与方向，还能够出现什么偏差吗？这难道还不是"做事之道"吗？所以，经文紧接着就说："知所先后，则近道矣"。

因此，我们的日常行事与自身修养，就必须抓住根本的东西，即"本"。只有抓住了根本，按照事物发展变化的顺序和环节循序渐进，才能够达到预期的目的。从社会角度来看，科学、严谨的秩序是十分有利于我们今天的现代化建设的，反之则会带来或大或小的损害。对一个领导者来说，更要注意本与末的先后顺序，凡事应该遵循自然规律，严格按照规律办事，为人民谋福祉。在现代化经济建设蓬勃发展的今天，领导者更是应该做到以人为本，把人民和国家的利益放在首要的位置，由此展开工作。在经济建设的过程中，肯定也会遇到经济建设与人民的当前利益发生冲突的情况，这时候的领导者更应具体分析，分清楚什么是"本"，什么是"末"，然后做出正确的决策。只有这样，才能把枝节的工作做好，为民造福，即"近道矣"。

但是，我们在读《大学》的这段话时，应该注意到，我们的认识不能仅仅局限在事先设定好的目标上。世界和时代都是在不断地、迅速地向前发展的，这就要求我们的认识也应该与时俱进，与世界和时代的需求接轨。在具体的工作中，应事事以国家和人民的利益为准则，而不是仅仅拘泥于事先规定的目标界限。

【原文】

古之欲明明德于天下者①，先治其国②；欲治其国者，先齐其家③；欲齐其家者，先修其身④；欲修其身者，先正其心⑤；欲正其心者，先诚其意⑥；欲诚其意者，先致其知；致知⑦在格物⑧。

【注释】

① 古：古代，以前。泛指某一个理想的时期，并不是一个时间概念特别明确的时代。欲，欲望、抱负。明明德于天下，抱负的具体内容，也就是下文所说的"平天下"。这个抱负具有两个方面的内涵：一是要在普天之下彰显、放大自己光明的德性，确立自己的榜样地位；一是要进一步使普天之下的人民都能彰显其内在的光明德性，建设一个高度文明的理想社会。

② 治其国："治"是治理的意思，原意是琢磨玉石，使玉石内在的条理彰显出来，变成条理清晰、质洁美观的玉石珍品。"国"字不同于现在的国家概念，《大学》写作时代的用法主要还是周天子分封天下以后形成的各个"诸侯国"。所谓春秋五霸，所谓战国七雄，都是当时的一方诸侯而已，所以古代也称之为"方国"。"其"，自己的。本节下面的"其"字，均是此意。

③ 齐其家：甲骨文的"齐"字是象形字，像禾麦吐穗平齐之形，后来引申为整齐、平等、和睦的意思。古代"家"的意思也不同于现在的家庭，而是指卿大夫的家，其构成与规模，仅次于诸侯国，而且还是诸侯国的重要组成部分。所以齐家的意思，就是使卿大夫之家里面的每一个成员平等，整个卿大夫之家和谐、有序。

④ 修其身："修"有治理、修正使之更加美好的意思，所以叫做修养。身体的美好，并不是简单的体形健美、服饰华丽，更重要的是

内在气质，所以修身主要指修养自己的品德、建立道德人格。

⑤ 正其心："心"是人之为人的理性判断的能力，是每个人行为操守的主宰，因此其内在具有善恶二重性的特征。"正"是端正的意思。个人的心，作为行为操守的主宰，往往面临着许多自由的选择，所以面临着正确选择的问题。只有"正其心"，才可以不为物欲、妄念、私情等所牵引、障蔽，保证理想的道德人格的建立。

⑥ 诚其意："意"是个人内在的意念，起心动念，各种感觉、知觉等比较初级的感性认识，都属于"意"的范畴。"诚"是一个动词，是使其真实无妄的意思。因此，下文中把"诚意"解释为"毋自欺也"。

⑦ 致知：认识事物的根本规律，获得知识。致，求得、达到；历史上也有人解释为极致、全面。知，知识。

⑧ 格物：跟具体的事务发生关系，也就是实践、学习的意思。"物"是指具体的事物或事务。"格"是达到、接触的意思；明代哲学家王阳明解释为"正"，仿佛"格子"一般，有固定的规范。

【译文】

自古以来，那些想要教化天下百姓，使他们都去彰明自己本身就有的光明美好品德的天子，都能够首先把自己的诸侯国治理好；想要治理好自己诸侯国的国君，都能够首先整治好自己的卿大夫之家；想要整治好自己所在之家的卿大夫，都能够首先加强自己的道德修养，使自己成为全家成员的道德典范；想要修养好自己品德的人，都能够首先做到端正自己的心灵；想要端正自己心灵的人，都能够首先做到顺应自己的意念行事，做到诚实无欺；想要做到诚实无欺的人，首先就应该广泛的获取各种有益的知识，认识事物的根本规律。获取知识，认识规律，都离不开实践。

【品鉴】

按照朱熹的理解，本节提出了《大学》的八条目，分别是格物、致知、诚意、正心、修身、齐家、治国、平天下。八条目不仅是对三纲领的具体说明，而且前后也存在着明显的顺序。但这里所讲的，明显是一个逆推的功夫：从平天下到格物。之所以逆推这个过程，正在于《大学》的目的。我们前面说过，《大学》作为儒家的政治论文，首先要确立的就是人生的志向与抱负。但在儒家看来，人生意义的追寻与人生价值的实现，必须体现天道的原则。天道的基本原则，则是至公至诚、刚健不息。大概与《大学》同时产生的《易传·象辞》中的两句话，就颇为传神。这两句话是："天行健，君子以自强不息。""地势坤，君子以厚德载物。"国学大师张岱年先生则在此基础上把中国文明的基本精神概括为"自强不息，厚德载物"。天天向上、慈爱包容的天道的原则，如何才能够落实到人身上？古人的智慧是天人合一。换句话说，把体会到的天道原则应用到人类社会中，在普天之下实现至公至诚、刚健不息的和谐社会，正是儒家所追求的最为理想的人生志向与人生抱负。人，无志不立，志小则小成，志大则大成。如果从小就抱定"明明德于天下"的志向，就等于种下了"成圣"的种子，开花、结果，应该只是一个时间的问题。儒家的这个志向，宋代哲学家张载更是明确概括为"为万世开太平"。

"古之欲明明德于天下"一句，颇值得玩味。其中的"古"字，点明了下文中所述的具体条目并不是无本之木，而是源自古代圣贤明君的教导，甚至是古代圣贤明君曾经采取过的具体措施。有了这样的交代，不仅可以证明《大学》所述的八条目可信，具有可操作性，并不是纯粹的空泛之论，而且也为下文屡屡引述经籍文字作了铺垫。"欲"字，则表示出儒家为圣成贤的远大抱负与人生志向。说"明明德于天下"而不说"平天下"，蕴藏的意义在于持久的、理想的天下太平时代的到来，主要还是建立在道德的基础上。强权、战争，虽可以谋取一时一地的"太平"，但终不能持久。只有以"明德"为基础而广泛扩展，使天下人皆能以"明德"为己任，贪婪、劫夺、争斗、战争等一切人类生活中负面的因素才可以真正消除干净，实现持久的天下太平。

然而，天下的组成，其本在国；国之组成，其本在家；家之组成，其本在身。明代张居正认为："明德新民，固大人分内之事，而工夫条目，则有所当先。在昔古之人君，任治教之责，要使天下之人，都有以明其明德者，必先施教化，治了一国的人，然后由近以及远。盖天下之本在国，故欲明明德于天下者，先治其国也。然要治一国的人，又必先齐其家人，以为一国的观法，盖国之本在家，故欲治其国者，必先齐其家。然要齐一家的人，又必先修治己身，以为一家之观法，盖家之本在身，故欲齐其家者，先修其身也。"既然天下与国、家、身之间存在上述关系，那么，要想建立持久、根本的天下太平，开创一个道德的天下，就必须先把自己所居之国改造成一个道德之国，再往后退，也要把自己所属之家改造成一个道德之家。而道德之家的特征，不仅在于每个成员均有高尚的道德，而且还要具有和谐、和睦相处的人际关系。

由于家内成员具有一定的社会组织性的特点，"家长"处理各种人际关系的能力、态度、做法，就显得异常重要。"家"不同于"国"。"国"可以"治"理，"治"内在蕴涵着强制力，包含着惩罚的措施；"家"不可以用惩罚、强制的方式"治"，只能使用"齐"。"齐"如整齐的麦穗。麦田里的每一个麦穗既是独立的个体，彼此之间的关系又是平等的。如何处理彼此之间的关系，完全取决于"家长"的能力与态度。要想家内和睦，兴旺发达，就要求"家长"在处理彼此之间关系的时候，必须要做到合乎"天道"的至公至诚、无偏无私。家内每一个成员不仅都有规定的明确职责与义务，而且对每一个成员也都能真心做到"手心手背都是肉",一碗水端平。这样的家才会是和谐美满的"家"。"齐家"所包含的,主要的还是道德的内容。其中"家长"的能力、态度、做法的综合,最终会凝聚成"家长"的权威,成为一个"家"发展的重要保证。

《论语》中说:"己欲立而立人,己欲达而达人。""明明德于天下""治国""齐家",属于"立人"的范畴,"修身"则是"立己"的问题。"立己"是"立人"的基础,在《大学》的八条目中,只有作为一家之长的"身"修养好了,才能够进一步开展"齐家"以至于"治国""平天下"。因此,建设道德之家的基础,就是自己首先在日常处理家内成员的关系中以身作则,树立人格的榜样。身教重于言教,以自己的德性感化家内成员,春风化雨,潜移默化,使家内成员均能成就道德人格。这个过程,不是"治",而是"齐"。

但是,个人的道德人格是如何建立起来的呢?这就是前面说到的内在的"明明德"问题,在八条目中,则是"正心、诚意、致知、格物"四个方面。但这几个方面的含义,前人的理解颇多差异。孔颖达认为:"总包万虑谓之心,情所意念谓之意。若欲正其心使无倾邪,必须先至诚,在于忆念也。若能诚实其意,则心不倾邪也。"张居正也指出:"身不易修,而心乃身之主宰,若要修身,又必先持守得心里端正,无一些偏邪,然后身之所行,能当于理。……心不易正,而意乃心之发动,若要心正,又必先实其意念之所发不少涉于欺妄,然后心之本体能得其正。"由于具备理性判断能力的"心"是行为的主宰,自然也是"修身"的主宰,所以为了保证"修身"至儒家的理想状态,首先就需要"正心"。"心正"的重要特征,就是无偏无私、大公至正。考虑问题的时候,时刻着眼于公平的群体利益,没有一丝一毫的私人小算盘。谁都知道做到这一点是很不容易的事情,但正因为不容易做到,才更能显示出它的可贵。

至于"诚意"及其与"正心"之间的关系,也颇为复杂。"意"是一个会意字，音在心中，表达的是一个意念的问题。其实每个人的意念都是十分复杂的，而且瞬息万变，后来中国的天台宗还说"一念三千""一心三观"，也颇能反映"心"的这个特点。生心动念，万万千千，哪一个不是生命主体真实的想法？因此，在"诚意"中总会涉及具体生命主体意念中诸多不道德的念头，甚至是邪恶的念头。这是谁也无法否认的事实，因为这毕竟涉及人的本能问题。正因为如此，所以才需要"正心"。就好像出门以后到达某地的路一样，虽然会有千万条，但毕竟有些是弯路，有些是险路，根据前人的经验，当然也有比较直接、安全的道路可走。当一个人面临如此选择的时候，表面上看，随便走哪一条路都可以到达目的地，而且主体完全可以自我做主。但是，前人的经验与自己的理性判断能力会告诉你，总有一条路是比较正确的选择。又比如春天在公园里遇到盛开的花朵时，当下欣赏是一个意念，当下升起摘花的想法也是一个意念，这都是"诚意"的表现，但究竟应该怎么做，前人的经验和自己的理性判断能力会告诉你：当下欣赏可能是最好的选择。这就是"正心"。因为摘花不仅会遇到惩罚的麻烦，而且还与自己生活群体的道德发生冲突。当然，主体不同，意念也会表现出非常大的差异。有些人恶意很多，有些人善意更浓，不能一概而论。但儒家相信，可以通过"正心"予以调整。

当然，"诚意"的真实性，并不是历史上许多儒家人物完全认可的。他们一般认为"诚"就是"至诚"的意思，"至诚"，也就是"真实无妄"，这是一个十分正面的价值判断。孔颖达就说："若能诚实其意，则心不倾邪也。"朱熹也说："诚，实也。实其心之所发，欲其一于善而无自欺也。"在他们看来，意念的真实无妄，可以保证在行为处事的过程中不为物欲私情所障蔽、牵引，进而可以保证心灵归于主宰之正位（正心）。其实，意念的真实无妄，有些人可以保证不为私情物欲所羁绊，但大多数人是做不到这一点的，因为追求私情物欲毕竟也是大多数人真实无妄的意念。

因此，要保证"诚意"尽可能符合天道至公至诚、无偏无私的特征，就需要使自己真实无妄的意念道德化、善化。但为什么要道德化、善化？其根源何在？那就要体会天道、认识规律，也就是"致知"。所以经文说"欲诚其意者，先致其知"。知，来自对外在事物的认识。但对于外在天道的体会，不是从对于一个事物的认识中得出来的，而是源自对许多事物的认识，这就需要尽可能多地认识外在事物的属性与发展规律，从中概括总结出具有普遍意义的"天道"。这个过程是一个实践、学习的过程，所以经文接着说"致知在格物"。对于"格物致知"，前人的解释多种多样。汉代郑玄训"格"为"来"；朱熹认为"格，至也。物，犹事也。穷至事物之理，欲其极处无不到也。"王阳明也说："物者，事也。凡意之所发，必有其事。意所在之事谓之物。格者，正也，正其不正以归于正之谓也。"并说："致知云者，致吾心之良知焉耳。"张居正说："理之散见寓于物，若要推及其知，在于穷究事物之理，直到至极之处，然后所知无有不尽。"但是，这些关于"格物致知"的解释，总感觉不如"实践出真知"来得直接。清代陈澧在《东塾读书记》中指出："格物但当训为至事，至事者，犹言亲历其事也。天下之大，古今之远，不能亲历，读书则无异亲历也。故格物者，兼读书阅历言之也。致知者，犹言增长知识也。"我们觉得，陈澧的解释浅显易懂，尤其切中要害。其实朱熹也曾经说过类似的话："格物致知，所以求知善之所在；自意诚以至于平天下，所以求得夫至善而止之也。"这段话的意思是说，格物、致知两个条目所讲的，应该是道德生活的依据，而其他的六个条目则是如何达到至善的步骤而已。

总之，至善是修身所要达到的最高境界。从《大学》中可以看出儒家想要追求一种至高境界,即内圣外王之道。内圣外王之道历来被视为儒家哲学与文化的基本精神。《礼记·学记》说:"是以化民易俗,近者悦服,而远者怀之,此大学之道也。"可见大学之道就是统治者的治国之道,也就是朱熹所说的大人之学。

【原文】

物格[1]而后知至[2],知至而后意诚,意诚而后心正,心正而后身修,身修而后家齐,家齐而后国治,国治而后天下平[3]。

【注释】

[1] 物格:这里的"格"是被动用法,强调实践、学习的具体过程。

[2] 知至:知是充满于内心,无所不知。

[3] 天下平:"平"并不是完全一致的意思,而是和而不同,强调道德的至上作用。

【译文】

经过精详的推究万事万物的规律之后,就能最大限度地获取各种正确的认识;只有最大限度地获得各种有益的知识,然后自己的意念才会诚实无妄;只有自己的意念诚实无妄了,然后自己的心地才会端正;只有自己的心地端正了,然后自己的道德修养才会达到理想的状态;只有自己的道德修养好了,然后自己的家庭和家族才能调顺和睦;只有自己的家庭和家族调顺好了,然后才能教化他人治理好自己的国家;只有自己的国家治理好了,才会使其他国家纷纷效仿,从而在全天下建立道德至上的太平盛世。

【品鉴】

　　上一节逆推的过程，在于确立人生的志向与抱负。这一节反过来顺推的过程，则是强调具体实施人生抱负的过程具有明显的次序，而且每一步均需要踏踏实实地去做。一反一正，反复叮咛，以示郑重。清代张岱在《四书遇》中说："圣贤教人如老妪教孩子数浮土，一层层数上来，又一层层数下去。有这层，就有那层。正见得有那层，先有这层，一毫参差不得。要人把全体精神，从脚跟下做起也。"千古经典，不是简单的啰唆重复。

　　因此，此段进一步阐释了八条目的具体方法，即每个人必须先从自身做起，刻苦学习、亲自实践，体会天地万物各自的内在本质和发展规律。然后在体会天道的基础上，去除心中的杂念，善化自己的意念，把持住心中的信念，把自身的道德修养好了，就可以感化自己的家人。家是一国的根本，这样，一国之人也被感化了，从而便可以感化全天下的人。在儒家的道德观中，"格物致知"中的"物"指的是"天下事物之理"，"格"则是穷尽的意思。格物就是我们从具体的实践、学习中探求一切事物的内在本质和发展规律，致知是指我们要更深、更全面地发展我们的知识和学问。只有把格物和致知紧密地联系起来，我们才能够掌握一切事物的规律，洞悉明了一切事物的发展趋势。

　　明代的心学大师王阳明则对"格物致知"做出了另外的解释。在《传习录》中他这样说道："吾心之良知，即所谓天理也。致吾心良知之天理于事事物物，则事事物物皆得理矣。致吾心之良知者，致知也。事事物物皆得其理者，格物也。是合心与理而为一者也。"王阳明认为，"致知"就是"推致自己的良知"。这里的"良知"就是孟子所说的"是非之心"，它生而具有。"格"是正的意思。"格物"即正其不正以归于正，也就是要革除外界带来的物质上的蒙蔽，弃旧图新，使自己的良知没有蒙蔽,并回归到本真的状态。显然,王阳明的良知理论,实际上也是要打通格物致知与诚意正心之间的关系。在王阳明看来,物者,事也。儒家所谓的格物,也就是儒家的侍奉父母、辅佐君主等具体的伦理、政治行为。如此一来,致知也就是发掘、扩展自己内在的良知。有了这样的基础,诚意正心就自然与格物致知打成一片。落实在修身上,也就变成了一个快捷、自然的修养过程。但王阳明的良知理论不能解释的,是良知来源的问题。没有天道作保障的良知,很容易流于个人的主观感知而缺乏普遍性;没有普遍性的依据,又如何能够证明其合法性?这不仅是王阳明心学的命门,而且也是阳明心学后来发生歧变的内在原因。

【原文】

自天子①以至于庶人②,壹是③皆以修身为本。

【注释】

① 天子:古代对统治天下的君主的称呼。周代主要是指周天子,秦代以后则主要是指大一统帝国的皇帝。天子是整个统治阶级的代表。
② 庶人:古代对普通老百姓的称呼,属于被统治阶级。
③ 壹是:一切,一律。一说"专一"。

【译文】

无论是贵为"九五至尊"的天子,还是地位卑微的普通百姓,都无一例外的必须以修身(修养自己的品德)作为人生的根本。

【品鉴】

先秦儒家一向都是把"修身"看成是人生的根本。在上述的八个条目中，可以明显看出，"修身"居于承前启后的关键地位。随着格物、致知、诚意、正心的逐渐落实，最终体现在"修身"上，自然是一身正气，无偏无私。可见，格物、致知、诚意、正心四个方面，既是"修身"的充分条件和基础，也是"修身"的基本内容。如果没有格、致、诚、正，"修身"根本就无从谈起。有了这样的"修身"作基础，无论如何从心所欲，行为均能合乎大家共同认可的社会准则，获得大家的支持与推崇。落实在家内，家人可以和气、和顺，呈现一派兴旺之象；落实到国内，国人可以过上和睦、和谐、秩序井然的社会生活；进一步落实到天下，天下人也能够过上高度道德文明的生活。有了高度的道德文明作为整个天下的基础，哪里还会产生什么诸如战争之类的人为灾祸？可见，"修身"又是"齐家、治国、平天下"的基础性工作。"齐家、治国、平天下"均属于三纲领中的"新民"，也就是后来儒家所讲的"外王"事业；前面的"格物、致知、诚意、正心"，则都属于"明明德"的"内修"功夫。有了中间的"修身"，儒家的"内圣"与"外王"才可以打成一片。所以朱熹也说："正心以上，皆所以修身也。齐家以下，则举此而措之耳。""修身以下，明明德之事也。齐家以下，明明德之事也。齐家以上，新民之事也。"

经文从逆推、顺推两个方面所反复强调的，正是要儒家知识分子内外兼修、不可偏废。也就是说，无论是偏于内修，还是偏于外王，都不符合儒家"成圣"的要求。这又从一个方面证明了上面经文中强调的"物有本末，事有终始"中相对、前后顺序之意义所在：明白人生努力的先后顺序，自然会合乎这里所讲的"大学之道"。由此也可以看出，儒家所强调的八个条目之间，前后确实存在着一定的条件关系。但前后条目之间，并不是简单的并列关系。换句话说，并不是前一个条目搞好了，后一个条目就会自动出现。比如"格物"之后，"致知"的结果也是不一样的。有些人得到的知识多些，有些人则会少些；即使是对于同一个事物，不同时间"格"出来的内容，可能也会有所不同，因而"致知"的结果也不完全一样。"修身"好了，也不一定就能真正"齐家""治国"，因为家、国里涉及不同的人群关系，还有别人的想法和做法。社会的发展，并不完全依赖于自己的意志。更何况，能否齐家、治国、平天下，还取决于能力、地位等各种因素。但是，"修身"是人之为人的根本，不仅内在包含的格物、致知、诚意、正心是每个人都应该努力的根本，而且齐家、治国、平天下也应该是每一个"修身"者为人处事的根本志向与抱负。就此而言，人都应该以"修身"为本。

每个人无论贵贱贫富，要想自己在道德修养上达到一定的境界，除了修身之外，再没有其他途径可走。每个人在生命出生之际，是平等的，都是茫茫宇宙中的一颗尘埃而已。从生命个体的意义上来说，生命固然是毫无差别的、完全平等的，但是，作为社会人，没有哪个人可以完全超脱于社会关系之外。于是，由于人的家庭环境不同，而导致的受教育程度不同，自身修养不同，人的差异性便日趋明显了。这种差异表现在各个方面，如财富差距、地位悬殊、才智高低等，但无论是地位显赫的达官贵人，还是地位卑微的普通百姓；也不管是富可敌国，还是一贫如洗，只要想提升自己的道德修养，那就一律平等，必须以修身为根本。在道德面前没有权力，没有金钱，有的只是平等。道德高尚的领导者，不必用权力和地位去强制自己的下属修身，其本身的道德和品行自然能够感化别人，"新民"的事业自然能够成就。

平等是我们一直努力追求的一种价值观念。今天和谐社会理论的提出，为实现平等铺砌了一条平坦的道路。是的，既然是生而平等，那么就不应该因为后天环境的不同而带来不平等的待遇。同样的道理，即使我们处在不平等的劣势时，也不能放弃心中的信念和对崇高道德的追求，而应以一颗乐观、积极的心去对待身边的一切,凭借自己的努力去追求、去奋斗。从这个意义上来说,人人都有追求幸福的权利,在幸福面前人人都是平等的。如果不去奋斗、不去追求,那只能说是自己放弃了平等。

儒家自产生之日起,就非常重视"修身"问题。周公修身事君,辅佐成王,"一沐三握发,一饭三吐哺",终成万世楷模。孔子不仅主张要"见贤思齐",而且周游列国、广育人才,删《诗》《书》,定《礼》《乐》,序《周易》,作《春秋》,终成万世师表。曾子"吾日三省吾身"而成"宗圣",孟子"吾善养吾浩然之气"而成"亚圣"。苏武被囚匈奴牧羊而守节不屈,文天祥一曲《正气歌》而浩气长存!贯穿其中的精神、孟子"富贵不能淫,贫贱不能移,威武不能屈"三句话所代表的伟大的人格力量,都是先贤从不断地修身中总结、提炼出来的。这种精神,已经成为中华民族自强不息、实现民族伟大复兴的宝贵精神财富。

【原文】

其本①乱而末②治者否③矣。其所厚④者薄⑤,而其所薄者厚⑥,未之有⑦也。

【注释】

① 本:根本,这里指"修身"。

② 末:枝节,这里指"齐家、治国、平天下"。

③ 否:不,不可能,没有。

④ 所厚:指应该厚待、亲近的对象。厚,厚重,引申为重视、亲近。

⑤ 薄:淡薄,引申为轻视、疏远。

⑥ 而:表示并列、相反的意思。"而"前的"其所厚者薄",表示应该重视反而轻视的对象。"而"后的"其所薄者厚",表示期望出现

相反的结果。换句话说，轻待对方以后，反而期望被自己轻待的对方重视、亲近自己。

⑦未之有：宾语倒置，不会有那样的事情。

【译文】

在八条目中，如果居于根本地位的修身尚未成功的话，不可能整治好相对处于枝节地位的家国天下。对于那些本来应该受到重视的人和事，反而给予轻视、疏远。同时，又期望被自己轻视、疏远的对象，反过来重视、亲近自己。世界上哪会有这样的事情出现？

【品鉴】

上节文字是从正面叙述"修身"的重要，本节是从反面阐述"修身"为本的重要性。一正一反，同上面对于八条目的逆推、顺推一样，目的都是突出重点，引起人们的高度重视。

对于这段文字，历来解说歧义颇多。唐代的孔颖达认为："本乱，谓身不脩也。末治，谓国家治也。言己身既不脩，而望家国治者否矣。""其所厚者薄，而其所薄者厚，未之有也者，此覆说本乱而末治否矣之事也。譬若与人交接，应须敦厚以加於人。今所厚之处，乃以轻薄，谓以轻薄待彼人也。其所薄者厚，谓己既与彼轻薄，欲望所薄之处以厚重报己，未有此事也。言己以厚施人，人亦厚以报己也。若己轻薄施人，人亦轻薄报己，言事厚之与薄皆以身为本也。"朱熹则认为："本，谓身也。所厚，谓家也。"又说："此结上文两节之意也。以身对天下国家而言，则身为本，而天下国家为末；以家对国与天下而言，则其理虽未尝不一，然其厚薄之分，亦不容无等差矣。"《大学》一直强调本与末的关系问题。对本与末，历来也有不同的解释。一般来说，本是指自身而言的，末则是对整个家国天下来说的。如果不能先修身，不能把握住根本的东西，要想做到使家齐、国治、天下平，是绝对不可能的。

厚薄二字，突出的是八条目中"修身"等条目应该受到的重视程度，也包括人与人之间关系的亲疏、远近。古代中国由于特定的农业经济的原因，一个人如果没有特殊的才能，是无法离开祖祖辈辈生活的这片土地的，他的子孙也只能生活在这片土地上，由此发展成了中国的家族制度。儒家思想在很大程度上受到了这种家族制度的影响。因此，家族与家人是最亲近最重要的，是应该受到重视和关爱的。以此推之，国家、天下之人，虽然不在家族与家人之中，但儒家一向奉行忠恕之道，推己及人，既然家人是值得爱的，那么国家、天下之人都是应该爱的，只不过家人更亲而国人与天下人较为疏远而已，因此，厚薄也不可同等对待。亲近的自然应该厚待，疏远的自然要欠缺一点儿，若要反其道而行之，是万万不可能成功的。如果参照上文中"本末"的思想来理解"厚薄"，"所厚者"自然应该是"修身"。如果不重视"修身"，反而一味重视处于枝节地位的国家、天下，最终也不可能实现理想的"齐家、治国、平天下"。所以，"修身"最为重要。

以上一章七节共205个字，是《大学》的总纲，下面的文字都是对于这个总纲思想的发挥和说明。朱熹以为本章内容非圣人不能言，所以断为孔子所说而称之为"经"，后面的则被他称之为"传"。

第二章　明明德

【原文】

《康诰》①曰:"克②明德③。"

【注释】

①《康诰》:《尚书·周书》中的一篇。康,地名。周武王的幼弟,初封于康,故名康叔。诰,古代一种训诫勉励的文告。西周推翻殷纣王的统治之后,殷商都城及其周围的地区,周天子交由纣王的儿子武庚继续管理这片土地,但殷商旧都城的周围又分封了邶、卫、鄘三个诸侯国,分别由周武王的弟弟管叔、蔡叔、霍叔去管理,以便监督武庚,史书上称之为"三监"。但两年之后武王去世,武王之子成王继位。因其年幼,叔叔周公旦辅政。但这引起了管叔、蔡叔等其他贵族的不满。武庚借助于这次机会,拉拢管叔、蔡叔等一起反叛。待周公平定三监之乱后,分封上述地区为卫国,派康叔为诸侯前去治理,并作此篇告诫康叔。

②克:能,强调主体自身在道德修养过程中能够发挥自己的主观能动性。

③明德:与上文中的"明明德"有一定的差异。明,动词,彰显。德,德性。

【译文】

《康诰》说:"一定要能够彰明上天赋予的德性。"

【品鉴】

《尚书》是上古历史文献和追述古代事迹的一些文章的汇编,全书分为《虞书》《夏书》《商书》《周书》四部分。《康诰》是《尚书·周书》中的一篇,记载了成王伐诛了管叔、蔡叔之后,封康叔于殷并管治殷的遗民。成王把"克明德"这句话写在训诫康叔的诰文上,以时刻提醒他要效法祖父周文王,重德修德,不断克制、克服自己心身不符合道德的行为,应当身蓄厚德,以德治世,努力达到天下人都"明明德"的至善境界。

《康诰》的原文是:"惟乃丕显考文王,克明德慎罚,不敢侮鳏寡,庸庸、祇祇(zhī)、威威,显民。"意思是说,只有父亲文王能够彰显德性,慎用刑法,不敢慢待孤弱老人,任用应该重用的人,尊敬应该尊敬的人,处罚应该处罚的人,并且能让百姓知道他的治国之道。《大学》中灵活引用原文,择其要点,突出了"克明德"三个字。按照朱熹的解释,"明德"是人生来就有的光明美好的德性。《大学》中对"明德"一词做了很好的诠释。人生来就是善的,它是人性中本来就具有的,但是,随着年龄的增长,生活环境的变化,受教育的局限性以及自身修养的缺乏,这些都会影响人性中本来光明美好的品德。如果我们不时时洗涤我们的心灵,擦去岁月留在我们心上的尘埃,日复一日,年复一年,尘埃就会越积越厚,以致我们原有的明德失去了应有的光彩,心灵也被尘世间的物质欲望所蒙蔽。人有为善与为恶的自由,但每个人都应该努力规范自己不为恶,提高自身的修养,做到自身向善。因此,为了求得心灵的纯洁与明亮,为了不滑向为恶的深渊,我们必须牢牢记住"明明德"这句古训。对道德的向往与追求是永恒的,是没有止境的。

显然,朱熹的解释,与《康诰》原文中的意思并不十分一致。原文中"明"是一个动词,而后面的"德"字前面并没有限制性的形容词。所以这里的"明德"与《大学》开头所说的"明明德"之间存在着较为明显的不同。此处引文中的"德",显然是周文王自身的德性,具有强烈的内在性、主观性。换句话说,周文王自身内在的道德品质中,或者是先天善的成分居多,或者是他修身的功夫到位,所以他展示出来的德性,都具有光明的、善良的道德属性。不过周文王的类似现象显然不具有普遍的意义。许多人展示出来的德性,并不是善的,如商纣王就是一个十分极端的典型。但是,周文王的道德修养也并不是遥不可及的。每个人只要发心努力,也未尝不可以学到。所以首引《康诰》"克明德"作为说明。

【原文】

《大甲》①曰:"顾諟②天之明命③。"

【注释】

①《大甲》:《尚书·商书》中的一篇。大(tài),大甲,商汤的嫡长孙,太丁之子,继位为商朝的第三代君王。传说此君继位后不修道德、不理国政、破坏商汤留下来的法制,被摄政伊尹放逐于桐宫。后大甲知错悔改,三年后伊尹迎接大甲归位,并作《大甲》进言以诫之。另外一种传说,是说伊尹放逐大甲,自立七年。后大甲回朝,杀伊尹。伊尹,名挚,是商汤之妻陪嫁过来的奴隶。后来曾辅助商汤征伐夏桀,被尊为宰相。大甲继位的时候,伊尹拥有实际的最高权力。

②顾:回顾,注视,念念不忘。諟,与"是"相同,此种、这个。

一说为"审",审查之意。

③ 明命,与"明德"的用法十分接近。命,如命中注定,属于外在力量,具有不可抗拒的意思,所以说是上天所给予人的。宋代赵顺孙认为:"自天所与而言,则曰命;自我所得而言,则曰德。"但这里强调的是上天赋予最高统治者的光荣使命,所以称之为"明命"。念念不忘上天的光荣使命,转化成自己的道德修养,自然也就是"明德"。显然,这句话较上句"克明德"中的"德",又递进了一步。周文王一生没有犯过致命的道德错误,即使被纣王囚禁羑里,他的作为从当时的情况和道德抉择看,都是正确的。因此,可以说周文王"克明德"。但是大甲就不是这样,刚刚继位时期的无道表现,充分表明了其道德方面的不纯粹,所以需要念念不忘上天赋予的使命,借此克服内在的邪恶,进一步把自己内在的光明德性发扬光大。有了"天之明命"作保证,才可以进一步强化人的道德属性。

【译文】

《大甲》说:"要念念不忘上天赋予的光荣使命。"

【品鉴】

《大甲》是《古文尚书·商书》中的一篇,今本无。其中记载了这样的故事:大甲继位后破坏商汤制定的规矩,摄政伊尹下放大甲到桐宫,三年之后,大甲诚心诚意地反省了自己,改过自新,并在道德修养上有了很高的成就,伊尹便把他接了回来,恢复了原来的位置,并为他作了三篇告诫书。其中第一篇原文的一部分是:"先王顾諟天之明命,以承上下神祇。社稷宗庙,罔不祇肃。天监厥德,用集大命,抚绥万方。"意思是说,明德是上天赐予我们的,同这命令一样。只有我们已故的先王成汤，念念不忘这上天赋予我们的德性而不敢懈怠。因此，对于社稷宗庙等体现上天意志的宗教场所，应该严肃对待。因为上天能够监察最高统治者的德性，并根据其德性决定是否授予其"治理天下"的伟大使命。文中首先提到的就是先王"顾諟天之明命"。伊尹告诫大甲要追念先王，懂得生命的真谛，要时时刻刻反省自己，着重于提高自身的修养，以德治国、教化百姓，不敢有一丝一毫的懈怠和停滞。

关于"天"的含义，冯友兰先生在《中国哲学史》中这样谈道：在中国文字中，天有五种意思：第一种意思是与地相对的物质之天。第二种是主宰之天，即所谓皇天上帝，有人格的天、帝。第三种是运命之天，指人生中人无可奈何者，如孟子所谓的"若夫成功则天也"之天。第四种是自然之天，指自然的运行，如《荀子·天论》中所说的天。最后一种意思是义理之天，是宇宙的最高原理，如《中庸》所说"天命之谓性"中的天。古代的国君认为自己都是受上天的指令掌管国家政权、统治国人的，因此，他们对天命一直都是很敬畏的，甚至把一些异常的自然现象看成是上天发出的警告。《大甲》中的"天"，无疑是有意志的天。但是中国思想的发展，经过西周初年的思想巨变，到了春秋时期，不仅"天命靡常"已经深入人心，而且"天命唯德""天意在民"的观念也已经成为思想家心目中的基本常识，所以《道德经》开始借助于"自然"这个概念"解构"至上的"天命"，《论语》开始借助于"仁义"的范畴来重建"天道"的权威。此后，随着儒家地位的提升，到战国孟子、荀子生活的那个时代，"天道"的道德意义，逐渐取得了思想界的主导地位。产生于这个时期的《大学》，其中提到的"天之明命"的"天"，也具有这样的时代特征。相应地，"天之明命"引文中去掉原文中的"先王"而只说"顾諟"，强调了"顾諟"的主体不仅仅是"先王"，也包括其他人。只要你愿意，你就可以"顾諟天之明命"，为自己的道德修养寻找到坚实可靠的天道依据。有了坚实可靠的依据，道德修养的目的、过程，自然也就具有了权威性，道德行动也可以增加更大的自觉性。这里的"顾諟"二字说明，"天之明命"，不仅需要念念不忘、仔细审查，更重要的是，需要"欲明明德于天下者"用心体会。

总之，"顾諟天之明命"，与上一句"克明德"相比，增加了道德修养的广泛性、权威性、主体性。这句话的引用，不仅为下文反复阐述治国平天下打了基础，也为进一步彰显格物致知的深层含义作了很好的铺垫。

【原文】

《帝典》①曰："克明峻德②。"皆③自明④也。

【注释】

①《帝典》：即《尧典》，《尚书·虞书》中的一篇，主要叙述尧舜的历史。

② 峻：也作"俊"，高大的意思。

③ 皆：都是，指前面引用的三句话。

④ 自明：自己彰显出来。

【译文】

《帝典》中说："要彰显崇高美好的品德。"这三句话都是说要从自己本身去彰明上天赋予的德性。

【品鉴】

"克明峻德"与上文中"克明德"不同之处，就是增加了一个形容词

"峻"字。这个"峻"字，不仅显示出帝尧德性的高大，而且也反映出帝尧德性的力量。伟大而又富有力量的德性，自然属于光明的德性范畴。显然，这里的"峻德"已经与三纲领中"明明德"中的"明德"具有了同一性。帝尧德性如日，威力巨大，自放光明。

《虞书·尧典》中记载的帝尧的"克明峻德"这句话，就是告诫人们要做到"克明峻德"，应该从自我修身养德开始，达到心中"内明"，从而完成"内圣外王"这一最高道德境界。原文是："允恭克让，光被四表，格于上下。克明俊德，以亲九族。九族既睦，平章百姓。百姓昭明，协和万邦，黎民于变时雍。"意思是说，帝尧具有恭敬、谦让的美好品德，其德性彻上彻下，感通天地。而且帝尧伟大而富有力量的德性，是通过修身而自己彰显出来的，并不是帝尧要刻意表现的结果，但其实际效果却是九族和睦、百姓向善、天下和平。

儒家一直向往古代的礼仪，认为它是最完善的。孔子一直主张追溯尧舜，宪章文武，效法先王。因此，这里引用《尚书》中古代圣贤们的话语，都是为了从历史的角度说明"明明德"的重要性。古代的圣贤们都强调用自己的德治来感化管辖内的百姓，而不是用权力和武力来征服百姓。人心就像一面镜子一样，在镜子面前的人对它爱护有加，它也会用加倍的柔情回报；反之，如果镜子面前的人张扬跋扈，它则会冷冰冰地对待你。人与人之间的关系也是这样，尤其是上级与下属之间。如果居上位的领导能够多为下属考虑，而不是一味地以权压人，那么，下属自然会以忠诚回报，尽心尽力地做好自己的工作。但是，现在的许多官员都做不到这一点。他们无论是对人还是对事都有着双重的标准，对自己尽量地降低标准，对别人则无限地抬高标准。他们自己不要求上进，不提高自身的修养，反而要求别人一定要做到道德高尚、品行端庄，那是绝对不可能办到的。

从"克明德"到"顾諟天之明命",再到"克明峻德",次序井然,逐次提升。从周文王的"克明德"到帝尧的"克明峻德",反映出儒家对古代人物的品评标准,越古越伟大,多少具有复古的倾向。特别是中间增加一句大甲"顾諟天之明命",又说明了去恶向善的可能性,更增加了儒教"修身"以齐家、治国、平天下的普遍可能性。此一节"明明德",话虽不多,仔细玩味起来,颇觉美妙无穷!

引述《康诰》《大甲》《帝典》中的经典名言,目的都是要强调从主体自身去彰显自己本有的光明德性。只有自己做到了,才能推己及人,感化教育全天下的人,从而实现天下大同。所以经文在引用古代名言之后,紧接着说:"皆自明也。"于此可见儒家文明的奥妙所在:儒家是自身向善,是自明。

自"《康诰》曰:克明德"至"皆自明也",朱熹认为重点说明的是"明明德",所以把这一部分定为"传"文第一章。

第三章 新 民

【原文】

汤①之《盘铭》②曰:"苟③日新④,日日新,又日新⑤。"

【注释】

①汤:即成汤,商朝的开国国君。

②盘:盥洗或沐浴时用的托盘。铭,古代青铜器皿上镌刻的纪事、颂德、申戒等的文字。

③苟:如果。一说为诚敬的意思。

④新:在此处有两层含义,一是指人沐浴以去除身体的污垢,二是指人反省其心以去除精神、道德上的瑕疵。

⑤日、日日、又日:每天都不间断的意思。

【译文】

商汤王盥洗、沐浴的青铜器皿上刻着这样的箴言:"如果能够一天做到弃旧图新,那就应该在新的基础上,天天不断去除旧的东西,一刻也不要间断。"

【品鉴】

  古代所说的"盘",是盛水的器具,它的造型特点是圆形浅腹、圆足、有耳,是盥洗、沐浴时用的托盘。沐浴,或三日,或五日,但盥洗,却是每天的必修课。成汤把"苟日新,日日新,又日新"这样的箴言刻在盘上,就是为了能时刻提醒自己要弃旧图新,不仅要洗去身体上的污垢,更要去除心灵上的尘埃。每个人都应该不间断地进行德性的修养,日积月累,向着至善的目标前进,最终积成大德。不进则退,万事都是这样。在德性的修养中,每一天都取得了新的进步,就像每天沐浴时洗去身体上的污垢一样。荡涤心灵,去除心中的各种私欲,恢复心灵的自由,使自己永远于尘世间保持着那份精神上的洁净,从而焕发出全新的精神面貌。这还不是最终的结果。儒家在道德上的追求是没有限制、没有止境的。仅仅只有自己做到了弃旧图新,那是不够的。真正的目的是教化万民,积极向善,从而实现全天下日日新,人人新。而个人的道德修养,则是最基础的工作。

  本节初引成汤《盘铭》中的警句,主要彰显的就是君王个人"修身"过程中"自强不息"的重要价值。这句引文,不仅验证了"自天子以至于庶人,一是皆以修身为本"的基本判断,而且又从圣人修身的角度说明了"明明德"与"新民"之间的关系。换句话说,这句引文,在解释"新"字含义的同时,又把《大学》开篇的三纲领融入了对"新民"的诠释之中。

【原文】

  《康诰》曰:"作[①]新民[②]。"

【注释】

① 作："鼓之舞之之谓作"，所以有激励、振作、兴起的意思。

② 新民：使民新，激励人移风易俗、弃旧图新，颇有"刷新国民道德"的意味。

【译文】

《康诰》中说："要激励鼓舞人们弃旧图新。"

【品鉴】

"作新民"也是《康诰》中周公对其弟弟、成王对其叔叔康叔的训诫。原文这样写道："已！汝惟小子，乃服惟弘王应保殷民，亦惟助王宅天命，作新民。"康叔的使命就是要协助周天子保护好封地的殷商百姓，并且还要用自己的德性修养体现出天命的变化，让殷商百姓接受新的天命，用新王朝的道德、规范改变殷商旧民的风俗习惯。殷商百姓以前虽为不善，但若能从新为善，为人君者就应当设法去鼓舞振作他们，使之欢喜踊跃，乐于为善。因此，作为高居上位的人，不但要修养好自己的德性，还要激励鼓舞他的臣民弃旧图新，一心向善。这当然属于"新民"的"外王"事业。引文在"苟日新"的基础上再引述"作新民"，突出了"自新"与"新民"之间的本末、先后关系。

人不应该停留在过去，不应该仅仅继承前人的优秀文化和物质遗产，更重要的是创新。今天对于昨天来说，是新的；现实对于历史来说，同样也是全新的。因此，应当与时俱进，一天一个新变化。随着时代和现实的变化而调整自己前进的步伐，紧紧地把握住时代的脉搏。一个人应该具有这样的精神，一个民族也应该具备这样的精神。

【原文】

《诗》①曰："周②虽旧邦③，其命④维新⑤。"

【注释】

①《诗》：《诗经·大雅·文王》篇。《诗经》是中国古代的基本典籍，属于儒家五经或六经之一。《诗经》实际上是我国春秋时期各诸侯国流行的诗歌总集，原有很多。后来经过孔子的删削整理，终成通行本三百零五篇的儒家经典。

②周：发源于西北岐山方国。原来属于殷商王朝的组成部分，后来推翻殷商王朝，建立了新的周王朝。

③旧邦：周过去是殷商的一个组成部分，故称旧邦。

④命：周朝禀受的天命。

⑤维新：崭新。这里含有更新、除旧布新的意思。维，语助词，表示周至文王的时候，已经具备天下共主的新气象。后来把变旧法、行新政称为维新，所谓维新变法、明治维新，均属此意。

【译文】

《诗经》中说："周虽然过去是殷商的属国，但是现在所禀受的天命却是新的。"

【品鉴】

《大学》中有许多引自《诗经》的文字。《诗经》是我国最早的一部诗歌典籍，收周代诗歌三百零五篇，分为风、雅、颂三类。风包括周南、召南，合称十五国风，共一百六十篇。大部分是民间歌谣，小部分是贵族作品。雅分为大雅和小雅，共一百零五篇。小雅大部分是贵族的作品，小部分是民间歌谣。大雅则全是贵族的作品,有叙事诗和祭祀诗两种。颂有周颂、鲁颂、商颂,共四十篇。这些诗多半是西周、鲁国和宋国的最高统治者用于宗庙祭祀的乐歌,也都是贵族的作品。《诗经》产生的时代,上自西周初期(公元前11世纪),下至春秋中期(公元前6世纪),共约五百多年。除极少数是西周作品外,大部分是东周时代的作品。它的题材十分广泛,反映了当时社会的各个方面,如复杂的社会生活和阶级斗争,还有人民大众淳朴的思想和感情等,具有很强的现实主义精神,在我国的文学史和哲学史上都有着重要的地位。

人在原始时代,对宇宙和人生的认识很少,认为宇宙间的事物,都由神统治,或是由天命在支配、主宰一切。所以,古人把朝代的兴衰更替与天命紧密地联系在一起。由于周文王能够使自己的德行日渐更新,并带领自己的臣民追求完美的道德境界,因此,他所禀受的天命是新的。《诗经·大雅·文王》中的原文是:"文王在上,于昭于天。周虽旧邦,其命维新。有周不显,帝命不时。文王陟降,在帝左右。"过去的周,地位并不显赫,因为那时尚未有天命在身。因为周文王不但能够使自己的德性日新,而且还激励鼓舞人民,使其也弃旧图新,因而到周文王的时候,天命才开始降临到周的身上。

本节引文,显然已经不是"明明德"和"新民"。虽然解释的重点依然是"新",但"止于至善"的儒家目标与理想,在这里得到了极为恰当的诠释。小小的边陲弱邦,自后稷开始,历经千年的漫长岁月,到周文王的时候才得到天命的垂顾。原因何在?周邦千年的"自修"与"新民"、文王一世的"自修"与"新民",均被高高在上的监察者——上天洞悉无疑,所以上天转移天命,弃商予周。新的使命,新的时代,周由弱变强,最关键的还是周人自身的道德修养。周的成就,完全是儒家"平天下"目标的实现,自然属于"止于至善"的范畴。所以,本节的引文，隐含着儒家对更高层次的"修身"目的与效果的肯定。

【原文】

是故①君子②无所不用其极③。

【注释】

① 是故：所以。

② 君子：国君之子的简称，指社会上居高位的人，后来逐渐转化为道德理想的人格称谓。

③ 无所不用其极：无处不追求至善至美。极，尽。这里的用法是积极的、正面的，但这个成语后来却变成了消极、负面的含义，形容坏人做事不择手段。

【译文】

所以，君子时时刻刻都要追求至善至美，一刻都不能懈怠。

【品鉴】

在自身修养上，应该是没有止境的。道德高尚的人所取得的成就不是一朝一夕就能达成的，修养的关键在于一点一滴地长期积累。孔子大赞颜回说："回也，其心三月不违仁，其余则日月至焉而已矣。"这就说明了短时间追求道德的修养是人人都可以办到的，但要长期坚持下去，却需要很大的恒心和动力，并不是每个人都能做到的。但君子是可以做到的，"无所不用其极"包含的主要内容，从上面引述的三句话来看，君子采取的手段应该是自新、新民、平天下。与之相对应的，则是"明明德""新民"与"止于至善"。朱熹曾经指出："盖民之视效在君，而天之视听在民。君德既新，则民德必新。民德既新，则天命之新亦不旋日矣。"本章以古代格言来解释"新民"，并把解释"新民"置于整个三纲领中统一思考，内容值得仔细推敲。

自"汤之《盘铭》曰"至"君子无所不用其极"，朱熹认为集中说明了"新民"，所以定为传文第二章。

第四章　止于至善

【原文】

《诗》①云："邦畿②千里，惟民所止③。"《诗》④云："缗蛮⑤黄鸟⑥，止⑦于丘隅⑧。"子⑨曰："于止，知其⑩所止，可以⑪人而不如鸟乎！"

【注释】

①《诗》：指《诗经·商颂·玄鸟》篇，本篇是宗庙祭祀、歌功颂德的诗篇，歌颂的内容主要是商代祖先如何因德性修养而领受天命的故事。其中的"天命玄鸟，降而生商"，讲的就是殷商始祖——契（弃）因其母亲简狄吞服玄鸟蛋而受孕的传说。古人常常用类似神话传说表达承受天命的神圣意义。

② 邦畿：古代通常指天子脚下，方圆千里，包括天子所在的都城以及郊区。邦，都城、京城。畿（jī），国都周围的地方。

③ 惟民所止：国民向往居住的地方。惟，语助词，表明居住在邦畿之地，确实是国民的期望。止，居，引申为事物都有其归宿。

④《诗》：指《诗经·小雅·缗蛮》篇，是行役二人对唱的歌。引文见于诗文的第二节，前面一节讲的是"止于丘阿"（山坡），第三节讲

的是"止于丘侧",均非理想的栖息地。只有第二节的"止于丘隅",最为理想。故引此句为证。

⑤缗(mín)蛮:叽叽喳喳的鸟叫声。

⑥黄鸟:黄莺或黄雀。

⑦止:栖息。

⑧丘隅:树多的山丘。丘,多树的土山。

⑨子:孔子。

⑩其:它,指黄鸟。

⑪可以:何以。古代可、何通用。

【译文】

《诗经》中说:"天子脚下是老百姓期望居住的地方。"《诗经》上说:"叽叽喳喳叫着的黄鸟,自由自在的栖息在山丘边那密集的树林中。"孔子读到这里的时候十分感慨:"对于归宿,连黄鸟都知道它应该栖息在什么地方,难道人还不如一只鸟儿吗?"

【品鉴】

本节所述,重点在于解释"止于至善"中的"止"。天下万物,皆有当止之所。

《诗经·商颂·玄鸟》篇,本是一篇祭祀时所唱的歌,是一首简短的史诗,叙述了殷商始祖契诞生的传说,成汤建立王业和武丁中兴的功绩。诗经的原文是:"邦畿千里,惟民所止,肇域彼四海。四海来假,来假祁祁。景员维河,殷受命咸宜,百禄是何。"这段话明确指出了什么样的王道才是真正的王道,那就是得民心的王道。孟子说过:"得道多助,失道寡助。"方圆千里的天子脚下,不仅仅是普天之下的政治、经济中心,更重要的也是四海之内的文化、道德中心。天子的德性不仅为天下共同仰慕，更可以吸引万民不远万里前来归附。所以，邦畿之地，是天下人民最期望居住的理想之地。人民是国家存在的根本，没有人民的支持，任何政权都不可能长久地存在。因此，国家巩固的基础在于民心，只有得到了人民的支持和拥护，国家才能走上富强的道路。

《诗经·小雅·绵蛮》篇，是行役二人对唱的歌。诗文第二节的原文是："绵蛮黄鸟，止于丘隅。岂敢惮行，畏不能趋。饮之食之，教之诲之。命彼后车，谓之载之。"引文中的意思，与原文并不十分一致。因为引文的目的是要表达作者的思想，并不是简单的对原文作准确地解释。原文中可能包含绵蛮黄鸟寻找居住地的艰辛，引文中的意思主要诠释的是鸟知道自己应该归于何处，知其所当止之地。孔子在读到这一段诗文的时候，慨然而叹：鸟都知道追求一个理想的归宿，更何况是万物之灵的人呢？所以朱熹说："人当自知所当止之处。"也就是说人在一个整体的社会中要知道自己处于什么位置，并安于这个位置，不要抱有非分的想法。作为社会的一员，我们应该依据集体的行为规范，做应该做的事情，止于应该止的位置。宋代理学家程颢说："万物庶事莫不各有其所，得其所则安，失其所则悖。圣人所以能使天下顺治，非能为物作则也，唯止于其所止而已。"只要万事万物找到了自己合适的位置和地位，社会和自然就都会达到一种和谐的状态。个人的行为和人的社会关系中，都有一个中点，使人在表达感情和满足欲望时，知其所止。《列女传·母仪》所讲孟母三迁的故事，也诠释了儒家的"止"：家近坟地，幼小的孟轲学习筑墓埋人的游戏；迁到市场附近，孟轲又学习商人做买卖的游戏；最后迁到学校旁边，孟轲则学习进退揖让的游戏。"昔孟母，择邻处"，孟母三迁不仅造就了一个圣贤，而且还留下了"知止"的千古绝唱！

只是，芸芸众生中的我们，怎样才知道自己所做的是应当做的、自己所处的位置是自己应当处的位置呢?怎样才能做到适度,继而达到尽善和完美的境地呢?这是困扰我们一生的难题。既然现在无法做出正确的判断,那就持之以恒,继续学习和探索人生吧,这样也算是做到"君子无所不用其极"了。

【原文】

《诗》①云:"穆穆②文王③,於④缉熙敬止⑤!"为人君,止于仁⑥;为人臣,止于敬⑦;为人子,止于孝⑧;为人父,止于慈;与国人⑨交,止于信⑩。

【注释】

①《诗》:指《诗经·大雅·文王》篇,引文出自第四节。

②穆穆:仪表美好,态度端庄、大气的样子。

③文王:即周文王,姓姬,名昌。

④於(wū):赞美词。

⑤缉熙敬止:止于对持续光明的恭敬、追求。缉,持续不断、绵长的意思。熙,光明。敬,恭敬,一心一意致力于某个方面。止,修身的当止之处,也表示修身的最佳表现。

⑥仁:仁政、仁德。

⑦敬:一心一意对待辅助天子的事业,与"忠"的意义相近。

⑧孝:孝顺父母。

⑨国人:这里指周围的人。西周时期特指居住在国都的人,与居住在农村的"野人"相对。

⑩信:诚实守信。

【译文】

《诗经》说:"仪表端庄美好的文王啊,为人始终光明磊落,恭敬严谨。"作为国君,要始终做到仁爱;作为臣子,要始终做到恭敬如一;作为子女,要始终做到孝顺;作为父亲,要始终做到慈爱;与周围的人交往,要始终做到诚信而不欺诈。

【品鉴】

本节进一步解释"止"的内容。

《诗经》中说:"穆穆文王,於缉熙敬止!假哉天命,有商孙子,其丽不亿。上帝即命,侯于周服。"周文王是我国古代的贤君,他同时还承担着诸多的角色,并且都做得很好。不同的人,不同的角色,都有其当止之处。人之为人,不仅应该有理想、有抱负,更应该知道自己当"止"何处。本节以周文王为例,既说明了周文王"明明德于天下"的具体内容,也就是周文王对于持续不断的光明德性的渴求与专心致志,也分析了周文王在不同角色中的"当止之处"。他作为一国之君,能够全心全意地实行仁政;他作为殷商的臣子,也能够恭敬、忠于商王,即使被囚禁羑里,其志依然不改;为子能行孝,为父能施慈;与周围的人交往,又能以诚相见。这样的人,当然是儒家的理想追求。当然,周文王之所以能够取得如此巨大的成就,前提之一就是"缉熙敬止"。"明明德"的德性修养,依然是"本"!

对于平凡的我们来说,一生中要面对许许多多的难题,担当着各种各样的社会角色和家庭角色。为人上级、为人下属;为人父、亦为人子,关键在于我们要在不同的角色中寻找到自己准确的位置,找到真正的自己。确立并安于自己最恰当的位置,即"知其所止",这才是最重要的。只要做到了这一点,人生中的诸多疑惑和难题就会迎刃而解。

同样，对于为政者来说，更应该清楚自己的角色和位置，那就是甘当人民的公仆，为人民谋福利。一个为政者有德与否，不仅关系到个人的道德修养和素质，更关系到人民的祸福、国家的兴衰。

【原文】

《诗》①云："瞻彼淇澳②，绿竹猗猗③。有斐④君子，如切如磋⑤，如琢如磨⑥。瑟兮僩兮⑦，赫兮喧兮⑧。有斐君子，终不可谖⑨兮！"如切如磋者，道学⑩也；如琢如磨者，自修⑪也；瑟兮僩兮者，恂栗也⑫；赫兮喧兮者，威仪也；有斐君子，终不可谖兮者，道⑬盛德至善，民之不能忘也。

【注释】

① 《诗》：《诗经·卫风·淇澳》篇，赞美卫武公品德高尚、学识渊博的诗篇。卫武公是康叔的后代，卫国的君主（前812年—前758年在位），道德文章俱佳，深受卫国人民的敬仰。《国语》中说他95岁时"犹箴敬于国，作《懿戒》以自儆"。《史记》记载："武公即位，修康叔之政，百姓和集。四十二年（前771年）犬戎杀周幽王。武公将兵往，佐周平戎甚有功。周平王命武公为公，五十五年（前758年）卒。"

② 瞻彼淇澳（qí yù）：看那淇水岸边。瞻：看，瞧。淇，指淇水，在今河南北部，流域为西周时卫国地。澳，水流弯曲的地方。

③ 绿竹：翠绿的竹子。郑玄认为是一种草类植物。猗猗（yī yī），美好、茂盛的样子。

④ 有斐：有，虚词。斐，斐然有文采的样子。

⑤ 如切如磋：古代治骨器的工艺，这里比喻"治学"。切：用刀切

断。磋，用锉锉平。

⑥ 如琢如磨：古代治玉石器的工艺，这里比喻"修德"。琢，用刀雕刻。磨，用沙磨光。

⑦ 瑟兮僩兮：庄重威严而胸襟开阔的样子。僩（xiàn），威严，刚毅。

⑧ 赫兮喧兮：显耀盛大、光明焕发的样子。喧（xuān），光明焕发。

⑨ 谖（xuān）：遗忘、忘记。

⑩ 道学：相互讨论、问辨以增长学问的方法，后来习惯上叫做"道问学"。

⑪ 自修：自我反省以增进道德的方法，强调主体的自觉性，后来习惯上称之为"尊德性"。

⑫ 恂慄：战俱，害怕。

⑬ 道：说的事。

【译文】

《诗经》上说："看那淇水弯弯的岸边，鲜美的绿竹郁郁葱葱。有一位文采风流、品德高尚的君子，他研究学问如同加工骨器，不断切磋；修炼自己如同打磨美玉，不断琢磨。他仪表堂堂，举止庄重，品德高尚。这样一位有文采有修养的君子，人们是永远不会忘记的啊。"所谓的"如切如磋"，是说他在研讨学问上下了很大的功夫，是指做学问的态度；所谓的"如琢如磨"，是说他在自我修养上用心仔细，是指坚持自我修养的精神；所谓的"瑟兮僩兮"，是说他庄重威严而又心胸开阔，为人处事始终持以诚实谨慎的态度；所谓的"赫兮喧兮"，是说他的品德完美从而令世人效法；所谓的"有斐君子，终不可谖兮"，是说他那盛大的德行已经达到了尽善尽美的境地，所以使人难以忘怀。

【品鉴】

本节所讲的，是成就、打造类似于上节周文王、本节卫武公那样圣贤的具体方式：切磋琢磨。《尔雅·释器》上说："骨谓之切，象谓之磋，玉谓之琢，石谓之磨。"比喻人在研究学问、提升德性上，应该花费很大的功夫。朱子说："引《诗》而释之，以明明'明德者'之止于至善。道学自修，言其所以得之之由。"朱熹认为那些想要追求最高道德境界的人，在修养自己的品德时，应该像做学问那样，如切如磋，如琢如磨。修养不是天生的，也不是上天授予的，而是从小到大、从无到有逐渐自觉培养、锻炼和打造自我的结果。

本节引文以卫武公为例，不仅讲述了古代成贤成圣的方法，而且也涉及道德修养所显发的威力。只要下功夫切磋琢磨，将会带来"瑟兮僩兮，赫兮喧兮"的外在表现，不仅可以使其他人充分感受到"君子"的魅力所在，而且也在不自觉中成为大家学习的道德榜样，成就"明明德于天下"的伟大事业。道德的力量，完全可以从个体中升华到社会、天下的层面来。"有麝自然香，何须春风忙"，其结果当然是"民之不能忘也"——永垂不朽！这应该是儒家追求的最高境界——"止于至善"。

而且，引用卫武公作为例证，进一步说明儒家追求的"止于至善"，并不是仅仅局限于尧舜文武。即使不在"天子"之位，也能够成就"明明德于天下"的伟大事业！

【原文】

《诗》①云："於戏②！前王不忘③。"君子④贤其贤⑤而亲其亲⑥，小人⑦乐其乐⑧而利其利⑨，此以⑩没世⑪不忘也。

【注释】

① 《诗》：《诗经·周颂·烈文》篇，是成王祭祀祖先时诫勉诸侯的诗。

② 於戏（wū hū）：叹词，呜呼的意思。

③ 前王不忘：实在难以忘怀前王的功勋、恩德。前王，这里指周文王、周武王。忘，遗忘。

④ 君子：兼有地位、道德的双重含义。

⑤ 贤其贤：重视、尊重有能力、有德性的人。前一个"贤"是动词，重视、尊重的意思；后一个"贤"是名词，表示德才兼备的贤能之士。

⑥ 亲其亲：关心爱护自己亲人。前一个"亲"是动词，亲近、关心的意思；后一个"亲"是名词，指自己的亲人。

⑦ 小人：指一般的平民百姓，儒家认为他们缺少君子那样的道德追求。

⑧ 乐其乐：享受快乐。前一个"乐"是动词，享受的意思；后一个"乐"是名词，安乐、快乐的意思。

⑨ 利其利：获得利益。前一个"利"是动词，获得的意思；后一个"利"是名词，利益的意思。

⑩ 此以：以此的倒装，因此。

⑪ 没世：终生，一辈子。

【译文】

《诗经》中说："啊！前代的君王实在是使人难忘啊！"这是因为后世的贤君圣主们能够以前代的圣贤为榜样，尊重有贤德的人，亲近亲族，一般的平民百姓则接受由此带来的恩泽，安享欢乐，获得利益。所以，前代的君王虽然已经逝世，但是后人却一直思念他们，永远不会忘记他们。

【品鉴】

此节紧接上文，继续阐述"民之不能忘也"的含义。"民之不能忘也"，是圣贤之士修身、齐家、治国、平天下的自然结果。做到了这一点，难道还不是"止于至善"吗？所以，本段从"知止""止之内容""止之方法与效果"论述"止于至善"，诠释了儒家对于"永垂不朽"的深层思考。

中华儒家文明的核心，不仅仅是具有浓厚人文色彩的人生观，对死亡的看法，也颇具特色。人生不过百年，无论贫富贵贱、强弱黑白，谁都难逃一死。但死又有轻于鸿毛与重于泰山之别。轻于鸿毛者，只是历史天空中轻轻飘扬的纤纤微尘，随风飘散；重于泰山者，永远活在人民的心中。尧舜文武、周公孔孟，虽历经千年风霜，总能活在后人的心中。在儒家看来，不管是道德事功，还是语言文字，"立德、立功、立言"，无论做到其中的哪一个，都能达到永垂不朽的境界，这就是《左传·襄公二十四年》中所说的"三不朽"："大（太）上有立德，其次有立功，其次有立言；虽久不废，此之谓不朽。"实际上，这样的"不朽"一直是儒家知识分子追求的人生目标，到了宋代，张载概括成了简洁明快的四句话："为天地立心，为生民立命，为往圣继绝学，为万世开太平。"人生事功与生命不朽，并不是生与死的矛盾，而是辩证统一的一体两面。

《诗经·周颂·烈文》中说："烈文辟公，锡兹祉福。惠我无疆，子孙保之。无封靡于尔邦，维王其崇之。念兹戎功，继序其皇之。无竞维人，四方其训之。不显维德，百辟其刑之。於戏！前王不忘。"那些为人民和社会的发展做出过巨大贡献的人们，历史是永远不会忘记的。为政者应当从人民的根本愿望和利益出发，顺应历史的发展趋势，本着对历史负责、对子孙万代负责的态度，为百姓谋福利、办实事，这样他就会在人民的心里永远传承。

当官本来就是为百姓办事的，应该做父母官该做的事情。应该以人为本，从人民的根本愿望和利益出发，而不是仅仅为了自己个人的政绩。为政者只有顺应历史发展的潮流，始终代表最广大人民的根本利益，以人为本，造福于民，社会才能安定和谐，人民才能团结和睦。"永远活在人们心中"，不是自封，而是历史的公正评价。

从"《诗》云：邦畿千里"至"此以没世不忘也"，朱熹认为主要说明"止于至善"，所以定为传文第三章。

第五章 本 末

【原文】

　　子①曰："听讼②，吾犹人也，必③也使无讼乎！"无情④者不得⑤尽其辞⑥。大畏⑦民志⑧，此谓知本⑨。

【注释】

　　① 子：指孔子。引文出自《论语·颜渊》。

　　② 听讼：断狱、判案。听，法官断案，不能仅凭一面之词。讼，诉讼，官司。

　　③ 必：一定。

　　④ 情：实情。

　　⑤ 得：能够。

　　⑥ 尽其辞：把话说完。辞，争讼时狡辩、虚伪的言辞。

　　⑦ 大畏：从内心升起的敬畏、畏惧。

　　⑧ 民志：民心、舆论。

　　⑨ 本：根本。

【译文】

孔子说:"在审理诉讼纠纷时,我和别人也没有什么两样。所不同的是,我想要做到的是完全消除争讼案件,使争讼之事不再发生,那才是我最想做到的啊!"要让那些本来理屈又没有真凭实据的人,不敢在公堂上陈说他那狡辩、虚伪的谎言。广用德行道义,使每一个人从内心升起敬畏民心的意识,这才叫懂得事物的根本。

【品鉴】

孔子的话引自《论语·颜渊》。《论语》记载了孔子的言语行事,还记载了孔子若干学生的言语行事,是一部语录体文集。班固的《汉书·艺文志》说:"论语者,孔子应答弟子、时人及弟子相与言而接闻于夫子之语也。当时弟子各有所记,夫子既卒,门人相与辑而论纂,故谓之论语。"

这段引用孔子的话,点出了在本与末的关系中"本"的重要性。《朱注》范氏曰:"听讼者,治其末。塞其流也。正其末,清其源,则无讼矣。"人与人之间的交往,如果完全出于真情实意,是不会有任何争执的。但有时却会由于一念之争而伤了和气,进而会反目成仇,甚至对簿公堂。人一旦兴起诉讼,再难以保持平常的心态,往往不能全面、客观地看待事情,甚至会不顾事实,虚伪狡辩。因此,即使是圣人在法庭上听取双方的陈词,也往往不易判断其是非曲直。所以,解决诉讼最好的办法,就是消除诉讼。培养法律人才,远不如培养公民道德重要、彻底。如果能使人民诚实、公正,人民便不会虚伪狡辩,法庭也就变得多余。要想做到这一步,德性修养是十分重要的。如果社会上的每一个人,都能够从内心生起敬畏民心的意识,加强自身的道德修养,就完全可以实现"无讼"的理想社会状态。明白了道德修养的重要性,就可以说懂得了治理社会的根本所在。

可见，裁断官司不是最重要的，最根本的是从每一个人的内心做起，构建和谐的社会环境，打造人与人之间良好的社会关系，人人都以礼、义、仁、信相交，从此不再有纠纷发生。这与我们今天构建和谐社会的理念是一致的。只依靠法律手段去调节甚至是制裁某些不合社会规则的行为，只能说是治标不治本，不能从根源上解决问题。和谐也是一种美。儒家一直推崇"礼治"，正如李泽厚先生在《论语今读》中这样说的："'礼治'不同于'刑政'，'人治'不同于'法治'，它并不仅仅是强调外在律令规范的客观性，而是重视在血缘基础上人际关系的'温情脉脉'的情感认同与和谐一致。"

《战国策·齐策》记载：齐王派使臣出访赵国并会见了赵威后。赵威后接过国书，还没打开，便急忙问齐国的使臣："岁亦无恙耶？民亦无恙耶？王亦无恙耶？"齐国的使者很不高兴，说："我是奉国王之命来访问贵国的，现在您却先问年岁和百姓，最后才问国王，这岂不是贱贵颠倒吗？"赵威后不慌不忙地回答："不然。苟无岁，何有民？苟无民，何有君？故有问。舍本而问末者耶？"

在古本《大学》中，本章文字位于"与国人交止于信"之后。朱熹认为本章内容说明的是"本末"，所以定为传文的第四章。

第六章　格物致知

【原文】

此谓知本①，此谓知之至②也。

【朱熹补文】

右传③之五章，盖释格物致知之义，而今亡矣。间④尝⑤窃⑥取程子⑦之意以补之。曰：

所谓致知在格物者，言欲致吾之知，在即物而穷⑧其理⑨也。盖人心之灵莫不有知，而天下之物莫不有理，惟于理有未穷⑩，故其知有不尽也。是以《大学》始教，必使学者即凡天下之物，莫不因其已知之理而益穷之，以求至乎其极。至于用力之久，而一旦豁然贯通焉，则众物之表里精粗⑪无不到⑫，而吾心之全体大用⑬无不明矣。此谓物格，此谓知之至也。

【注释】

① 此谓知本：本句话在古本《大学》中位于"而其所薄者厚未之有也"之后。朱熹认为前面应该有申述"格物致知"的话，所以才会有"此谓知本"的结语。程颢、程颐都认为这是一句衍文。衍文的

意思是并非原文所有而混在原文之中多余的文字。

② 知之至：知识的至极、最高境界。

③ 古代书籍的排印是从右往左的竖排，所以前面的文字段落是在右边。

④ 间（jiàn）：近来，近日。

⑤ 尝：曾经。

⑥ 窃：私自、私下，表示谦虚。

⑦ 程子：指程颢、程颐两位思想家。

⑧ 穷：穷究，彻底研究。

⑨ 理：事物的原理。

⑩ 未穷：未穷尽，未彻底。

⑪ 表里精粗：表，是外面，指容易掌握的道理；里，是里面，指难以发现的道理；精，是指道理的精微而言；粗，是指道理的粗浅而言。

⑫ 到：达到，引申为掌握、理解。

⑬ 大用：大的作用，大的功能。

【译文】

这就叫做知道了根本，这就叫做达到了认识的至极，即进入了"知"的最高境界。

【朱熹补文译文】

前面一节是传文的第五章，原来是解释格物致知的含义的，但原文已经佚失。近来我私下采取程颢、程颐先生的意思，尝试补充如下：

所谓致知在于格物的意思，是说获得知识的途径只有一条，那就是接触事物并研究事物。要想获得知识,就必须根据每件事物彻底研究它的原理。灵妙的人心,均有认识事物的能力;而天下的万事万物,没有一个不具有其内在的本质和运行的规律。只是由于我们还没有完全认识到事物内在的道理,所以我们的知识不全面,在对事物的认识中便有着很大的局限性。因此,《大学》这本书一开始就教导学习者,对于天下的事物,都要根据自己已经掌握的道理再加以推究考据,以求达到知识的至极境地。经过长期的坚持,下的功夫久了,有一天就会犹如醍醐灌顶,豁然开通。于是,万事万物所蕴含的里外与精粗的道理都会清楚地呈现在眼前,而自己心灵的整体认知能力及其重要作用,也可以完全地发挥。这就是格物,这就是知识和智慧达到的最高境界。

【品鉴】

在通行本中,这段话与上一段是同义反复了。但此句在古本《大学》中位于"而其所薄者厚,未之有也"之后。因此,并不像通行本中那样,连用两次。但朱熹认为此处文字不仅有佚失,而且前后的文字可能还有"错简"。古书大都是刻在竹简或木简上面的,简与简之间用绳子串联起来。存放的时间久了,绳子会断,原文中的次序也就会发生变化。这就是所谓的"错简"。

什么是"本"?这个问题需要根据不同的对象来确定。相对于国家而言,人民是国家社稷的根本。数千年来,中国传统文化就是立足于人民,关注民生,体贴民心,为人民谋福祉。历代王朝的兴衰成败说明了一个深刻的道理,那就是得民心者得天下。人民是国家存在的根本,没有人民的支持,任何政权都不可能长久地存在。《贞观政要》中有这样的名言:"水能载舟,亦能覆舟。"国家巩固和存在的基础在于民心。只有依靠人民,得到百姓的拥护,国家才会强盛。"得道者多助,失道者寡助",

强权与暴行，是不会得到民心拥戴的；只有施行仁政，知道国家的根本所在，才能够得到民心的拥护，从而赢得天下。但在《大学》中，相对于"齐家、治国、平天下"而言，"修身"是"本"。"修身"内在又蕴含着"诚意、正心"。但是，相对于"诚意正心"而言，还应该有更为根本的东西，那就是天道。只有认识、体会、掌握了天道，才能算是"知本"，也只有知道了这个"本"，才能算是"知之至也"。可能正是基于类似的本体论的思考，朱熹觉得这里应该具有"格物致知"的地位。可惜原文中没有类似的论述，所以他觉得自己很有必要把这一层意思补充完整。

格物致知教给了人们具体的求知和认识事物的方法。虽然世界从表面上看是杂乱无章、无法认识透彻的，但是，任何事物内部都有自己的规律，只要掌握了规律，所有认识上的问题都会迎刃而解。在对事物认识的过程中，一定要处理好知识与实践二者之间的关系。一切认识来源于实践，人类对于自然的认识，对于自身的认识，乃至一切知识的来源，都离不开实践。所以，格物具有非常重要的意义。格物不是离开具体实践的格物，而是与具体事物和理论知识紧密结合的格物。认识是没有止境的，格物也一样永无止境。世界在不断地发展变化，时代在不断地前进，我们的思想也应该随着环境和事物的改变而不断地向前发展，而不能停留在老地方。只有随着物的发展而不断地格物，才能做到真正的致知，从而使二者完美紧密地结合在一起。

当然，儒家的"格物致知"，并不是生产实践、科学实验性质的实践。从本质上看，儒家一直看不起科技发明，"雕虫小技"这个词，最能体现他们对于技术的蔑视。孔子总是认为"君子不器"。君子应该致力于道德修养，即使是治国平天下，主要还是道德上的感化、教化。而且，君子致力于道德修养的前提，正是对于天道的认识。所谓"天行健，君子以自强不息""地势坤，君子以厚德载物"，正是君子从天地运行的规律中体会出来的做人原则。但对天道的体会、认识，离不开对于具体事物的认识。儒家始终认为"道不远人"。普遍的天道，不仅离不开人伦日用，而且也离不开具体的事物。到了宋明理学那里，儒家的这种思想更是借助于佛教华严宗"月映万川"式的"圆融无碍"思想而被朱熹表示为"理一分殊"。普遍的理虽然只有一个，但万事万物之中均有理的体现。就像月亮一样，虽然只有天上的月亮最真实，但月亮的样子可以呈现在一切有水的地方。因此，只要人们从不同的事物、不同的方面体会事物中的道理，日积月累，终有一天会豁然贯通，发现宇宙中的普遍规律。

第七章　诚　意

【原文】

　　所谓诚其意①者，毋②自欺也。如恶恶臭③，如好好色④，此之谓自谦⑤。故君子必慎其独⑥也！

【注释】

　　① 诚其意：使意念诚实。意：意念，念头。

　　② 毋：不要。

　　③ 恶恶臭：厌恶难闻的气味。臭（xiù），气味。前一个"恶"（wù），厌恶的意思；后一个"恶"（è），难闻的意思。

　　④ 好好色：喜欢美好、漂亮的颜色。色，颜色、色彩，后来引申为美色、美女。前一个"好"（hào），喜欢；后一个"好"（hǎo），是形容词，美好、漂亮的意思。

　　⑤ 谦（qiè）：通慊，满足、惬意的意思。

　　⑥ 慎其独：谨慎独处。慎，谨慎、小心的意思。独，无人监视的状态。

【译文】

所谓的"诚其意",就是要保持内心的真诚,不要自己欺骗自己。就像厌恶污秽的臭气一样,又像喜欢美丽的色彩一样,都是真诚地发自内心。这也就是所谓的"自谦"。所以,品德高尚的君子,必须谨慎地对待自己独处时的行为,不敢有丝毫的放纵和懈怠。

【品鉴】

儒家的"诚意",不仅仅是一种修养功夫,会体现在修身养性的过程之中,而且也应该是一种修养境界和结果,是儒家追求"内圣"的重要体现。为什么这么说呢?诚意,作为人类情感的自然流露,具有本能的意义。喜欢就是喜欢,不喜欢就是不喜欢。看见美色,自然爱慕;闻到臭味,本能躲避。这应该是"诚意"的原始状态,也就是经文中说到的"自谦"。但是,人之为人,总是生活在一定人群中,所以任何个人的行为,都会影响到别人的情感。如果处理得好,将会有助于形成良好的人际关系,拓展自己的生活空间;如果处理得不好,则可能恶化周围的人际关系,缩小人际交往的圈子。因此在面临"恶臭""好色"的时候,人一般都不能完全按照自己的好恶情感行事,而是在一定功利效果考量的基础上决定自己的行为方式。在这种情况下,利弊的考量代替了本能的好恶,甚至指鹿为马、颠倒黑白。比如一个笑话说:乾隆皇帝放了一个臭屁,身边的大臣和绅本能地说出"真臭"之后,听到了乾隆"哼"的一声,和大人马上又说:"回过味来,有一点儿香。"这应该算是"诚意"的否定状态。

此外,"诚意"还应该有更高级的道德状态。各种事物均是来自大自然的恩赐,因此,每一种事物都有其存在的合理性。你说哪个事物美丽?哪个事物丑陋?哪种味道好闻?哪种味道难闻?臭豆腐也有特殊的美味。宋代的张载就认为，百姓都是我的同胞，天下万物也都是我的伙伴；庄子也说过"道通为一"的话。如果从这样的角度考虑，万物之间的差异又何足道哉？但要认识到这一点，并不容易，需要下很大的"格物致知"的功夫。这就是"天道"，也是前文说过的"知之至也"。不过，仅仅"知道"还远远不够，"知道"了以后还应该转化成自己的道德实践，落实到日常生活中。但如何落实呢？那就是克服私心杂念，克服功利的考量，以善恶是非的标准要求自己。如果"善恶是非"的标准不是一时一地偶尔发挥作用，而是时时刻刻以这样的标准要求自己，日积月累，意念不断得到善化，上述的道德观念也就会变成自己思考问题时的潜意识。如此一来，在面临具体问题需要进行道德选择的时候，自然也就呈现出了"诚意"的状态。换句话说，到了这个较高的境界，根本不需要思虑，当下就能做出极为合乎道德、极为符合自己心意的选择。孔子所讲的"七十而从心所欲，不逾矩"，不过是这个境界的另外一种表述方式。

关于"诚意"的上述分析，颇为符合当代中国哲学史研究大家冯友兰先生对于中国哲学人生境界的分析。他认为，中国哲学中所讲到的人生境界，可以分为四个等级：自然境界、功利境界、道德境界、天地境界。自然境界中的人，处于最原始的状态。功利境界中的人，处处以是否对自己有利为标准。道德境界中的人，则以是非善恶为行为准则。善而无利，甚至杀身成仁，也勇往直前；恶而有利，也断然拒绝。至于最后的天地境界，冯友兰先生觉得很难表达清楚，结果他引用了张载的四句话来说明："为天地立心，为生民立命，为往圣继绝学，为万世开太平。"实际上，冯先生所讲的天地境界，与他所讲的"自然境界"具有类似的性质。我们认为，他所说的自然境界属于不自觉的状态，经过功利、道德的比较、熏陶之后的天地境界则属于自觉的状态。冯友兰先生关于人生四个境界的说明，与我们上一段中对于"诚意"的分析，具有异曲同工的性质。

不过，在达成更高级别"诚意"的过程中，方法是非常重要的。《大学》中提出了一个"慎独"的功夫。慎独是品德修养的重要部分，也是儒家特别重视的修身的一个环节。《大学》讲的修身目的、修身方法、修身内容，归根结底要落实到每个人的道德自觉、道德自律。"慎独"就是谨慎人独处时候的行为。人独处时能否按道德准则行事，是对人们道德自觉的严峻考验。《大学》反对"掩其不善而著其善"的伪善，认为君子应当"诚于中，行于外"，内心意念真诚，自然而然流露于外，不必要伪装。立志自我修养品德的人，知道做好事，远离恶行，就会努力诚实地去做，而绝不会自欺欺人。他所做的一切都是发自内心以求自己快意和满足，而不是随便做给别人看的。毕达哥拉斯说过："无论是别人在跟前，还是自己单独的时候，都不要做一点卑劣的事情——最重要的是自尊。"因为君子是内外如一，襟怀坦荡的，只有这样的人才真正能对社会起到榜样的作用："上老老而民兴孝，上长长而民兴悌，上恤孤而民不倍"，"一家仁，一国兴仁；一家让，一国兴让"。

但是，慎独不是很容易就能做到的。虽然知道在一个人独处的时候也应该恪守自己的良知，但要做起来，却需要很大的定力和恒心。独处之时，各种欲望和诱惑就会不停地考验人的良知，想说平时人多时不便于说的话，想做平时人多时不便于做的事情，甚至是为恶的念头也会跑出来折磨人的良知。这时，必须即时反省自己的思想行为，去除那些为恶的念头，不让自己的心灵沉沦到欲望和诱惑中去，要时时刻刻告诫自己："君子必慎其独也！"只有没有人在身旁监督的时候还能够自觉呈现出更高层次上的"诚意"，才能算得上是儒家所谓的"君子"。

【原文】

小人①闲居②为③不善，无所不至④，见君子而后厌然⑤，掩⑥其不善而著⑦其善。人之视己，如见其肺肝然，则⑧何益⑨矣？此谓诚于中，形⑩于外。故君子必慎其独也。

【注释】

① 小人：相对于"君子"而言，不注重道德修养的人。

② 闲居：没有人看见的地方，引申为平时独处。

③ 为：做。

④ 无所不至：没有不到的地方，引申为什么样的坏事都干得出来。

⑤ 厌然：隐蔽、掩藏的样子。厌（yā），堵塞（sè），掩藏。

⑥ 掩（yǎn），通掩，掩藏、掩盖。

⑦ 著：使之明显。

⑧ 则：那么。

⑨ 何益：有什么积极作用呢？益，积极作用的意思。

⑩ 形：动词，表现、显露。

【译文】

不注重道德修养的人，在没有人看见的时候，可能会做些不道德的事情，甚至会无恶不作。但是，他们一见到品德高尚的人便躲躲闪闪，极力掩盖自己所做的坏事，却尽量夸耀自己所做过的那一点极其有限的好事，以此彰显自己的善行。其实，别人看待自己，如同能看到他的心肝肺肺一样，那么掩盖还有什么意义呢？这是因为人心中的所想一定会真实地、完完全全地表露出来，并反映在他的行为中。所以，品德高尚的人在一个人独处的时候，也一定要小心警惕自己的一言一行。

【品鉴】

本节承接上一段的"慎其独",从反面进行了论证,进一步强化说明君子"慎独"的重要性。"闲居"一词,最能说明"诚意"的含义。诚意,本来就是自己本能意念的自然流露。平时独处而没有人监督的时候,行为处事,最能体现自己的本意,无论小人,还是君子,都具有相似的心理特征。君子与小人的不同仅仅在于:小人独处,可能为善,也可能为恶;君子独处,则能够"慎",也就是"慎、思、明、辨",从而保证自己的行为始终符合"善"的要求。同时,小人"为不善"之后见到君子时候的掩盖行为,则说明了社会中群体道德意识的正当性。每个人都是社会中的一分子,而这种群体道德意识的正当性,也说明了社会中每个人内在的向善的根源所在。这个根源,在儒家早期的思想家里面,普遍表述为每个个体先天具有的内在的"良知"。这种思想,在孟子那里,被称之为"四端",也叫做"恻隐之心、是非之心、辞让之心、羞恶之心",后来明朝的王阳明则发展为系统的"良知"学说。

每个人都生活在社会之中,总要与别人发生各种各样的关系。因此,即使是个人独处时候的所作所为,最终总是要表现出来的,任何刻意的掩盖,都是徒劳的。俗话说得好,群众的眼睛是雪亮的,更何况,还有"举头三尺有神明"的民间谚语。所以,要想成为君子,就必须能够独处时慎思明辨,日日修身,把道德变成自己的潜意识。

"君子之德风,小人之德草,草上之风,必偃。"榜样的力量是无穷的,这个比喻充分说明了管理者以身作则的示范作用。管理者的德行好比是风,百姓德行好比是草,草吹动全凭风向,可见管理者表率作用的重要性。而以修身为本的管理意义,正在于强调管理者的自我塑造和自我完善。美国管理学家德鲁克在1985年为《有效的管理者》一书再版作序时说:"一个有能力管好别人的人不一定是一个好的管理者,而只有那些有能力管理好自己的人才能成为好的管理者。事实上,人们不可能指望那些不能有效地管理自己的管理者去管好他们的组织和机构。从很大意义上说,管理就是树立榜样。"可见提高管理者自身的修养具有社会意义。所以作为领导者要时刻警惕自己的言行,即使是独处时也应提醒自己,自觉约束自己。从人民的利益出发,一心一意为人民谋福祉。切记不能心怀侥幸,以权谋私,损公肥私,成为欺诈百姓的贪官,从而走上腐化变质的道路。21世纪是中国的世纪,我们处在全球化的风口浪尖,机遇与挑战犹如一把双刃剑,它考验着每一位领导者,向我们提出了更高的要求。应时刻警惕新时代的"糖衣炮弹",做到不变质、不腐化。深刻铭记作为一位领导干部身上承担的社会使命,为人民带好头。

在现实生活中,我们一定要提防伪君子。他们总是讨好别人,言语之间全是阿谀奉承,做了一点点微不足道的善事便自鸣得意,这种人心中隐藏着极大的不诚实,把小小的诚实表露出来,从而达到居心叵测的目的。我们应该要求自己在与别人相处时谨守诚笃,在独处时也要谨守心灵的诚敬,更要认清楚小人和伪君子的面目。《论语》中说:"巧言令色,鲜仁矣。"其实,慎独不是为了别人,道德的修养也不是为了别人,而是为了自己。别人看不见,但我们自己却能清楚地看到自己的灵魂,此时正是我们修炼自己的最佳时机。经过了"慎独"这个阶段,我们便会如凤凰涅槃一般重生,获得真正高尚的道德修养。

【原文】

曾子曰:"十①目所视,十手所指,其严②乎!"富润屋,德润身③,心广④体胖⑤。故君子必诚其意。

【注释】

① 十：虚数，表示人多。

② 严：令人畏惧。

③ 富：财富。德，道德修养。润，装饰、滋润。

④ 广：宽大。

⑤ 胖（pán），舒泰安乐的意思。与现在的胖瘦之胖的意思不同。

【译文】

曾子说："当一个人暴露在大家面前的时候，众人的眼睛都注视着你，众人的手都在对你指指点点，这难道不令人畏惧吗？"财富，可以用来装饰自己的房屋；同样的，德性可以用来充实、美化自己的身心，心胸宽广可以使人身体舒泰安康。因此，品德高尚的人一定要使自己的意念真诚。

【品鉴】

本节紧跟上节"人之视己，如见其肺肝然，则何益矣"一句话，首先引述曾子的话予以证明，然后说明"诚于中，形于外"的功效，增强了《大学》思想的感染力。"诚于中"中的"诚"，明显解释的是内在修养的问题，也就是前面反复提到的"明明德"的问题。不好的意"诚"，或者明显没有修养到一定的儒家认可的意"诚"，"形于外"的时候，难以有良好的表现。相反，道德修养较好的人，满心助人的人，脸上洋溢出来的总是慈爱的光辉，就好像佛教里的观世音菩萨那样。内外合一，身口意合一，而且至公至诚、毫无偏私，难道还不是君子吗？

曾子是孔子的晚期弟子之一，跟随孔子学习十多年，深得孔子的真传，在修身和孝道上都很有建树。曾子与颜回、子思、孟子被后世合称为"孔门四圣",是孔子学说的主要继承人和传播者,在中国古代的儒家文化中起着重要的作用,占据着很重要的历史地位。

《礼记·中庸》说:"道也者,不可须臾离也,可离非道也。是故君子戒慎乎其所不睹,恐惧乎其所不闻。莫见乎隐,莫显乎微,故君子慎其独也。"真正的道是一刻也不能离开的,能离开就不是真正的道了。君子在独处的时候,也要像在众人的注视和监督下一样,时刻检讨反省自己行为中不当的地方。对越是微小的事情,越要谨慎行事,因为越是在隐蔽的地方,越能显出一个人的德性。古人云:"若要人不知,除非己莫为。"因此在修养时要时刻注意自己的言谈举止,即使是在幽静独处之时,也要时刻提醒自己不自欺、不欺人。只要自己念念皆善,则其发于外者,自无不善也。切不可心怀侥幸,认为在独处时,只有自己知道而别人不知道。事实上在独处时,也一样有千万双眼睛在注视着我们,群众的眼睛是雪亮的。慎独对个人而言是一笔无形的财富,对人的身心健康极为有益。一个润身修德,诚实无伪的人,必然心胸宽广,身体健康。这里强调诚意,一个好的念头可以引导人积极向善,一个坏的念头可以使人为非作歹。对于国君或者统治者来说,这关系到一个国家的生死存亡。

其实,无论有没有人监督,只要做了,我们的良心是知道的。做善事也好,坏事也罢,都不是做给别人看的,最重要的是,我们所做的一切要对得起自己的良心,对得起自己的父母。冥冥之中,神明在注视着这一切,夜深人静时,回顾自己白天的所作所为,问问自己,是否无愧于良心?要知道,天地间最宝贵的财富是德行啊!

本章内容在古本《大学》中位于"此谓知本此为知之至也"至"故君子必诚其意也"之间。朱熹认为是主要申述"诚意",所以定为传文第七章。从内容上看,本章主要申述的是"诚意"的内涵、方法、效果。

由于"诚意"内在存在"善恶"两种可能性，所以"正心"的工作极为重要。文中提到的"慎独"，可以看成是"正心"的一种具体方法。同时，为了更好地申述"正心"的含义，接下来将对"正心"进行更为系统的诠释。

第八章　正心修身

【原文】

　　所谓修身在正其心者①，身②有所忿懥③，则不得其正④；有所恐惧，则不得其正；有所好乐⑤，则不得其正；有所忧患，则不得其正。

【注释】

　　① 修身在正其心：正心的功夫离不开具体的日常行为，所以修身不是空无一物的空中楼阁，正心正是其重要内容，前文提到的"诚意"中的"慎独"功夫，实际上也是修身。

　　② 身：程颐、朱熹等都认为这个"身"字是"心"，因为上下文没有"正身"的意思，有的只是"正心"。但也有不少思想家认为不必改动原文，这个字应该理解为身体的"身"。

　　③ 忿懥（fèn zhì）：生气、愤怒的意思。

　　④ 不得其正：这句话省略了主语。从上下文判断，这里省略的主语应该是"心"。正，无过与不及、恰到好处的位置，表示心处于至公至诚、无偏无私的中正状态。

　　⑤ 好乐：这两个字的词性与前后的"忿懥""恐惧""忧患"性质相

同，都是两个动词连用，"好乐"表示爱好、喜爱的意思。

【译文】

所谓的修身在正其心，是说修养自身的品行要先端正自己的内心。当血气之身有所不满的时候，心志不能处于端正的状态，不能客观公正地对待人和事；当血气之身有所恐惧的时候，心志不能处于端正的状态，不能够正直无私地评判是非；当血气之身有所喜好的时候，心志不能处于端正的状态，不能够中正地分辨忠奸；当血气之身有所忧患的时候，心志不能处于端正的状态，不能够正确地做出决断。

【品鉴】

人因为充满血气，才能具有认知的能力。所以，心的理性判断能力，首先来自人的身。孔子在《论语·季氏》中告诫大家："君子有三戒：少之时，血气未定，戒之在色；及其壮也，血气方刚，戒之在斗；及其老也，血气既衰，戒之在得。"因为有血气在，所以人身之行为处事的过程中，难免会受到各种情感的左右，难免会出现"忿懥""恐惧""好乐""忧患"等具体的心理状态。在这种情况下，心如何还能保持至公至诚、无偏无私的中正状态？

正心，就是要努力保证自己的心不被欲望、偏好所左右，谨守上天赋予我们的良知。这对为政者具有很大的现实意义，要求他们有正心，讲正气。从有国家官吏制度开始，讲正气就是官吏的职业道德。为政者平时要注意修养自身，行动中要以身作则，以自身的正，来教化百姓。《礼记·哀公问》中孔子在回答鲁哀公什么是为政问题时强调：为政就是正。君主端正了自己，百姓也就会服从于政令了。君主怎么做，百姓就跟着怎么做；君主不做的，百姓怎么跟着做呢？

心正了，身也就正了。抛弃那些影响人们的情感吧，不要让愤怒、恐惧、好乐和忧患左右了我们那颗本应正直无私的心。正因为人凝聚了天地万物的灵气，所以，更要保住那颗柔软无比的、纯洁的心。时时刻刻反省自己，看看自己的灵魂是不是逸出了本来的轨道。显然，正心的过程，也就是修身的过程。

【原文】

心不在焉①，视而不见，听而不闻②，食而不知其味。

【注释】

① 焉：代词，这里的意思。
② 闻：听到。

【译文】

如果心神不集中，自己的心灵就会不受自己的支配。眼前发生的事情，哪怕是经常发生的事情，也会熟视无睹，就好像事物不存在一样；耳朵听着的声音，就好像没有听到一样；口里吃着的食物，也不知道是什么味道。

【品鉴】

本节又从反面进一步论证了"心"的重要性。

身如果失去了心的主宰，便如行尸走肉一般，丝毫没有人生存在的价值和意义。因此学习和工作都要求我们紧紧地把持住心的方向，不能有丝毫的偏差。《吕氏春秋》说："凡事贵乎专。求师不专，则受益也不入；求友不专，则博爱而不亲。心有所专宗，而博观他涂以扩其知，亦无不可；无所专宗，而见异思迁，此眩彼夺，则大不可。"无论做什么事情，我们都要坚定不移地朝着自己心中的目标前进，不要被沿途美丽的风景所迷惑。在学习上，应该专注，不能这也想学，那也想学，最后却什么也没有学到。世界上没有任何东西能够代替恒心，唯有恒心与决心才能征服一切困难。

　　生命是短暂的，应该过得有意义、有价值。没有心主宰的枯槁之身，哪还能有什么抱负呢？人的一生就好像一场马拉松，坚持到最后的是胜利者。一直注视前方吧，朝着目标前进吧，虽然路边有美好的风景，但那毕竟不是我们的最终目的，唯有心中永远不忘的信念才是我们要用一生的时间去追求的。

【原文】

　　此谓修身在正其心①。

【注释】

　　① 修身在正其心："修身"就在"正心"的过程当中。《大学》每一章文字结束的时候，都有一个小结。在小结中，与此句相同的两个核心词汇连用的语法结构，还有一个"此谓治国在齐其家"。原因可能在于所谓《大学》中的八条目，只有正心与修身、齐家与治国的关系最为密切，几乎难分轩轾。正心就是修身，而诸侯国的家族性质，与春秋战国时期贵族心目中的家，又有多大的不同呢？他们眼里面的奴隶根本没有什么地位，所以他们在国和家中处理的人际关系，几乎是相同的。这也就是下文中反复说到"宜兄宜弟""宜其家人"的原因之一。

【译文】

所以说,要修养自身的品德,首先必须端正自己的心志。

【品鉴】

修身,首要的任务,就是要控制自己的情感;而控制自己情感的关键,就是要端正自己的心意,保持自己源于天赋的至公至诚、无偏无私的中正之心。只有这颗天赋的至公至诚、无偏无私的中正心与日月同在,无时无刻地发挥作用,也就是让它成为自己行为处事中自然的思维方式,那才是儒家修身的理想境界。到达了这个理想境界,不正是孔子所说的"七十而从心所欲,不逾矩"的"圣人"境界吗?

无论善恶,每个人其实都有过对美好心灵的追求。坚持下来了就是善的,不能坚持下来的,就会经常在善恶之间徘徊。修养就是个人对美好心灵的追求过程,总要表现在人的行为举止上。"修"主要是指整治、锻炼、学习和提高;"养"主要是指培育、涵养和熏陶。修养表现在人的行为举止方面,人的行为举止都是意识和情感的自然流露,是一个人内在心灵的表露,是伪装不了的。古代儒家认为要修身必须先正心,正是这个道理。只要自己的心志端正了,行为举止就会自然而然地合乎礼仪规范的要求。

现代的我们也应该端正心志,努力提高修养。心正了,行动才会正,才不会去作恶;心如果不正,就会走歪门邪道,去牟取不正当的利益,危害社会的安全和稳定。良好的品质不是与生俱来的,而是经过长期不懈地修养才得到的,是我们生命中的瑰宝。

本章内容,朱熹定为传文第七章,重点申述"正心修身"。但从文中可以看出,其实本章的重点在于说明"正心"。

第九章　修身齐家

【原文】

所谓齐其家在修其身者：人①之②其③所亲爱④而辟⑤焉⑥，之其所贱恶⑦而辟焉，之其所畏敬⑧而辟焉，之其所哀矜⑨而辟焉，之其所敖惰⑩而辟焉。故好而知其恶⑪，恶而知其美⑫者，天下鲜⑬矣！

【注释】

① 人：泛指一般人。

② 之：同"于"，对于。

③ 其：代词，自己的。

④ 亲爱：亲近、喜爱。

⑤ 辟：偏颇、偏见的情绪。郑玄认为这个"辟"字，应当读作譬喻的"譬"，意思是以他人的表现为镜子，用以反观、省察自己是否修身。朱熹等人认为从上下文中理解，应该读作偏向的"偏"。

⑥ 焉：语助词。

⑦ 贱恶：轻视、讨厌。恶（wù），厌恶。

⑧ 畏敬：畏服、尊敬。

⑨ 哀矜：哀怜、怜惜、同情。矜（jīn），怜惜。

⑩ 敖惰：敖，通"傲"，骄傲、不敬重。惰，懈怠、怠慢。

⑪ 好（hào）：动词喜欢。恶，名词，不好、不美之处。

⑫ 恶（wù）：动词厌恶、讨厌。美，名词，好的方面。

⑬ 鲜：少，不多的意思。

【译文】

所说的治家而使之和睦的根源在于修养自己的品德，是说人们对于自己所亲近喜爱的人往往会有过分亲爱，对于自己所轻贱厌恶的人往往会一味地轻视厌弃，对于自己畏服敬重的人往往会盲目地崇拜，对于自己哀怜同情的人往往过于怜悯，对于自己认为傲慢、懈怠的人往往过于偏激。所以，很少有人能够在欣赏某个人的时候还能客观地看出他的不足，也很少有人能够在鄙视、厌恶一个人的时候还能够公正地看出他的优点。

【品鉴】

人之一生，不外"独处"与"与人共处"，所以《大学》中讲到的"修身"，也主要是从"独处"时候的"慎独"和"与人共处"时候需要处理的各种关系这两个方面来讲的。实际上，人的一生中与人共处的时候，远较个人独处的时间要多，因此学会与人相处的方法、技巧，掌握与人相处的正确态度，就十分重要。这也就是《大学》、甚至其他儒家经典中在人际关系方面所费笔墨最多的原因所在。但待人的态度，往往因人而异。对方的地位、表现、处境、彼此之间的关系，都会影响到与人相处的态度与实际相处的方式。喜爱自己喜爱的人，轻贱自己看不起的人，敬畏权威和德高望重的人，哀怜孤弱无助的人，本是人之常情。但是，如果一味按照人之常情来生活，按照人之常情来处理人际关系，而不能克服人之常情的缺陷，就难免会出现偏差。所以要想成贤成圣，提升自己的道德境界，就需要克服好恶等人之常情，修身养性，以符合"天道"至公至诚、无偏无私的中正之心对待"家"内、"国"内自己面对的各种人际关系。

人性中也有许多弱点，如偏见、骄傲、懒惰等，这些都是与生俱来的。有弱点并不可怕，可怕的是知道了自己的弱点却不加以改正，反而放任自流。因为偏见，对事物的认识就不会全面；因为对人有过分的怜悯之心，就看不到对方身上的缺点，不能做出正确的评价。正是因为与生俱来的弱点，使人人向往的公平正义无法实现。所以，我们应该通过学习，通过实际的行为处事来提高自身的修养，尽量克服自身的弱点，以求公正地评判事物和社会，创造一个公平正义的社会环境。公平的环境、公平的待遇，是人们一直所追求的。公平不是绝对的，但是如果主持公平的人多一些，那么社会就会朝着好的方向发展。为政者本身也应该加强自身的修养，这样才能维护社会的公平和正义。

【原文】

故谚①有之②曰："人③莫知其子之恶，莫知其苗之硕④。"此谓身不修不可以齐家。

【注释】

① 谚：民间流传的成语、俗语。

② 之：代词，这样的。

③ 人：这里指那些溺爱子女的人。下面的一句话省略的"人"，是指过分爱护庄稼的农民。

④ 硕：原意是大，此处意指茂盛。

【译文】

所以有这样的俗语："人们都不知道自己孩子身上的缺点，都不满足自己田里的庄稼长得好。"这就是不修养好自身就不能治家而使之和睦的道理。

【品鉴】

本节用谚语作为例子，说明人心若不能保持至公至诚、无偏无私的中正状态，即使主观意识多么善良，也会丧失基本的是非标准，其结果只能是害人害己。"莫知子之恶"，虽然处处表现出爱意，但只能加快子女堕落、为恶的速度，最终根本不能让子女过上快乐、正确的人生；"莫知其苗之硕"，反而追加化肥，不仅不能结出丰硕的果实，反而有烧死庄稼、导致颗粒无收的危险。本节经文借此指出，要想获得理想的结果，就"家"而言，与"正心"密切相关的"修身"是基础。只要心态中正无私，就能够正确判断事物的发展状态，进而可以采取正确的方法。唯其如此，"家"才能够呈现出和睦、和顺的理想状态。

人性中有许多光明美好的品德，但在内心深处，隐藏着许多致命的弱点，那就是偏心和贪婪。因为偏心，不能全面客观地评价人和事物。因为贪婪，不满足自己所拥有的一切，利用一切手段为自己牟取利益。我们提倡追求正当的利益，但贪心让人变成了野兽，他们想要更多，甚至利用公共权力去牟取私利，这无疑是应当受到谴责的。

本章内容，朱熹定为传文第八章，重点申述"修身齐家"的道理，说明身不"修"难以齐家的道理。

第十章　齐家治国

【原文】

　　所谓治国必先齐其家者，其家不可教①而能教人者，无之②。故君子不出家③而成教④于国。孝者，所以事⑤君也；弟⑥者，所以事长⑦也；慈⑧者，所以使⑨众也。《康诰》曰："如保赤子⑩。"心诚⑪求之，虽不中⑫不远矣。未有学养子而后嫁者也。

【注释】

　　① 教：管教，教育。

　　② 无之：没有这样的事。无，没有。

　　③ 出家：离开家。后来佛教传入中国后，引申为彻底皈依佛教，并剃掉头发、离家修行。

　　④ 成教：成就教化，不是现在所谓的成人教育的意思。

　　⑤ 事：侍奉。

　　⑥ 弟（tì）：通"悌"，恭敬、敬爱兄长。

　　⑦ 长：兄长，引申为社会上比自己年龄大的人。

　　⑧ 慈：慈爱。佛教讲慈悲为怀，其中的"慈"，指给人欢乐、喜上加喜；"悲"指拔除痛苦、离苦得乐。

⑨ 使：役使、统治。

⑩ 赤子：初生的婴儿。因为初生的婴儿肤色是红的，故称赤子。

⑪ 诚：真心实意，没有丝毫造作。

⑫ 中：完全符合。

【译文】

所说的治国必先齐其家，是说要治理国家必须先整治好自己的家庭和家族，连自己的家人都不能管教好而能管教好别人的人是根本不存在的。所以，品德高尚的君子，不用走出自己的家门就能把他的教化推行到全国，使自己良好的德行影响国人。在家的言行，完全可以用于治理国事。对父母的孝顺，可以推广应用于侍奉君主；对兄长的敬重，也可以推广应用于侍奉那些比自己年长的人；对子女的慈爱，可以推广应用到百姓身上。《康诰》中说："爱护老百姓，就如同母亲保护自己初生的婴儿一样。"母亲怀着一颗诚挚无比的心去揣摩孩子的需求，虽然不能完全猜中婴儿的心思，但也不会相差太远。世上没有哪个女子是先学会了养育孩子再去嫁人的。

【品鉴】

在《大学》的八个条目中，格物、致知、诚意、正心、修身，几乎都是修养个人道德的行为，只有到了"家"这个环节，才开始涉及人与人之间的关系。有了人与人之间的关系，自然就从独立个体的人进入了社会的层面，从而呈现出复杂的社会化特征。社会化的重要特征，就在于人与人之间的差异，每个人都有自己特殊的形体、需求、地位、情感和智力等。这些方面的差异，就使得处理好各种关系变得异常重要。怎么处理好这些关系呢？《大学》在这里提出了一个"教"字。这个字非常关键，也十分重要。因为在儒家看来，人在认知能力方面的先天差异，是一个客观存在。因此，先知先觉之人，就应该帮助后知后觉之人，所以学习、教育，从很早就开始就成为百姓、政府共同认可的重要事业。后来的儒家学者几乎都十分重视教育，时时刻刻强调教育的重要性。在以前中国家庭、家族供奉的牌位中，"师"是与"天、地、君、亲"并列的五大供奉对象之一。自古以来，教师始终具有较高的社会地位，受到全社会的尊重。以前在农村的现实生活中，教师与医生，是被农民称之为"先生"的两大群体。他们一个负责身体方面的保健与治疗，一个负责精神方面的进步与提高，所担负的使命都是神圣而又光荣的。

但是，教育人的内容是什么呢？儒家认为在"家"里面，最重要的就是子女对于父母的孝顺、弟弟妹妹们对于哥哥姐姐的恭敬尊重，当然还有为人父母应该具备的慈爱。这三个方面，在家里面本来是不成问题的，因为彼此之间亲厚的血缘关系，使得彼此之间本来就具有天然的孝、悌、慈。但儒家把家与国联系在一起，要求"君子不出家而成教于国"，把建立在血亲之爱基础上的道德关系应用到没有血缘关系的其他人身上，这可能吗？儒家认为可能，但要实现这种爱的关系的转换，只有通过"教化"的手段才可以，这就是"成教于国"的含义。当然，上述问题解决以后，还有一个关键的问题，那就是如何"教"才能实现这种"血亲之爱"的推广与放大呢？教育家人与教育他人，由于彼此之间的亲疏、远近关系不同，应该存在着较大的差异。因此，《大学》提出了"保赤子""学养子"两个方面的例证，借此显示出教育的过程中一定要诚心诚意，用教育子女的心态教育他人。就好像家里面父母教育子女的时候，能够始终为子女着想，一心一意考虑子女今后的人生发展，这种教育过程中的诚心诚意，几乎就是"保赤子""学养子"式的本能。如果能以这样的心态对待国民教育，自然可以"不出门而成教于国"，齐家也好，治国也罢，均可以"虽不中，不远矣"！

　　建立和谐的家庭是构建和谐社会的基础。一个国家是由无数的小家庭组成的，家庭的和睦与否影响国家的安定团结。本段中所说的孝、悌、慈，是构建良好家庭关系的基本要素。个人修养的是非得失以及国家的治乱安危，都取决于是否孝、悌慈。管理国家和整治家庭一样，把自己的家族整治好了，就如同把国家管理好了一样，由此可见家对国的重要性。人的一生是极其有限的，并不是每个人都能在有限的人生中成就一番丰功伟绩，更多的人是过完普普通通的一生。作为国家和社会中普通的一员，我们可以从自己做起，从对待自己身边的人做起，重视自己身边的小事，不放弃对自己德性的修养，言传身教，使自己的家庭和整个家族和睦美满，并继而影响别的家庭，在自己周围形成良好的风气。从这个意义上来说，虽然不能参加国家事务的管理，但也用自己的实际行动为创建和谐社会贡献了自己的力量。

　　《康诰》中说："若保赤子，惟民其康。"母爱是世界上最伟大、最无私的爱。母亲之所以能不经学习就能细致入微地照顾婴儿，是因为她对自己的孩子有着发自内心的诚挚的爱。母亲可以为自己的孩子做任何事情，因为那颗爱孩子的心是至诚无比的，没有一丝一毫功利的成分掺杂其中。一个好的为政者应该像母亲一样，为自己的子民奉献出至公至诚、无偏无私的爱。为政者要是做到了像爱护自己的孩子那样爱护百姓的话，一定会处处从百姓的立场出发，考虑他们的需求，最大限度地为百姓谋取利益，从而实现国家太平、天下大治。

【原文】

　　一家仁①，一国兴②仁；一家让③，一国兴让；一人贪戾④，一国作乱⑤。其机⑥如此。此谓一言偾事⑦，一人定国。尧、舜帅⑧天下以仁，而民从之；桀纣帅天下以暴，而民从之。其所令反⑨其所好，而民不从。是故⑩君子有诸己⑪而后求⑫诸人，无诸己⑬而后非⑭诸人。所藏乎身不恕⑮，而能喻⑯诸人者，未之有也。故治国在齐其家。

【注释】

① 仁：仁义、仁德。

② 兴：兴起，引申为追求、崇尚。

③ 让：谦让。

④ 贪戾：贪婪暴戾。戾（lì），行为乖张。

⑤ 作乱：兴起混乱，指犯上作乱。

⑥ 机：关键，事物发动的根本原因。

⑦ 偾事：败事，使事情归于失败。偾（fèn），倾覆，败坏。

⑧ 帅：同"率"，率领，统率。

⑨ 反：违反，违背，不一致的意思。

⑩ 是故：所以。

⑪ 有诸己：自己所拥有的美德。诸，之于。己，自己身上。

⑫ 求：要求。

⑬ 无诸己：自己身上没有的恶习。

⑭ 非：批评。

⑮ 恕：忠恕之道，推己及人的意思。

⑯ 喻：晓喻，开导。

【译文】

如果在自己的家里施行仁爱，那么一国的人都会纷纷仿效，兴起仁爱之风；如果在自己的家里推行礼让，那么一国的人也会兴起礼让之风；如果国君贪婪暴戾，那么一国的人就可能会起来犯上作乱。国家治乱的关键，正在于此。这就是所谓的一句话就能败坏国家大事、一个贤明的人也能使一个国家安定下来的意思。尧和舜这两位古代的明君用仁爱之心来统率全天下，全天下的老百姓也就跟着奉行仁爱；桀和纣这两个暴君用贪婪暴戾之心来统率全天下，全天下的老百姓也就变得性情暴虐。国君所颁布的命令，如果与他自己实际的行为相反的话，老百姓是不会执行他所颁布的命令的。因此，品德高尚的人总是奉行忠恕之道，自己的德行修养到了一定的程度，再去要求别人也去追求美好的品德；自己身上已经没有了不好的品德，然后才可以去指责别人的恶行。自己不奉行推己及人的忠恕之道，却只是一味地对别人进行善恶的教育，从来就是不可能成功的。所以要治理国家必须先治理好自己的家庭。

【品鉴】

　　家与国，在春秋战国时代，实际上是一体的。"家"是公卿大夫之家，本身具有统治者的血统，拥有一定的特权；"国"是受封的公卿、贵族，拥有一定的土地和权力世袭的特权，当然还有一定的臣民。"诸侯国"实际上是一个家族的放大而已。由于当时家、国之间的同构性，所以经文说"治国在齐其家"。

　　人并不是完全独立于社会整体之外的人，而是与家庭、社会的其他成员之间有着密切的联系。个人的行为或多或少会对其他人、对整个社会带来一定的影响。"君子德风"，任何人都不是孤立存在的，都代表了自己的时代，在历史的长河中，都承担着承上启下的作用。道德高尚的君子能起到好的作用，引导众人向自己学习，修养自己的德行，从而教化全天下的人向善。一国之君对子民的影响很大，上行则下效。作为施政者，只有自我严格要求，并以身作则，做出表率，才具有号召力。

在认识事物的过程中，一定要找到关键之处。国家兴衰成败的关键就在于国君推行怎样的治国之道。仁义礼让能兴国，贪婪暴戾则能灭国。孔子一生周游列国，就是要劝导各国的国君推行仁政。

尧、舜是古代传说中的贤君，桀、纣则是夏、商有名的暴君。尧，传说中父系氏族社会后期炎黄部落联盟的首领。传说尧曾设官掌管天时地令，观测天象，制定历法。尧在位时兴德政，对于国事能够征求下属的意见，允许百姓发表自己的看法，任用贤人，后让位给了舜。舜，姓姚，名重华。据《尧典》记载，舜知人善任选用能人，开创了上古时期政通人和的大好局面。桀，夏朝的最后一位国君。荒淫无度、暴虐无道，是历史上著名的暴君。纣，商朝的最后一位君主，也是历史上著名的暴君。桀、纣二人都是因为残暴，最终失去了人民的支持，走上了亡国的道路。

一个国家是由无数个小家庭组成的，家庭对国家具有至关重要的意义。大与小是相对的，二者相比较存在。小是大的基础，大是小的发展。要想治理好国家，必须先治理好家族。把无数的小家庭治理好了，天下就会处于和谐安定的状态，国家也就得到了大治。相反，如果家庭没有得到很好的管理，家庭成员之间互相猜忌、争斗的话，发展到家庭外，与别的家庭也会发生争斗的行为，那么，整个国家就会处于混乱、毫无礼让之风，也永远没有办法做到社会安定、天下太平。落实到我们每个具体的人身上，只有认认真真地做好每一件事，才可以具备做大事的能力。"不积跬步，无以至千里；不积小流，无以成江海。"把自己的德行修养好，使自己的家庭幸福美满，并积极影响身边的人，形成良好的风气。因为我们的行为，使道德与正气得以发挥，国家得以稳定发展，这也是我们实现人生价值的重要方面。

本节经文反复强调的是国与家之间的关系。文章认为只要家里面能够全面、彻底地实践儒家的道德修养，就可以推广应用到整个国家，治国也就不是什么难事。治国者只要能够爱民如子，就能够像慈母对待婴儿一样，体贴民心而使其快乐，这个过程根本不需要学习，依靠的就是诚心诚意的本能而已。用老子《道德经》中的话说，就是"治大国若烹小鲜"！

【原文】

《诗》①云："桃之夭夭②，其叶蓁蓁③；之子于归④，宜⑤其家人⑥。"宜其家人，而后可以教国人⑦。《诗》⑧云："宜兄宜弟。"宜兄宜弟，而后可以教国人。《诗》⑨云："其仪⑩不忒⑪，正是⑫四国⑬。"其为父子兄弟足法⑭，而后民法⑮之也。此谓治国在齐其家。

【注释】

①《诗》：《诗经·周南·桃夭》篇，是祝贺女子出嫁的诗。

② 夭夭：草木茂盛、鲜嫩美丽的样子。本首诗歌以桃花比喻少女，指少女风华正茂，娇艳宜人。

③ 蓁蓁（zhēn zhēn）：树叶繁密茂盛的样子。在诗歌中比喻女子生活的环境非常理想，不管是指娘家还是婆家，都不是财富匮乏之家、不注重修身的顽劣之家。

④ 之子于归：指女子出嫁到夫家。之，代词，这个。子，女子。古代的子，不仅仅是儿子，也包括女子。这首诗歌里面指的是女子。归，出嫁。

⑤ 宜：动词，和顺，使家庭和睦的意思。

⑥ 家人：指的是夫家成员。

⑦ 国人：指的是夫家所在的诸侯国里面的成员。

⑧《诗》：《诗经·小雅·蓼萧》篇，是诸侯在宴会中祝颂周王的诗。

⑨《诗》：《诗经·曹风·鸤鸠》篇，是东周时期曹国人民用鸤鸠作比喻讽刺在位国君的诗。

⑩ 仪：礼仪，此处指行为规范。

⑪ 忒（tè）：差错。

⑫ 正是：一作"是正"，因此而纠正、指正的意思。

⑬ 四国：周边的各个诸侯国。一说诸侯国，因为每个诸侯国都有四方的边界。

⑭ 足法：足以为人们效法。

⑮ 法：效法、学习。

【译文】

《诗经》中说："桃花是那么的娇艳美好，叶子又是那么的繁密茂盛，在这个美好的季节，姑娘就要出嫁了，一定能使她的夫家美满幸福。"家庭和睦幸福了，国人就会纷纷仿效，从而达到教化国人的效果。《诗经》上还说："兄弟和睦。"能使兄弟和睦相处，然后才能教化一国的人互相关爱。《诗经》说："他的仪容举止庄严肃穆，没有一点儿差错，可以匡正四方诸侯国。"他无论是作为父亲、子女，还是作为兄长、弟弟，其行为都堪称楷模，值得人民效法。这就是所说的治国在齐其家。也就是说，治理好国家的前提，就在于首先能够治理好自己所在的家族。

【品鉴】

《诗经》中大部分诗都是描写男女之间的爱情故事，它把人世间这种美好的感情表现得淋漓尽致。这首诗写的是一个正值妙龄的少女要出嫁了，家人希望她能给夫家带去和谐幸福。家族制度也是传统中国的社会制度，同一个家庭的后代，因为经济的原因，不得不生活在一起。传统中国把社会关系归纳成五种：君臣、父子、兄弟、夫妇、朋友，也就是说，如果这五种社会关系都得到了很好的处理，国家也自然会处于一种安定、和谐的状态。家庭是社会的细胞，千千万万的家庭组成了国家。我们每个人既是国家的公民，又是家庭中的成员。一个大家庭好比一个小国家，如果每个家庭成员之间的关系是和睦的，那么由许多个家庭组成的国家也会稳定、繁荣昌盛。

一个完美的家庭，应该是和睦的，引申到社会，有各种不同才能、不同行业的人，各有自己的地位，起着不同的作用，各得其所，没有冲突，这样社会就能达到和谐、安定、秩序井然。

《诗经》上说："蓼彼萧斯，零露泥泥。既见君子，孙燕岂弟。宜兄宜弟，令德寿岂。"中国古代就有这样的俗语：家和万事兴，家齐国安宁。由此可见，家庭对于社会的意义是十分重要的。中国传统的家族观念以血缘为基础，非常重视父子、兄弟、夫妇这三种家庭关系。至于君臣和朋友，虽然不是社会关系，但也可以看做是家庭关系的延伸，如君臣关系就可以被比做父子关系。从这个意义上来说，家庭关系的和谐直接影响到国家的和谐，即"宜兄宜弟，而后可以教国人"。

和谐的家庭是我们疲惫时停靠的港湾，是我们的心灵休憩的乐园。在和睦的家庭关系中，我们会有无限的热情和无穷的力量去克服人生中种种预料不到的困难，在事业上积极进取，并走向成功的道路。

《诗经》上说："鸤鸠在桑，其子在棘。淑人君子，其仪不忒，正是四国。"国君应该为他的子民做出表率，以身作则。中国古代儒家"修己安民"的思想是以端正己身为根本，推崇的是"修身、齐家、治国、平天下",认为最重要的是民"正心"。国君也不是超脱于家庭之外的,相反,他也为人子、为人父、为人夫、为人兄弟,扮演着许多的家庭角色,在家庭中也起着举足轻重的作用。如果国君不整治好自己的小家庭,处理不好家庭内部的关系,就无法为他的子民做出榜样,无法起到教化他们的作用。百姓的家庭关系如果处理不好,会影响到整个国家和社会秩序的稳定。所以说,治国的关键在齐家。只有在治理好家庭的前提下,才有可能处理好国家事务。修身、齐家、治国、平天下,齐家与治国是紧密联系在一起的。中国历代都有很多官员因为自己的家庭关系没有整治好而受到谴责,严重的则被降职处分。

王举正,宋仁宗时任给事中、参知政事。他的岳父是宰相陈尧佑,官位显赫。王举正的妻子仗着娘家权高位重,对他蛮横不敬。当时,御史台举荐李徽之做御史,李徽之是王举正朋友的女婿,王举正认为李徽之不能胜任这个职位,就以给事中的职责驳斥对李徽之的举荐。李徽之因此怀恨在心,弹劾王举正说:"妻悍不能治,如谋国何?"意思是:你在家连自己的老婆都管不好,哪还能参加国家事务的管理呢?王举正羞愧难当,不得不主动要求离职,以礼部侍郎职衔出知许州。由此可见,家与国之间存在着的密切联系,不仅仅是一个社会现实,更重要的是古代中国的一种社会意识和思维方式。"妻悍不能治,如谋国何?"这个现在看来非常荒唐的理由,竟然导致一个高级官僚不得不主动要求离职,而且竟然得到了上级主管部门的批准。《诗经》中"之子于归,宜其家人",正反映着这种价值评判的标准与夫妻关系相处的原则。其实,现在社会中的夫妻关系,又何尝不是如此?夫妻双方之间以及父母子女之间的关系,一般都能够处理好。但如何延伸到夫妻双方的家人?在当代社会,这一点尤其值得人们深思。

同时,本章中引用"之子于归,宜其家人",多少也反映出修身、齐家的责任并不仅仅局限于一家之长的含义。家里面每一个成员，不仅是被教化的对象，也应该是教化别人的主体。如果你有了这样的能力，而且又处于为父、为兄的地位，当然责无旁贷。这里特别提出新妇的美德与作用，原因之一可能是刚刚嫁进来的"新人"在构建和谐家庭中具有特殊的作用。

本章内容，朱熹定为传文第九章，重点申述"齐家治国"的道理。

第十一章　治国平天下

【原文】

所谓平天下在治其国者，上①老老②而民兴孝；上长长③而民兴弟④；上恤孤⑤而民不倍⑥。是以⑦君子有絜矩⑧之道也。

【注释】

①上：处于统治地位的人。

②老老：孝顺老人，意思类似于《孟子》中所说的"老吾老以及人之老"。前一个"老"字是动词，作尊敬、尊重讲，意思是把年老的人都当成自己的长辈看待。后一个"老"字是名词，老人。

③长长：尊重兄长。句法同上。

④弟：同"悌"。

⑤恤孤：体恤爱护孤独无依的人。

⑥倍：通"背"，背弃、背叛的意思。

⑦是以："以是"的倒装，因此的意思。

⑧絜（xié）：衡量，量度。矩，画方形或直角用的工具，在这里比喻道德准则。絜矩之道是一种比喻的用法，指以己心推测人心，无不得其平正，犹如用规矩衡量事物，均可使事物符合规范。

【译文】

所说的平天下在治其国，是说平定天下首先就要治理好自己的家国。如果在上位的人能孝顺自己的父母，老百姓自然也就会模仿，在社会上兴起孝顺之风；如果在上位的人能够尊重自己的兄长，老百姓自然就会模仿学习，尊重自己的兄长；如果在上位的人能够怜爱体恤孤幼，老百姓自然也会有同情之心而跟着做善事。所以，品德高尚的人总是身体力行，奉行推己及人的絜矩之道。

【品鉴】

絜矩之道是儒家的伦理思想之一。

矩，指规矩，本是测量的工具，引申为法度的意思。朱熹解释为"所以为方也"。絜，《说文》："麻一耑也"，清代段玉裁注口："一耑犹一束也，耑，头也。束之必齐其首，故曰耑。"可见絜的本意是量词，特指麻一束。絜，即是"束"的意思，所以由此引为"围度"，即揣度、衡量的意思。所以，絜矩就是暗度长短，或衡量合矩之意。暗度长短是指以己度人，推己及人，也就是"己欲立而立人，己欲达而达人""己所不欲，勿施于人"的"忠恕"之道。治国安邦，自然应有治国安邦的方法和规矩，那就是处于统治地位的人，一言一行都要符合礼仪规范，为他人做出表率。行为处事之所以能够符合礼仪规范的基础，在于他们心中一定要有推己及人的胸怀和道德理念。"己欲立而立人，己欲达而达人"，"老吾老以及人之老，幼吾幼以及人之幼"，统治者心中一定要时时刻刻想到：自己喜欢的，也就是百姓喜欢的；自己不喜欢的，也应该是百姓不喜欢的。如此，方可举国上下，同心同德，国治而天下平。这也就是《论语》中所讲的"夫子之道，忠恕而已"的含义。忠，是指一心一意，引申为对外在事物的忠诚，如忠君爱国、忠于人民、忠于革命事业等；

恕，则是指身心合一，引申为按照自己的想法考虑别人的想法，彼此之间心意一致，故有推己及人之意。

朱熹认为絜矩之道是一个多层次的结构，包括我之上、我、我之下三个层次。我居于中间位置，是主导因素，《朱子语类》中说："人莫不有在我之上者，莫不有在我之下者。如亲在我之上，子孙在我之下。我欲子孙孝于我，而我却不能孝于亲；我欲亲慈于我，而我却不能慈于子孙，便是一畔长，一畔短，不是絜矩。"这三层次的结构概括了一切社会关系的基本结构，所以，"我"可以泛指社会上的任何人。那么身为领导者的每个人若都能身体力行，从自己做起，孝顺父母，尊敬兄长，爱民如子，那么我们的社会将是充满祥和、快乐的和谐大家庭。在这样的理想社会，不仅不会有贪污腐败，也不会有兄弟姐妹反目、遗弃老人等人伦惨剧发生。这就是"絜矩之道"的道德力量。

现代社会是一个法制社会，但在高举法制大旗的时候，人们往往天真地幻想法制可以解决所有的社会难题，从而忽视德育的力量。法制社会固然有诸多优点，但我们也应该清醒地看到，法能惩治一时，却不能换来永世的太平。原因何在？正在于法治与德治之间平衡的缺失。

【原文】

所恶于上[①]，毋[②]以使下[③]；所恶于下，毋以事上[④]；所恶于前，毋以先后[⑤]；所恶于后，毋以从前[⑥]；所恶于右，毋以交[⑦]于左；所恶于左，毋以交于右[⑧]。此之谓絜矩之道。

【注释】

① 上：上级，地位高的人。这里的"上下"，是指政治地位的高低。

② 毋：不要。

③ 使下：役使下级。

④ 事上：对待上级。事，侍奉、尊敬地对待。

⑤ 先后：用前人的行为施加于后来的人。先，从上下文中的用法看，是一个动词。朱熹在回答弟子关于"前后左右何指"的提问时说："譬如交待官相似，前官之待我者既不善，吾毋以前官所以待我者待后政也。"

⑥ 从前：施加给前面的人。从，依上句用法，也是一个动词，应用到前人身上的意思。这里的"前后"，是指时间上的先后。

⑦ 交：加给，施加。

⑧ 右：主要是指社会地位的高低。古代社会中以"右"为尊上、"左"为谦下。古代书写，先右后左；古代对联，右上左下。

【译文】

如果厌恶你的上级对你的某种无礼的行为，那就不要以这种无礼的行为去对待你的下属；如果厌恶你的下属对你的某种无礼的行为，那就不要以这种无礼的行为去对待你的上级；同样地，如果反感前人的某种不善的行为，那就不要以这种不善的行为去对待你后面的人；如果反感在你后面的人对你的某种不善的行为，那就不要以这种不善的行为去对待在你前面的人；如果厌憎身边比你尊贵的某些人对你的某种行为，那就不要以这种行为去对待你身边地位卑下的人；如果厌憎你身边地位卑下的人对你的某种行为，那就不要以这种行为去对待你身边比你尊贵的人。这就是所谓"絜矩之道"的意思。

【品鉴】

儒家的文化具有很大的包容性，于此可见一斑。絜矩之道要求人们对待他人要有一颗宽容的心,懂得谦让。不要以怨治怨、以暴制暴,而应以德报怨。无论是上级还是下级,在我们的人际关系出现不和谐的音符时,能以自己的宽容和善去想去做,那么就会赢得更加开阔的局面。

本节从上下、前后、左右三个方面申述了为人处事的几种情况,颇具代表性。儒家认为,血缘家族里面存在着父子、夫妻、兄弟三种主要关系,彼此之间能够和谐相处即"齐家"的根本原因,就在于彼此同心同德,以自己的心度量对方的心,把对方的愿望当作自己的愿望来帮助实现、满足,这就是血亲之爱,这就是家族里面的"絜矩之道"。但是,与社会上其他人打交道的时候,由于缺少了彼此之间的血缘联系,上述血亲之爱式"爱心"的实现,难免会大打折扣。可是,人都是生活在社会之中的,社会的和谐也是每一个人健康向上、实现人生自我价值的基本平台,因此,追求社会和谐就应该成为每一个人内在的必然选择。那么,在社会上如何实现这种和谐的局面呢?儒家认为没有别的途径,依然是一个"絜矩之道"。

在社会上实践、推广"絜矩之道",首先应该弄清楚社会上的基本关系。在儒家看来,类似于家族里面父子关系的,就是君臣;类似于兄弟关系的,就是朋友。追根溯源,产生父子、兄弟关系的,则是婚姻中的夫妻关系。如此一来,父子、夫妻、兄弟、君臣、朋友,就构成了一个类似于血亲之爱的完整社会,所以家事就是国事,国事也就是家事。家是缩小了的国,国是放大了的家,国家实际上是一体同构的,所以在"国内"推广"絜矩之道"不会有太大的困难。君臣如父子、朋友如兄弟的观念,早已经深入人心。

但是,如果放大到一个更大的"天下"呢?君臣之外的臣僚之间、朋友之外的路人之间、虽然熟悉但并不是朋友的邻里之间等诸多关系,又应该怎么相处呢？儒家认为依然需要依靠这个"絜矩之道"。《大学》在这里从另外一个角度提出三种关系：上下、前后、左右。在"天下"，这三种关系无疑是十分重要的。由于《大学》所讲主要是修身齐家治国平天下的"为政"之学，所以上述的三种关系，指称的对象应该是各种政治关系。由此判断，这里"上下"关系的界定，明显具有政治地位的含义，属于现在领袖与群众、领导者与被领导者、管理者与被管理者的关系；"前后"关系的界定，虽然可以理解为时间和空间两种含义，但依照上下文的意思，这里应该主要是指时间上的关系，指官员前后更替等人事现象；"左右"则应该是空间上的人际关系，表示社会影响的大小。可见，《大学》在这里提出了另一种十分重要的人际关系理论，那就是对于自己周围的各色人等，不管是地位高下、时间先后、影响大小，自己都应该作一个换位思考。设身处地替对方考虑的前提，则是首先把自己放到对方的地位想想喜好什么、厌恶什么，这对于培养自己健康、公平的心态十分重要。所以这一节结束的时候，又再一次强调：这就是"絜矩之道"！

【原文】

《诗》①云："乐只②君子，民之父母。"民之所好好③之，民之所恶恶④之。此之谓民之父母。

【注释】

①《诗》：指《诗经·小雅·南山有台》篇，是祝颂周王得贤人的诗歌。

②乐只：乐，快乐；只，叹词。

③好好（hào）：都是动词，喜好。

④ 恶恶（wù wù）：都是动词，厌恶。

【译文】

《诗经》中说："能够成为百姓的父母，才能被称之为君子，才是快乐的君子。"他以老百姓的喜好为自己的喜好，对于老百姓所厌恶的事情他也感到厌恶，以民心为己心，只有这样与民同好恶的人才配叫做百姓的父母。

【品鉴】

本节引述《诗经》从正面申述"絜矩之道"的内容。其实"絜矩之道"并没有更深奥的含义，就是把父母子女之间的血亲之爱真正应用到百姓身上而已。如此，才可以让百姓高兴、自己幸福。

《诗经·小雅·南山有台》篇中的原文是："南山有杞，北山有李。乐只君子，民之父母。乐只君子，德音不已。"这是一首颂德祝寿的宴饮诗。古时候的君子有多种含义，多指道德高尚的人，此处指道德高尚、为民父母的官员。在"家天下"的封建时代，官员总是以民之父母自称的，"爱民如子"是他们一直挂在嘴边的口头禅。君子居万民之上，有君之尊，为什么还要说是百姓的父母？因为君子能以民心为己心，如保暖安逸之类，是百姓心里所喜好的，君子便因其所好而好之，使百姓各得其所；如饥寒劳苦之类是百姓心里所憎恶的，君子便因其所恶而恶之，使百姓免于灾患。这就是君子之"与民同其好恶"，如父母之爱子女一般，所以百姓爱戴君子，亦如爱自家的父母一般。

古人尚能做到这一点，更何况现在的我们呢？其实，官员无论职位的高低，都是为民众服务的，是人民的公仆。官员的俸禄，都是来自人民的血汗钱。特别是当今这个时代，民主的观念已经深入人心，纳税人的意识已经成为全民的共识，官员服务的对象已经不再是封建时代的皇帝，而是广大的纳税人。因此，民主时代的官员们应该继承吸取数千年流传下来的好风气，爱护人民，全心全意为人民及其子孙后代着想，贯彻以人为本的执政理念，这样才能无愧于人民公仆这一称号，并能得到人民的爱戴。

【原文】

《诗》①云："节②彼南山，维③石岩岩④；赫赫师尹⑤，民具尔瞻⑥。"有国者⑦不可以不慎，辟⑧则为天下僇⑨矣。

【注释】

①《诗》：指《诗经·小雅·节南山》篇，是西周幽王时代讽刺太师尹氏的诗篇。

②节：截然高大的样子。

③维：发语词。

④岩岩：险峻的样子。

⑤赫赫师尹：地位显赫的太师尹氏。赫赫，地位、权势显赫的样子。师尹，周太师尹氏，太师是周代的三公之一，位高权重。

⑥民具尔瞻：百姓都仰望你。具，通"俱"，都；尔，你；瞻，瞻仰、仰望。

⑦有国者：掌握国家统治权的人，指君主、天子。

⑧辟（pì）：通"僻"，偏好，偏执。

⑨僇（lù）：通"戮"，杀戮，引申为"推翻"。

【译文】

《诗经》上说:"截然高大的南山,岩石高耸;威严赫赫的太师,万民仰望。"拥有国家统治权的人,不可不谨慎从事,稍有偏颇失误,就会受到天下人的讨伐和诛戮了。

【品鉴】

本节又引述《诗经》原文从反面证明"絜矩之道"的重要意义。天子不能按照"絜矩之道"行事,即使位再高、权再重,最终也不会获得上天的保护,就像周幽王当年凭一己之私任用太师尹那样,终究落得个身败名裂的下场。

《诗经·小雅·节南山》中的原文是:"节彼南山,维石岩岩;赫赫师尹,民具尔瞻。忧心如 ,不敢细谈。国既卒斩,何用不监!"这是一首大夫讽刺周幽王和太师尹的诗篇。诗篇中讲述了周幽王不听人劝、任用尹氏为太师、太师尹居位而不亲民大失民望、终致周幽王亡身亡国的历史事件。

太师尹不能实践"絜矩之道"、周幽王也没有实践"絜矩之道",导致的结果就是失去百姓的拥护、爱戴,落得个家破国亡的惨剧。因此,经文说"有国者不可以不慎"!

【原文】

《诗》①云:"殷②之未丧师③,克配④上帝⑤。仪监⑥于殷,峻命不易⑦。"道⑧得众则得国,失众则失国。

【注释】

①《诗》:指《诗经·大雅·文王》篇,为祭文王而作,歌颂文王能

恭顺天命。

② 殷：因商王盘庚迁都至殷，故商朝别称为"殷"或"殷商"。

③ 师：民众，百姓。

④ 克配：能够般配、符合。克，能够；配，般配、符合。

⑤ 上帝：上天。

⑥ 仪监：仪，通"宜"，应当；监，通"鉴"，借鉴。

⑦ 峻命不易：得到至高无上的天命是不容易的。峻命，至高无上的天命；不易，不容易。

⑧ 道：说的是。

【译文】

《诗经》中说："殷朝在还未丧失民心的时候，还能与上天所要求的德行相符合。应当吸取、借鉴殷朝亡国的教训，明白得到至高无上的天命是不容易的，应该好好珍惜，努力固守天命不被代替。"这里的意思是说，得到民心的拥戴就能保有国家政权，失去民心所向就会失去国家政权。

【品鉴】

本节引文与概括，是对上面两节正、反文字的总结，重点说明"得民心者得天下、失民心者失天下"的道理，是"平天下"的人应该首先弄清楚的问题。

《诗经·大雅·文王》中的原文是："无念尔祖，聿修厥德。永言配命，自求多福。殷之未丧师，克配上帝。宜鉴于殷，骏命不易。"历史告诫人们：得民心者得天下，失民心者失天下。唐太宗李世民见证了人民的力量，强调"水能载舟，亦能覆舟"。孟子道："民为贵，君为轻，社稷次之。"历史上关于暴君昏庸遭到百姓群起反抗、被推翻政权的例子不胜枚举。民心所向就是天命所在。所以上至一国之君、下到各级地方官吏，都应重视民意、民利。情为民所系，利为民所谋，权为民所用，"先天下之忧而忧，后天下之乐而乐"，这正是"絜矩之道"的要求。

本章从开始的"所谓平天下"到"失众则失国"，中心突出，意思连贯，逻辑清晰。从内容上看，主要是说明平天下的根本在于贯彻这个源自家庭血亲之爱的"絜矩之道"。当然，要充分贯彻这个"絜矩之道"，还要有具体的措施。《大学》认为，贯彻这个"絜矩之道"的具体着力点有两个方面：一方面是"慎乎德"，一方面是"生财有大道"。下面论述的内容，围绕着这两个着力点分析得十分清晰。这个"德财兼备"的思路，可以概括为"平天下"一章的"一本二目"。

【原文】

是故君子先慎①乎德②。有德此③有人，有人此有土，有土此有财，有财此有用④。德者，本也；财者，末也。外本内末⑤，争民施夺⑥。是故财聚⑦则民散，财散则民聚。是故言⑧悖⑨而出者，亦悖而入；货⑩悖而入者，亦悖而出。

【注释】

① 慎：谨慎。

② 德：道德，这里指的是前面提到的"絜矩之道"。

③ 此：这、这就的意思，表示前后二者之间的因果关系。

④ 由财此有用：财物充足，合理使用。财，财货，财富。用，用度、使用。

⑤ 外本内末：颠倒了本末的正常顺序，轻德重财。本、德、内，三

者是统一的；末、财、外，三者是统一的。本，有首先、重视的意思；末，有次要、轻视的意思。

⑥ 争民施夺：用"施夺"的方式与民争利。争利，争利于民，与民争利的意思。施夺，施行强盗式的抢夺政策。

⑦ 财聚：指财富集中在统治者手中。

⑧ 言：话语。

⑨ 悖：违背。

⑩ 货：是财富。

【译文】

所以，品德高尚的人首先应该谨慎地修养自己的德性。道德修养高自然就会有人拥护，有人拥护自然就会保有土地，保有土地自然就会拥有财富，有了财富就能合理运用财富办理许多大家拥护的事情。所以，道德是根本，财富是结果。如果统治者颠倒了道德与财富之间的关系，把财富看成是比道德修养更重要的事情，甚至用所谓合理的法律手段与民争利，其结果只能是：财富集中到了统治者手里，但民心却涣散了。相反，如果财富分散到百姓的手里，统治者手里虽然财富不多，但民心却会凝聚在一起。所以，正如对别人说话不合道理、别人也会用不合道理的话语来回敬一样，如果财富的获得不是依据正当的手段而是肆意搜刮的话，最终也会被别人用更加残酷的手段夺走。

【品鉴】

"絜矩之道"的关键与基础，自然是道德。所以本节开始详细申述统治者加强道德修养的重要性、统治者身上道德的内涵。

这里所讲的道德，与《大学》前半部分详细说明的"明明德"不完全一样。前面提到的"明明德"是普遍的，只要想成为君子的人都可以通过格物、致知、诚意、正心来修养这个德性，至于能否真正达到齐家、治国、平天下，则没有必然性。但这里重点申述的则是"平天下"。前提条件既然是"平天下"，那就要把"平天下"看成是一个现实基础，设想如何做好"天子"或"国君"的角色。因此，这里的道德，不完全是理想性质的道德，而是具有很强的现实意义。这里的道德，更加突出与百姓的利益之间的关系，以及大臣与天子、国君之间的关系。

我们的民族历来把德行视为安身立命的根本。古代的儒家将道德修养看成是最崇高的事业，人生的最高目标是在道德修养上取得巨大的成绩，达到至善至美的境地。道德修养不高的人没有资格做天下万民的君主。孔子曾说："文质彬彬，然后君子"，"文"是指外在行为符合礼的要求，"质"则是指内在的仁德。一个人只有具备内在的仁爱之心，同时又能以礼的形式表现出来，才可以称为"君子"。在孔子的眼里，君子应该爱人以德，对自己不偏重，对他人不轻视。表里如一的君子德行高尚，自然会得到人们的拥护，财富也会随之而来。由此可见，其他的财富都不是最重要的，民心才是最可靠、最宝贵的财富，有了民心的支持，其他的财富自然也会随之而来。

因此，道德是根本，相比较而言，财富只能居于次要的地位。如果统治者不重视根本，一味地重视财富、追求财富，甚至公然采取强盗式的做法，利用手中的权力制定有利于自己攫取财富的政策，不但百姓会跟着效仿，不择手段地互相争斗进行劫夺，而且也会导致天下动荡，甚至国破家亡。君子爱财，取之有道。作为领导，应该明白手中的权力来自人民。"取之于民，用之于民。"人民是权利的赋予者，所以领导者及公务员要接受人民的监督，对人民负责。不仅要靠制度和监督机关来约束自己的行为，更应该自觉加强世界观的改造，提高自己的觉悟，决不能利欲熏心,以权谋私。无数的贪官案件,向世人发出警告,为官者一定要廉洁自律,再高明的贪腐手段也终归逃不出恢恢法网,瞒天过海无异于自欺欺人。

【原文】

《康诰》曰:"惟①命不于常②。"道③善则得之,不善则失之矣。《楚书》④曰:"楚国无以为宝,惟善以为宝⑤。"舅犯⑥曰:"亡人⑦无以为宝,仁亲以为宝⑧。"《秦誓》⑨曰:"若有一个臣⑩,断断⑪兮无他技,其心休休⑫焉,其如有容⑬焉。人之有技,若己有之,人之彦圣⑭,其心好之,不啻⑮若自其口出,实能容之,以能保我子孙黎民,尚亦有利哉!人之有技,媢疾⑯以恶之,人之彦圣,而违之俾⑰不通,实不能容,以不能保我子孙黎民,亦曰殆⑱哉!"唯仁人放流⑲之,迸⑳诸四夷㉑,不与同中国㉒。此谓唯仁人为能爱人,能恶人。

【注释】

① 惟:语助词。

② 不于常:不是恒常不变。于,语助词。

③ 道:说的是。

④《楚书》:楚昭王时的史书,另说即《国语》中的《楚语》。

⑤ 善以为宝:介词宾语前置,以善为宝的意思。按照前人的研究,虽然这句话的原文至今还没有明确的出处,但结合相关史料考查,楚国实际上是以几位"贤人"为宝。

⑥ 舅犯:名狐偃,字子犯。晋文公重耳的舅舅,所以后来以"舅"为姓,称为"舅犯"。

⑦ 亡人：流亡在外的人。重耳时为公子，出亡在外，故称亡人。

⑧ 仁亲以为宝：以仁亲为宝的倒装句。

⑨《秦誓》：即《尚书·周书·秦誓》篇。书中记载的是秦穆公不听忠臣劝告而执意伐郑，但在回师途中遭到晋国伏击而全军覆没的故事。书中的誓词，是秦穆公反思的话。

⑩ 个臣：《秦誓》原文中作"介臣"耿介之臣。

⑪ 断断：诚恳厚道的样子。

⑫ 休休：平易、宽宏的样子。

⑬ 有容：有容人之量。

⑭ 彦圣：出众的德性。彦，美好、出众。圣，像圣人一样的德行。

⑮ 不啻（chì）：不仅、不但。

⑯ 媢疾：嫉恨、妒忌。媢（mào），其义为忌。疾，通"嫉"，嫉妒的意思。

⑰ 俾（bǐ）：使。

⑱ 殆：危险的境地。

⑲ 放流：流放，遣送。

⑳ 迸（bǐng）：通"屏"，屏除、屏退，引申为驱逐。

㉑ 四夷：四方夷蛮之地。

㉒ 中国：指中原地区的诸侯国家，引申为中华文明发源和流行的地区。

【译文】

《康诰》中说："天命并不是永恒不变的。"意思是说，君王施善政、做好事就能得到上天的福祉，不行善政、做坏事就会失去上天的庇护。《楚书》记载说："楚国没有珍贵的美玉之类的宝物，只是把具有美好德行的善人当作宝物。"舅犯也曾经教晋文公说:"我们这些逃亡在外的人没有什么宝贝,我们一直把仁爱和亲情作为宝贝。"《秦誓》中说:"如果有这样一位大臣,他为人诚恳厚道,虽然他没有什么特殊的才能,但是他心胸宽广,有容纳人的肚量。别人有高超的技能,就如同他自己有技能一样;别人有高尚美好的品德,他心悦诚服,不只是在口头上表示佩服,而是发自内心的真诚的赞赏。任用这样的人来管理国家,必然会保护我们的子孙和百姓,对整个国家都会有很大的好处啊!相反,如果别人有高超的技能,他就嫉妒、厌恶;别人有高尚美好的品德,他就想方设法地排挤、打击,设法阻碍使之得不到重用,心里根本不能容下别人。这样心胸狭窄的人,如果被重用来管理国家的话,如何能保证我们的子孙后代和百姓过上幸福安康的生活呢?更有甚者,国家的前途命运也将处在极其危险的境地。"只有那些具有仁德的人,才能把嫉贤妒能的人放逐到蛮荒边远之地,不让居住在中原地区的人民受到不好的影响。这就叫做有仁德之心的人爱憎分明,他能够以公正之心关爱好人,厌恶、批评坏人。

【品鉴】

"平天下"中要求的道德修养究竟是什么呢?这一节文字,利用四段引文从正面申述了"絜矩之道"中道德的内涵,那就是能够体现天道、是非分明、爱护百姓的仁爱之心及其表现。《康诰》中的"惟命不于常",也就是"天命靡常",属于西周初期的基本观念,告诫人们天命是可以随时变换的,要想保有天命,只有加倍努力地修养自己的德性、爱护自己的百姓。爱护百姓、帮助百姓,就是"善"的德性。《楚书》中说"楚国无以为宝,惟善以为宝",则将"善"与"贤人"联系起来。善不善的标准,实际上是是否"贤能"、是否能够给诸侯国带来永久的和谐与繁荣。

舅犯所说的"亡人无以为宝,仁亲以为宝",进一步证明权力的基础是道德,真正的权力应该来自百姓的拥戴。而《秦誓》中的一大段秦穆公反思的话表明,国君也好,大臣也罢,德性修养在治国安邦的过程中是多么的重要!因此,要想实现"平天下"的远大抱负,就必须加强自己的道德修养,是非分明,任人唯贤,对待不肖之徒采取果断地措施,满足百姓的正当需求。只有这样,才能够得到百姓的真心拥护。

《康诰》中的原文是:"呜呼!肆!汝小子封。惟命不于常,汝念哉!无我殄,明乃服命,高乃听,用康乂民。"这段话是说,合乎正义就能得到人民的支持和帮助,违背正义则会失去民心,陷入孤立无援的境地。《孟子·公孙丑》中也说:"得道者多助,失道者寡助。寡助之至,亲戚畔之;多助之至,天下顺之。以天下之所顺,攻亲戚之所畔,故君子有不战,战必胜矣。"意思是说,得道的人,帮助他的人就多;失道的人,帮助他的人则少。帮助的人如果少到极点的话,就连自己的亲人都会反对他;帮助的人多到极点时,全天下的人都会归顺他。用全天下都顺从的力量来攻打连自己的亲人都反对的人,如果出现战争,肯定是会胜利的。因此,民心的向背对于国家政治有着极其重要的意义。得天下不是靠武力,而是施行仁政。以德服人,四方之民则带着自己的孩子前来归顺;武力并不能征服人心。靠武力征服得来的天下,是不会长久的,是得不到上天庇护的。

人心向善,良心是人做人的底线,丢什么也不能丢了良心。孟子说:"仰无愧于天,俯无怍于地。"为人处世就是要顶天立地,光明磊落,凡事但求无愧于心。孟子在其一生中,都强调要做个"大丈夫",要养"浩然之气",要"富贵不能淫,贫贱不能移,威武不能屈",这也是一种可贵的做人的良心。良心就是只做善事、不为恶事的心态,拥有了这种心态就会像孟子那样,自然地散发出浩然之气。无论时代如何变迁,做人的良心都是不应该缺失的,热情而不冷漠,人世间就会少了许多的悲剧。良心不可欺,欺了良心,就会寝食难安,心神不宁,就会受到来自心底的谴责。认认真真做事,清清白白做人,无论是当官、经商,还是打工、种田,都应对得起天地良心,于人于己问心无愧。

  《后汉书》中记载了一则"杨震四知"的故事。东汉时期,杨震奉命任东莱太守,中途经过昌邑,昌邑县令王密是由杨震推荐上来的。有一天晚上,王密拿着10斤黄金来拜见杨震,并献上黄金以感谢往日提拔,杨震坚决不收。王密说黑夜没有人知道,你放心收下吧。杨震却回答说:"天知,地知,你知,我知",怎么能说没有人知道呢?一个人应该时刻省察自己的良心,做每件事说每句话都要扪心自问。曾国藩说:"人无一内愧之事,则天君泰然,此心常快足宽平,是人生第一自强之道,第一寻乐之方,守身之先务也。"做什么事都问心无愧,对父母尽孝,对朋友尽义,对事业尽忠,就会一辈子都活得坦然,活得轻松,活得有模有样,否则就会经常活在良知的自责之中。

  仁爱和亲情是值得我们用一生去珍惜的宝贝。每个人都有自己想要追求的东西,有人向往功名利禄,成就一番大事业;有人向往荣华富贵,恨不得把天下的财富据为己有;有人向往人世间美好的爱情,愿意为爱情奉献出自己的一切。在他们的眼中,功名、财富、爱情是珍贵无比的,值得为之付出。但在儒家看来,真正的宝贝是藏在人民心中的,那就是仁爱。正因为仁爱之心,我们才会去爱人,同时也被人所爱,我们的人生才有了存在的价值。仁爱与亲情给予了我们无限的温暖和信心,去克服人生中无数的困难和考验。在《礼记·檀弓下》中记载着这样的故事:晋献公由于听信了骊姬的谗言,逼迫太子申生自缢身亡。当时的公子重耳和他的舅舅子犯避难逃亡在外,在狄国的时候,晋献公崩。秦穆公便派人劝说重耳回到晋国掌管国家政权,并对重耳说:现在是决定命运的时刻了，失去国家和得到国家都在这个时候了。你现在虽然是在服丧的时期，但是应该以国家大事为重，不能久久地沉浸于哀伤中，应该把握住眼前的这个机遇啊！公子重耳把这件事情告诉了子犯，并向他请教策略。子犯明确地告诉公子重耳不能在这个时候执掌国家政权，并劝告重耳赶紧向秦穆公辞谢，并这样告诫公子：身处服丧中的人是不应该有欲望和贪念的，而是应该一心怀着仁厚的亲情，思念、缅怀先君的德行和慈爱，哪能够趁父丧之期去图谋自己的私利呢？即使你现在得到了国家大权，但晋国的老百姓又有谁能心悦诚服地拥戴你呢？公子重耳听了子犯的话后，立即对来人说：贵国的君王实在是让我感动，还记得安慰我这个流亡在外的人。但是，我身服孝丧，不能回国为国家和先君分担忧愁。又怎能趁父亲新丧之际谋取我自己的私利呢？来使回去后便向秦穆公如实回报了这些情况。秦穆公称赞道：公子重耳真是一位仁爱厚重的人啊！

国家因为有贤人而兴盛，因为有谄贼而衰亡；君主因为信任忠臣而安全，因为信任逆臣而危险。原文《秦誓》中的这段话告诉了我们一个古今很普遍的道理，提醒执政者在选拔人才、推举能人时一定要仔细考查他的思想品质，要客观地发现他们身上的小毛病，不要妄图掩饰。只要这个人在某个方面有特长，就要让他发挥特长，不能因为人的嫉妒之心而故意排挤贤能之士。心胸狭窄的人是不能委以重任、治理国家的。

仁德之人的心公正无私，他们能以一颗正直的心对待善恶。因此，也只有仁德之人才有资格把那些妒贤嫉能的人流放到蛮荒之地。嫉妒是人性中致命的弱点，它使人心胸狭窄，容不下比自己优秀的人。嫉妒的产生不是因为我们想要得到什么，而是因为他人有了好运，得到了什么。嫉妒是一种很常见的心理现象，适当的嫉妒能够激发人迎头赶上的欲望，从而激发人内心的潜能。但是，一旦嫉妒超过了一定的限度，人就会变得毫无理智，不是从自身入手去改善切身的状况，而是把精力集中到他人身上，打击、报复有优秀才能的人。世间之事的是非曲直只有仁德之人才能评判，也只有他们才不会怀有嫉妒之心，排挤贤能，所以只有他们才有资格评判孰是孰非。其实，作为平民百姓，最大的幸福莫过于一生平安，安享天伦之乐。只要拥有一颗感恩之心、仁爱之心，嫉妒就会远离我们，因为人真正的幸福不在于金钱的多少，也不在于地位的高低，而在于你得到的快乐和家人的爱。一个幸福的人不是由于他得到的多，而是因为他计较的少。幸福其实是很简单的，它就在我们身边，就在家人的问候中，就在我们心里，只要我们有着一颗仁爱之心，幸福就会源源不断地从心里涌出来，并且能够和身边的人一起分享。

【原文】

见贤而不能举[①]，举而不能先[②]，命[③]也。见不善而不能退[④]，退而不能远[⑤]，过也。好人之所恶，恶人之所好，是谓拂[⑥]人之性，灾必逮[⑦]夫身。

【注释】

① 举：荐举，推荐。

② 先：尽先任用，引申为亲近、信任。

③ 命：当作"慢"字，轻慢、怠慢的态度。

④ 退：斥退、罢免。

⑤ 远：远离。承接上文，这里引申为流放到边远的地方。

⑥ 拂：逆，违背。

⑦ 逮：到，降临。

【译文】

发现了贤德的人而不能推荐选拔，推荐选拔了却不能充分信任他，这就是一种怠慢的态度；发现不善的人而不加以斥退、罢免，斥退、罢免了却又不能和他保持很远的距离，这就是罪过了。喜欢人们普遍所厌恶的东西，厌恶人们共同喜欢的事物，这就违背了人们公认的道义原则，如此一来，灾难必定要降临到自己身上。

【品鉴】

本段文字从反面申述"修德"的重要性。但这里的三句话，实际上也体现出三层意思：命（怠慢）、过错、灾难。如果统治者不能见贤思齐，反而嫉妒不举荐不重用，是"不肖之徒"的态度，问题还不算太严重，所以称之为"命"（怠慢）；如果统治者不能"远小人"，则会受到小人的影响，不仅不能保证"修德"，而且还很有可能为小人所蒙蔽、利用，甚至犯下错误，问题就比较严重，所以称之为"过错"；进一步，如果统治者与百姓的好恶完全相反，当然是"自作孽，不可活"，逃脱不了灾难的惩罚。因此，"德"之不修的程度不同，结果也会随之呈现出正比例的发展趋势。本节的目的，显然还是要告诫人们"慎其德"。

诸葛亮《出师表》中所说的"亲贤臣远小人，此先汉所以兴隆也"，意思与此相同。由此可见举荐贤能、任用贤能的重要性。贤能的发现并非易事，需要有德的伯乐。刘备深知人才的重要，他三顾茅庐终于感动了孔明，从此刘备在诸葛亮这位军师的辅佐下，建立了蜀国。贾谊是西汉初年著名的政治家、文学家，才华横溢。从小精通诗书，18岁就写得一手好文章，后得到河南郡守吴公赏识，招为弟子。后吴公上调，因此贾谊被师傅推荐，21岁就做了汉文帝的博士。年轻的博士深得汉文帝的赏识，然而也为遭到小人的嫉妒埋下了隐患。当汉文帝还准备进一步提升他的时候，丞相周勃和太尉灌婴等人就说他夸夸其谈，意在擅权，不宜重用。后来他向皇帝建议强化皇权、削弱列侯的势力，更加引起了众人的不满。汉文帝因此也开始动摇，渐渐疏远他，后来竟被贬到长沙。但是，汉王朝"列侯"强大的问题，并不因为汉文帝疏远贾谊而衰弱，相反，越来越成为汉王朝中央政府的威胁。后来到了汉武帝的时候，面临列侯的威胁，中央政府终于不得不采取措施"削藩"。由此可见贾谊的远见卓识，亦可知知人善任之不易。

春秋时期的楚国有一位叫孙叔敖的，因为贤能而声名远播。当时楚国的令尹，相当于宰相的虞丘子向楚庄王推荐了孙叔敖，说孙叔敖多才多艺，清廉无欲，君王如能将他提拔上来掌管国政，那国家一定可以治理好。虞丘子甚至还主动要求把令尹的职位让给孙叔敖。庄王有点儿疑惑，对虞丘子说：你辅佐我，我才能与中原地区各个诸侯国一争上下，政令才可以到达荒远的地方，这都是你的功劳，为什么你却让位于他人呢？虞丘子说：长久占据禄位的，是贪；不推荐贤能之人，是假；不把职位让出来，是不廉；而不能做到这三点，是不忠。做臣子的不忠，君主为什么要把他当做忠呢？所以，我决定辞职。楚庄王见虞丘子心诚意正，便采纳了他的建议，任命孙叔敖为令尹，而尊虞丘子为"国老"。孙叔敖为令尹后，果然如虞丘子所说"清廉无欲"，不徇私情。虞丘子的家人犯了法，他也秉公办事，将他们处以死刑。虞丘子非但不怪罪他，且对其公平执法的举动赞叹不已。其实，人与人有着不同的性情、不同的喜好，世间的事也都有是非曲直。但总有辨别是非的方法，那就是保持至公至诚、无偏无私的正直之心，以国家、人民的利益为最高原则。

【原文】

是故君子①有大道②，必忠信③以得之，骄泰④以失之。

【注释】

① 君子：这里的用法是指"治国、平天下"的君上之人，即最高统治者。

② 大道：重要的方法，这里指修己治人之术。

③ 忠信：忠诚、诚信。忠：尽己之心。这两个字都涉及与别人的关系，因此强调的是心中有人的意思。

④ 骄泰：骄横放纵，心中只知有己，不知有人，以自我为中心。

【译文】

所以说，位居高位的君子必须遵循絜矩之道，言行忠信，修德为民，必然会得到民心。如果骄傲自大、奢侈放纵，心中只有自己，那就会失去民心。

【品鉴】

本节是对"絜矩之道"中与"德"相关分析的一个总结，强调只有在人际关系中体现出自己的高尚德性，就可以实现自己的人生目标与人生价值。相反，如果仅仅以自我为中心，时刻考虑自己的利益，不仅会一事无成，即使拥有天下，也会很快丧失。

得人心者，得天下。哪怕是一个才能平庸的人，如深谙礼仪的妙用，具有人格魅力，也能吸引一些杰出人才，为他所用，促进事业的成功。汉朝的刘邦文不及萧何，武不如韩信，却能将萧何、韩信笼络于自己手下，一个重要的原因就在于他做到了礼贤下士。三国时期的刘备，是一位缺点很多，甚至才能平庸的人。然而他却是一位深孚众望的君主，其中最大的原因是他很得人心，他是一位礼仪专家也是一位社交高手。非常有个性的关羽、张飞都被刘备所收服，连诸葛亮这样的旷世英才也对他心悦诚服，帮他创下了三足鼎立的伟大事业。可见德性修养在人生事业中的重要作用。

【原文】

　　生财有大道①：生之者众②，食之者寡③，为之者疾④，用之者舒⑤，则财恒足⑥矣。

【注释】

　　① 大道：重要的方法。
　　② 生之者众：从事生产财富的人多。生，主要是指农产品的生产。
　　③ 食之者寡：实际消费财富的人少。
　　④ 为之者疾：从事制造财富的人效率高。为，主要是指手工业者。疾，及时，不违背农时。
　　⑤ 用之者舒：使用各种工具的人舒缓、节约。舒，舒缓，引申为节约。
　　⑥ 恒足：永远富足。

【译文】

　　生产财富是有重要方法的：从事农业生产劳动的人多，实际消费农产品的人少，从事生产工具和生活用品的人效率很高，使用各种工具的人又很节约。这样，财富就能够保持充足的供给了。

【品鉴】

从本节开始，一直到文章结束，都是在阐述"絜矩之道"中的"财"的内容。"生财有大道"这一段话，说明在财富的生产与使用问题上，只有"开源""节流"这两种渠道。

一个国家强盛与否，首先要看这个国家的财政状况，它直接关系到国家的兴衰与发展。国库殷实、财力充足，国力就强盛。但财富的生产有一定的规律，作为统治者，应该掌握财富和农业生产的规律，合理积极地安排生产。治国者既要能以德育教化百姓，又要广开财源，注意发展经济。古代社会重农轻商的思想有很大的缺陷，工商业是必须大力发展的。同样，现在的执政者也不能只重视工商业的发展，而过分地轻视了农业。民以食为天，没有农业的发展，我们连温饱都无法解决，哪还能从事其他的财富生产呢？物质财富的生产得到了发展，社会就会得到飞速的进步。

财富是劳动人民生产的，国家的一切费用都源于民众。治国者在大力生产社会财富的同时，也要以身作则，提倡节俭，使国库储备宽裕充足。在治理政事中，免去一切不必要的开支，廉洁自律，勤俭治国。为政者应该牢记天下的财富是人民共同拥有的，自己是没有理由挥霍、私吞的，要"取之于民，用之于民"，不贪不吝，以自身的德才治国理财，以求得国富民强的长治久安。

宋太祖赵匡胤，在历史上是一位重廉轻奢的皇帝。他平时穿的衣服，不是穿过就扔掉，而是一洗再洗。宫中也不特加装饰，以苇为帘，帘边没有华丽的羽毛，只是饰以青布。有一天，皇后见宫廷及车轿等过于简朴，便对宋太祖说：您现在已经贵为天子了，应该用黄金把车轿装饰一下，这样才会显得威风。赵匡胤听过后笑着说道："正因为我是天子，和一般人不同。可以说整个天下的财富都是我的，莫说是用金银装饰车轿，就是把整个宫殿全部用金银装饰，我也能办得到。但是，财富是全天下人共有的，我是为我的子民们守护这些财富的，怎么能随便滥用呢？古人说应以一人的能力去治理天下，而不应以天下人的力量奉养一人。假如专门考虑奉养自己，那么我还有什么值得全天下的人仰望的呢？"皇后听了宋太祖的这番话后，觉得很有道理，从此再不提装饰车轿的事了。

【原文】

仁者以财发身①，不仁者以身发财②。未有上好③仁而下不好义者也；未有好义其事不终④者也；未有府库⑤财非其财者也。

【注释】

① 以财发身：凭借财富使自身的事业兴盛。发，兴旺，发达。

② 以身发财：凭借自身的地位、权力发财。

③ 好：读作号，动词，喜欢。下面几句话中的"好"，都是动词。

④ 终：成就。

⑤ 府库：古时国家收藏文书或财物的地方。

【译文】

有仁德的人，为天下百姓谋福祉，发展生产，创造财富，使自身获得好的名声；没有仁德的人，只知道为了自己的享受而聚敛财富，不惜以自己的名声甚至是自己的生命为代价去换取财富。从来没有听说过高居上位的君主喜好仁政，而在下的百姓不喜好忠义的；也从来没有听说过喜好忠义而不能成就一番事业的；（只要坚持实践仁义），国库里的财富都应该是正当集聚而来的，不会受到百姓的非议。

【品鉴】

承接上文，本节进一步说明财富积累过程中如何坚持道义的原则。由仁爱到忠义，由忠义再到成就"治国平天下"的事业，其具体表现之一，就应该是财富的合理积累。袋里有粮，心中不慌。如果百姓都认为国库里财富的来源、使用完全具有正当性，并以国库充盈而自豪，那还不是君王有道、天下太平的重要象征吗？

有道是："君子爱财，取之有道。"有仁德的君主，把百姓的利益放在最重要的位置，没有私心欲念。财与德并非对立、不能协调，关键要看获得财富的手段。一个带领人民共同创造财富的领导者，获得好名声的同时，也同样获得了财富，因为声望就是无形的资产。中国的传统教育非常重视"仁、义、礼、智、信"，而人们也常常以此作为评判一个人好坏的标准。按照这个标准做，他就可以有个好名声，否则，他可能会臭名远扬。在社会上一个人的声望名誉是非常重要的。好的声誉名望不仅可以给一个人带来崇高的地位，它还可以给人带来众多的朋友和众人的仰慕与信任，它使人愿意与你合作。"得道多助，失道寡助。"良好的声誉对于领导者来说是无形资产，而且远比实际财富重要。实际财富可以千金散去还复来，而个人的声望这个无形的资产却来之不易，一旦失去，很难再找回来。此外，领导者的个人声望可以带来某些利益，例如社会的尊重、人们的仰慕。这其实是一种领导力，可以凭此获得或维持领导地位。个人声望的提高实际是领导者资本的增加。

为政者的德行，对全天下的人都会起到潜移默化的作用，带动着整个社会的风气。如果能够以民为重，对国家忠诚，对人民负责，为最广大的人民群众谋福祉，人民自然会感恩戴德而修养成忠信仁义的品质。上行下效，说的就是这个意思。对领导者来说，自身行为端正，即使不下达任何命令，别人也会遵从；而如果自身行为不端正，那么无论制定怎样详细的法规政策，别人也不会服从。

唐太宗曾经说过：身为国君，当以天下百姓为念，使万民安居乐业，生活安定，天下太平，国泰民安。一味压榨人民以满足自己奢侈的贪欲，无疑是自割股肉，虽说一时吃得痛快，却是自残肢体。倘若希望国家长治久安，则必须先端正自己。端正开明的君主治理国家，百姓是不会胡作非为的。为政者应该胸怀宽广，不要为小名小利斤斤计较，待人要宽厚和善，不计小节，方可得到人民的拥护，上下同心，为国家创造财富，积累财富，为国所用，为民所用。

【原文】

孟献子①曰："畜马乘②，不察③于鸡豚④；伐冰之家⑤，不畜牛羊；百乘之家⑥，不畜聚敛之臣。与其有聚敛之臣，宁有盗臣。"此谓国不以利⑦为利，以义为利⑧也。

【注释】

① 孟献子：即仲孙蔑，春秋时鲁国大夫。

② 畜马乘：是士初为大夫者。畜，蓄养，引申为拥有。乘（shèng），四匹马拉的车为一乘。古时为大夫的，允许使用一乘。

③ 察：察看，引申为关心、料理。一说为斤斤计较的意思。

④ 豚：小猪。这里指猪。

⑤ 伐冰之家：卿大夫。伐，凿而取之。古代规定卿大夫以上丧祭的时候有用冰的特权。

⑥ 百乘之家：拥有一百辆四匹马拉的军车的公卿，实际上是拥有一定军事力量和一定封地的较大的卿大夫。

⑦ 利：财富，也指私利。

⑧利：利益。

【译文】

孟献子说："可以拥有一乘马车的士大夫，不应该料理饲养鸡豚的小事；拥有祭祀用冰特权的卿大夫之家，不应该畜养牛羊而与民争利；拥有百乘的公卿，不应该豢养那些热衷于聚敛财富的家臣。与其有热衷于聚敛财富的家臣，还不如有个偷盗的家臣。"这就是说，治理国家不应当以聚敛物质财富为有利，而应该以追求仁义为利。

【品鉴】

本节文字以经典引文从正面申述了"君子爱财，取之有道"，重点说明义利之间的关系，并说明治理国家的人应该以义为利，不应该以利为利。

孟献子（？~前554），姓仲孙，名蔑，谥号"献"。鲁国大夫，史称其"为卿不骄，礼贤下士，士以是归之"。一个国家不应该只以经济利益为重，而应该以仁义为永远的利益。重仁义的国家能得到人民的拥护，政权才会长久稳定地存在，反之则会失去民心，最终失去政权。

任何事情都有它的两面性，应该用辩证的观点来看。中国古代儒家推崇德治，提倡治理国家应该用德治，重政治，重修养，但往往忽视了经济和生产的发展，忽视了人民物质生活水平的提高。在现代经济浪潮冲击下的我们，应该注意古代片面提倡德治的缺陷。古代的德治过分强调把义与利严格地区分开来，片面地要求人们舍生取义、清心寡欲、最大限度地克制物质和情感上的欲望，以维护社会的稳定。但是，没有强大的生产力和人民物质生活富足的这种稳定，是不会长久的，是暂时的、表面的，甚至也是虚伪的。真正为民的为政者会把物质文明和精神文明建设放在同等重要的地位，二者相互依存，紧密不可分割。

【原文】

长①国家而务②财用者，必自小人③矣。彼为善之④，小人之使为国家，灾害⑤并至，虽有善者，亦无如之何⑥矣！此谓国不以利为利，以义为利也。

【注释】

① 长：执掌、领导。

② 务：一心一意，专门从事。

③ 自小人：源自奸佞之人。自，由。

④ 彼为善之：他愿意做些善事。彼：应该指的是"长国家而务财用者"。朱熹认为"此句上下，疑有缺文、误字。"

⑤ 灾：是天灾。害，是人害。

⑥ 如之何：无可奈何的意思。

【译文】

国君执掌着国家的命脉，却又致力于聚敛财富，这种现象必定是由于误用小人的结果。君主即使心存善良，但使用这些奸佞之人治理国家，天灾人祸地会接踵而至。(到了那个时候)，即使有贤能的人（原意出来挽救），也已经没有什么办法了。这就是说，国家不应该以聚敛财富为利，而应该以追求仁义为利。

【品鉴】

本节从反面申述"君子爱财，取之有道"的道理。如果不能正确地对待义利关系，以利益为本，以道德为末，结果就会使天灾人祸接踵而至，无可挽救。本节最后又重复了上一节最后的话"此谓国不以利为利，以义为利也"，意在从正反两个方面强调义和利之间的关系。虽然治国平天下不能忽视利益、财富，但出发点不能是利益优先。虽然应该"德财兼备"，但时刻不能忘记"德者本也，财者末也"。

义与利是辩证统一的，不能把二者之间的关系割裂。一个出色的为政者不能只单纯地强调义，或者只追求利而忽视对人民道德的教化。其实，义与利二者是相辅相成的，是相互依存的，是和谐发展的核心部分。作为执掌国家政权的为政者，必须处理好义与利的关系，应当做到以义为利，以德治国。只有推行仁政，用仁德来教化民心，最大限度地造福百姓，国家才会长治久安。要让百姓在发展生产、加快经济建设的同时，提高道德修养的水平。如果只讲道德精神的建设，而忽视了人民生活水平的提高，那么这个道德就是一句空话，是不会长久维持下去的。

人心有向善、为善的一面，同样，人心还有向恶、为恶的一面。为善还是为恶，取决于心灵中道德的约束能力。如果人心失去了道德的约束，就会把仁义二字抛诸脑后，见利忘义，失去良知，社会风气就会趋向败坏，甚至出现各种各样不良的社会现象。坑蒙拐骗、贪污腐败、潜规则、权钱交易，许多人由此走上了犯罪的道路。如果只注重物质财富的占有，否定道德建设的作用，那么，人们就会丧失灵魂，社会就会失去前进发展的方向。所以，执政者一定不能只追求经济的快速发展而忽视了道德教育的作用。"自天子以至于庶人，壹是皆以修身为本。"治理国家的当权者不能丢弃道德这个治国之本，普通百姓也不能放弃对自己品德的修养。

朱熹认为本章内容重点在于申述"治国平天下"的道理，所以定为传文第十章。

本章文字颇多，几乎占据《大学》整个篇幅的三分之一，可见"治国平天下"的政治抱负在《大学》作者心目中的重要地位。但其要旨总不外从不同的方面阐述治国、平天下的原则和方法。归结起来，即是"絜矩之道"，就像父母对待子女一样，全心全意地替对方考虑，能够经常进行换位思考。而贯彻"絜矩之道"的具体方法，则不外是"德财兼备"。也就是说，执掌国家的人应该与民同好恶、不与民争利。如此一来，源于天然的血亲之爱，就能推广应用到普天之下、率土之滨，这不正是"明明德于天下"的圣人事业吗？

《中庸》

  《中庸》本是《小戴礼记》中的一篇,全文只有三千五百多字,但作为儒家的哲学论文,主要诠释的是人生在世的生活方式及其"合法性"的问题。延续着《大学》中所倡导的诚意、正心、修身、齐家、治国、平天下的政治抱负,《中庸》比较集中地探讨了人生价值的天道来源、天道在人生价值实现过程中的具体展现。换句话说,《中庸》要解决的是从"格物致知"到"诚意正心"的"转换"问题。

  在整篇《中庸》中,按照朱熹的注解本,共分为三十三章。其中第一章明显具有开篇破题的价值,属于"立本",集中阐述了中庸之道的核心与源泉,那就是"中和"。此后的三十一章内容,反复引经据典申述"中和"的原则和精神如何应用于人类社会,进而演变成"中庸之道",也就是"君子之道"——"时中":按照具体的时间、地点、条件履行中庸的原则与精神。这中间体现的基本思想,实际上也就是第一段中所强调的"道不离人"的思想。"道不离人",正是"中庸之道"的内涵。这三十一章属于"显用",从内容上看明显分为两大部分:从第二章《时中》到第十一章《素隐》,主要论述"大知",重点在说明"知天道";第十二章《费隐》到第三十二章《经纶》,主要论述"大行",重点在说明"行天道"。"行天道"

部分又可以区分为三个方面：从第十二章《费隐》到第十九章《达孝》，主要申述天道在人事，而人事又集中表现在"大孝"，重点在说明"齐家"；从第二十章《问政》到第二十六章《无息》，论述天道的作用从修身、齐家扩展到国家，重点在说明"治国"；从第二十七章《大哉》到第三十二章《经纶》，进一步论述"明明德于天下"的"至圣"境界——"平天下"，重点在说明"为圣"。这是儒家追求的理想状态，先秦儒家叫做"孔颜乐处"，宋明儒学叫做"圣人气象"。这个状态，建立在对于至公至诚、无偏无私的天道体会、实践的基础上，所以是真正"天人合一"的状态。最后的第三十三章，属于结语，广引《诗经》原文，申述建立在"中和"基础上的"中庸之道"的不可思议的效果：修德安民、事和物顺。显然，这最后一章是要在反复论证"大知""大行"层层递进的基础上，回应开篇"致中和，天地位焉，万物育焉"的神奇妙用！

于此简单说明，可知"中和之道"属于天道；"中庸之道"即君子之道，是在体会天道基础上把天道进一步应用于人生、社会的"人间正道"！所以，儒家精神，"中和之道"不足以充分表达，相反，"中庸之道"才最为贴切。明白了这一点，阅读《中庸》的时候，先前云山雾海的感觉，可能会幻化成云蒸霞蔚的美妙奇观！

第一章　天　命

【原文】

天命①之谓性②，率性③之谓道④，修道⑤之谓教⑥。

【注释】

①天命：由天所命，天赋。朱熹《中庸章句》中解释说："天以阴阳五行化生万物，气以成形，而理亦赋焉，犹命令也。"所以，这里的天命（天赋），实际上就是指人的自然禀赋，并不是指具有人格意志的至上神灵。

②性：本性、性质，指事物内在的本质规定性。由于这个"性"具有与生俱来的性质，所以古文中常有"生之为性"的说法。就人而言，不管是善还是恶，古人都认为这个"性"是"本性"。天所与之，叫做"命"；人所受之，叫做"性"。

③率性：任凭本性而行事，率性而为。率（shuài），遵循。

④道：道路，引申为人行之道，即人的价值观，包括行为原则与行为方式。

⑤修道：修正道德（使归于正道），从事于道德修养的意思。修，修正、整理、治理。

⑥教：教育、教化。这里有自我省察、教育别人的意思。

【译文】

与生俱来的叫做"性"，率性而为的叫做"道"，修养使归于正道的叫做"教"。

【品鉴】

本章是全书的总纲，开头的三句话，又是本章的核心，意义十分深远。

对于这三句话的理解，历来是仁者见仁，智者见智。汉代的郑玄认为："天命之谓性，谓天所命生人者也，是谓性命。木神则仁，金神则义，火神则礼，水神则信，土神则知。《孝经说》曰'性者，生之质命，人所禀受度也。'率，循也。循性行之，是谓道。脩，治也。治而广之，人放效之，是曰教。"唐代孔颖达认为："天本无体，亦无言语之命，但人感自然而生，有贤愚吉凶，若天之付命遣使之然，故云天命。老子云'道本无名，强名之曰道。'但人自然感生，有刚柔好恶，或仁、或义、或礼、或知、或信，是天性自然，故云谓之性。率性之谓道，率，循也；道者，通物之名。言依循性之所感而行，不令违越，是之曰道。感仁行仁，感义行义之属，不失其常，合於道理，使得通达，是率性之谓道。脩道之谓教，谓人君在上脩行此道以教於下。"宋代朱熹认为："盖人之所以为人，道之所以为道，圣人之所以为教，原其所自，无一不本于天而备于我。学者知之，则其于学知所用力而自不能已矣。故子思于此首发明之，读者所宜深体而默识也。"我们也不妨按照朱熹提出"宜深体而默识"的要求，对上文涉及的几个关键概念，尝试做一点儿新的梳理。

什么是"天命"？天命是外在的，不取决于人的意愿而存在，也不取决于人的意志而改变。不管你愿不愿意接受，天命都是一种决定性的力量。尽管人们可以研究事物背后的本质和事物发展的规律，但它确实是事物之所以产生的先在力量，具有与生俱来的特质。但是，这里的"天命"已经不是夏商时期宗教意义上的"至上神灵"，也不是西方宗教里面所讲的造物主"上帝"。夏商时期"至上神灵"的观念，经过西周初年初兴的人文主义精神的洗礼，"天命靡常""唯德是辅""天意在民"等观念逐渐深入人心，社会秩序的和谐成为人们关注的重点。在这种情况下，和谐的社会秩序所需要的天道依据，就不能是喜怒无常、主宰万物的人格神。经过西周时期的发展，夏商时期人格神的观念在春秋战国时期逐渐演变为"天道"思想，并且成为社会秩序的合法性来源。以老子为代表的道家赋予"天道"以自然的含义，追求没有人力干预的自然状态，所以"鸡犬之声相闻，民至老死不相往来"的"小国寡民"的生活，最符合"天道"，因而成为老子理想的社会状态。以孔子为代表的儒家则赋予"天道"以社会的内容，强调礼仪道德的合理性，所以亲亲仁民的"宗法社会"最为理想，最符合天道的要求。不管是"小国寡民"，还是"宗法社会"，其最终依据的天道，无疑都具有本体、根源的性质和功能。从《中庸》后面的解说来看，这里所讲的"天命"，实际上就是"天道"的含义。这里不讲"道"而说"命"，主要是为了彰显出"性"的根源。简单地说，天命，就是与生俱来、无法拒绝的意思。

什么是"性"？这里提到的"性"，显然是一个具有普遍性的概念，不仅仅是人性，也包括物性。天下万物，人间万事，只要产生了，都有自己内在的本质规定性。也正是这个内在的本质规定性，使得一个事物能够与其他事物区别开来，用现在的哲学术语来讲，就是"质"。可见，这里的"性"，并不具有善恶属性，而是一个类似于"天性"的概念。日月星辰有日月星辰之性，山河大地有山河大地之性，虎狼豺豹有虎狼豺豹之性，男女众生当然也有男女众生之性。世间万事万物的存在本身，无疑都有天然的合理性。如此一来，"天赋物性"，也包括其中的"天赋人性"，就具有了神圣性、合理性。而且，天命与性，是一个一而二、二而一的问题，彼此密不可分。没有"性"的存在，也就意味着没有物质或事物的存在；没有物质或事物的存在，也就没有"天命"的问题。天命与性，是世间最大的存在，所以从万事万物的根源上讲："天命之谓性"。

什么是"率性"？既然"性"的含义已如上述，"率性而为"也就具有了合法性。风雨雷电可以率性而为，虎狼牛羊也可以率性而为，人当然更可以率性而为。他们的率性而为，既然都是依据其本性而做出的行为，那么，他们所走的"道"又有什么正确不正确的分别呢？中国哲学很早就认为，人同万物一样，都是禀赋阴阳五行而生成的。阴阳五行之气不仅决定着万事万物的本性，而且也决定着人的本性。对五行之气与人之间的关系，孔颖达作了一个比较详细的发挥："云木神则仁者，皇氏云东方春，春主施生，仁亦主施生。云金神则义者，秋为金，金主严杀，义亦果敢断决也。云火神则礼者，夏为火，火主照物而有分别，礼亦主分别。云水神则信，冬主闭藏，充实不虚，水有内明，不欺於物，信亦不虚诈也。云土神则知者，金、木、水、火，土无所不载，土所含义者，多知亦所含者众，故云土神则知。……《左传》云天有六气，降而生五行。至於含生之类，皆感五行生矣。唯人独禀秀气，故《礼运》云人者五行之秀气，被色而生。既有五常仁、义、礼、智、信，因五常而有六情，则性之与情，似金与镮印，镮印之用非金，亦因金而有镮印。情之所用非性，亦因性而有情，则性者静，情者动。故《乐记》云人生而静，天之性也。感於物而动，性之欲也。故《诗序》云情动於中是也。但感五行，在人为五常，得其清气备者则为圣人，得其浊气简者则为愚人。

降圣以下，愚人以上，所禀或多或少，不可言一，故分为九等。孔子云唯上智与下愚不移。二者之外，逐物移矣，故《论语》云性相近习相远也。"于此可见，"率性之谓道"依然具有普遍的意义。天地之运行、花草之化育、豺狼之生存、男女之发展，哪一个的变化不是"率性而为"？需要指出的是，与"天命之谓性"从根源上、静态上立意不同，"率性之谓道"是从动态的运动、流行的角度讲的。

既然"道"是"率性而为"，那么天地万物的运行与发展，就存在着各种各样的发展方向。人类社会之外的天地万物，不管其如何发展，本身均无所谓善恶。但是，当由"率性而为"所产生的各种发展方向体现在人类社会之中，或者其本身就是人类社会的"率性而为"的时候，由于人群关系的复杂性以及人类社会的共同利益需求，总是存在一个被人类社会共同认可的基本伦理规范。也就是说，人类社会不可能完全按照动物世界中的物竞天择、弱肉强食来发展。人为万物之灵，必有超越一般事物的特殊的本质规定，必须要过"有道德"的生活。因此，个人的生活方式与行为，不能仅考虑单纯的自我欲望的满足，在满足自我欲望的过程中，必须要顾及周围人群的感受与需求。个人自由的满足，不能妨碍别人追求自由的权利；个人欲望的满足，也不能伤害别人。在此基础上，人类共同的伦理原则逐渐成形，并最终会以某种权威的形式固定下来。由于这个过程非常漫长，对这个伦理原则做出贡献的人也非常多，所以人们习惯上把这种贡献归结为圣人的作为。不管是谁的杰作，人类行为中大致的伦理标准，总是会演变成特定社会人们判断善恶是非的准则。有了这样的准则，一个人的行为，特别是"率性而为"的行为是否具有合理性与合法性，就具有了十分明显的参照标准。因此，一个人要想成为圣人，就必须时时刻刻注意修正自己"率性而为"的行为，使之合乎社会的伦理准则，这是"自我教化"。如果进一步把这种伦理准则内化为自己的潜意识思维方式，那么，任何"率性而为"的行为都会不自觉地符合社会的伦理准则。用孔子的话说，就是"七十而从心所欲，不逾矩"。对于社会上的一般人，不管是按照个人的自觉选择，还是社会政治方面的要求，只要按照社会认可的伦理标准行事，都属于"教化"的内容。这就是"修道之谓教"的含义。

可以看出，儒家最关心的重点，还是社会秩序的建立。如果说"天命之谓性，率性之谓道"讲的还是天下万物的普遍性特征的话，"修道之谓教"则明显过渡到了人类社会，开始了道德人生、道德社会的理论建构。

【原文】

道也者，不可须臾①离②也，可离非道也。是故③君子④戒慎⑤乎其所不睹⑥，恐惧⑦乎其所不闻。莫见乎隐⑧，莫显乎微⑨，故君子慎其独⑩也。

【注释】

① 须臾（xū yú）：片刻、一会儿。

② 离：离开、分离。

③ 是故：所以。

④ 君子：指有道德的人和有政治地位的人，这里主要是指有道德的人。

⑤ 戒慎：警戒、谨慎。

⑥ 其所不睹：他看不到。其，他，指君子。睹，看到。

⑦ 恐惧：担心、害怕。

⑧ 莫见乎隐：主语应该是"道"，省略，意思是说这个道不容易在隐

秘之处表现出来。莫，不，没。见（xiàn），表现出来。乎，介词，于。隐，隐藏、隐秘的地方。

⑨ 莫显乎微：句法同上，不容易在细微之处显露出来，意思是说众人不容易看到这个道。显，显露、显现。微，细微之处。

⑩ 慎其独：在这个道不容易显露的、隐秘的地方，更要特别谨慎、用心体会。其，主要是指代道。独，天道、道理不显露的状态和时候。这里的"慎其独"与《大学》诚意中的"慎独"，主体不同。

【译文】

"道"是不可以片刻离开的，如果可以离开，那就不是"道"了。所以，品德高尚的人在大家看不到"道"的时候特别警觉、谨慎，在大家听不到这个"道"的地方特别担心、害怕。隐秘的地方不容易显露出这个道，细微的地方也不容易明白地彰显出这个道，所以君子一定要在众人没有注意到的地方好好用心体会道。

【品鉴】

孔颖达认为："道也者，不可须臾离也者，此谓圣人修行仁、义、礼、知、信以为教化。道，犹道路也。道者，开通性命，犹如道路开通于人，人行于道路，不可须臾离也。若离道则碍难不通，犹善道须臾离弃则身有患害而生也。可离非道也者，若荒梗塞涩之处是可离弃，以非道路之所由。犹如凶恶邪辟之行是可离弃，以亦非善道之行，故云可离非道也。是故君子戒慎乎其所不睹者，言君子行道，先虑其微。若微能先虑，则必合于道，故君子恒常戒于其所不睹之处。人虽目不睹之处犹戒慎，况其恶事睹见而肯犯乎？故君子恒常戒慎之。恐惧乎其所不闻者，言君子恒恐迫畏惧于所不闻之处。言虽耳所不闻，恒怀恐惧之，不睹不闻犹须恐惧，况睹闻之处恐惧可知也。莫见乎隐莫显乎微者，莫，无也。言凡在众人之中，犹知所畏，及至幽隐之处，谓人不见，便即恣情。人皆占听察见，罪状甚于众人之中，所以恒须慎惧如此。以罪过愆失无见于幽隐之处，无显露于细微之所也。故君子慎其独也者，以其隐微之处，恐其罪恶彰显，故君子之人恒慎其独居。言言虽曰独居，能谨慎守道也。"朱熹则认为："道者，日用事物当行之理，皆性之德而具于心，无物不有，无时不然，所以不可须臾离也。若其可离，则为外物而非道矣。是以君子之心常存敬畏，虽不见闻，亦不敢忽，所以存天理之本然，而不使离于须臾之顷也。……隐，暗处也。微，细事也。独者，人所不知而己所独知之地也。言幽暗之中，细微之事，迹虽未形而几则已动，人虽不知而己独知之，则是天下之事无有着见明显而过于此者。是以君子既常戒惧，而于此尤加谨焉，所以遏人欲于将萌，而不使其滋长于隐微之中，以至离道之远也。"

综合起来看，这一段话的重点在于"君子"。"道不可须臾离"这句话，并没有明确说明道存在的范围，既可以是自然界，也可以是人类社会。因此，"可离非道"思想的主要价值，恰恰是说明了人类认识与外在天道之间的统一性问题。也就是说，作为万物之灵的人，完全有可能体会、掌握天地万物存在、运行的基本规律。如果进一步修身养性而成为"君子"，则"君子"与一般人不同的地方，就是在大家普遍看不到、听不到的天道的隐秘和细微之处，能够十分警觉、十分小心地体会天道，并尽心尽力地实践天道。所以，"慎独"是君子特有的修行方式。由于"君子"的出现，才能够彻底打通天道与人道之间的桥梁，《中庸》价值才能够得到充分的彰显！

【原文】

喜怒哀乐①之未发②，谓之中③；发而皆中节④，谓之和⑤。中也者，天下之大本⑥也；和也者，天下之达道⑦也。

【注释】

①喜怒哀乐：喜欢、愤怒、悲哀、快乐等人的基本情感。

②发：萌动、发动。

③中：至公至诚的自然状态，中正、不偏不倚。古老的"中"字象形字，是指战场上的旗帜，意思是指大本营，即是一切事情的根源，也是一切事情最后的归宿。

④中节：符合规范。中（zhòng），符合。节，符节、规范。

⑤和：和悦、和谐、和顺。意思是指没有偏差。

⑥大本：最终的根源、最理想的归宿。这里只人生观的根本、原则。

⑦达道：通顺、通畅的道路。这里指人生的行为方式。

【译文】

喜怒哀乐等各种情感没有萌动的时候，就是"中"的状态；喜怒哀乐等各种情感萌动、表现出来以后又符合规范，那就是"和"的状态。"中"是天下万物的根本原则，"和"应该是天下万物共同遵循的行为方式。

【品鉴】

中、和二字，是对"天道""人道"的进一步详细说明。

什么是中？"喜怒哀乐之未发"的明确规定，说明了"中"的状态是一个自然状态。在这个自然状态中，没有什么感情因素的参与，自然也就没有偏心、私心，一切都处于至公至诚的理想状态。因此，"中"这个状态是天下万事万物的根本，郑玄指出："中为大本者，以其含喜怒哀乐，礼之所由生，政教自此出也。"

喜怒哀乐是人的基本情感，这些情感往往源自具体事情的发生。如果还没有事情发生，人心自然处于澹然虚静、无所顾虑的状态。但是，人之为人，不可能永远处于这样澹然虚静的状态，总是由于具体的事情而有喜怒哀乐之情。如果仅仅"率性而为"，则有可能导致社会的混乱，所以也就存在着是否合乎社会规范的问题。如果能够导致社会的和谐与发展，那自然就是正确的行为，所以称之为"达道"。人类社会制定礼仪规范的目的，就是为了消除各种纷争，尽可能促进人类的和谐。《论语》中说"礼之用，和为贵"，讲的就是这个意思。所以这里把"中"称之为"大本"，讲的是"天道"，也就是天下万事万物的根本；把"和"称之为"达道"，讲的是"人道"，实际上是人类社会的通行规则。同时，喜怒哀乐"发而皆中节"中间的"中节"，则说明由"天道"过渡到"人道"时"修道"的重要性。由此可见，"中和"作为"大本""达道"，体现出来的天道在"圣人"身上的基本表现形态，应该是真正的"天人合一"的状态。如此高调的理论，在儒家看来，凡夫俗子是很难彻底掌握的。因此，对于大多数人来说，即使是想成为"圣人"的修行者，在追求成圣的过程当中，也很难真正达到"天人合一"的理想状态。他们能做的，则是尽可能把体会出来的"中和"原则应用到日常生活中，也就是下文反复提到的"中庸之道"——君子之道。

【原文】

致①中和，天地位②焉，万物育③焉。

【注释】

① 致：到，达到。

② 位：各得其位、秩序井然。

③ 育：生长、发育。

【译文】

达到了"中和"的境界，天地便各得其位，万物便繁荣昌盛。

【品鉴】

这一句话，是宣说"中和之道"的效果和妙用。"中和之道"成就了"圣人"的境界，也就是真正实现了天人合一的理想状态。在这个理想的状态中，天地各得其位，万物相育不害，真真正正是一个"和谐的世界"！

朱熹认为，这一章是"子思述所传之意，以立言。首明道之本原出於天，而不可易；其实体备于己，而不可离。次言存养省察之要。终言圣神功化之极。盖欲学者於此，反求诸身而自得之，以去夫外诱之私，而充其本然之善。……其下十章盖子思引夫子之言，以终此章之义。"尽管朱熹的解说具有明显的宋明理学的特点，但肯定《中庸》所讲实乃修身之"实学"，当属不谬。从这一章对修行"中和"的方法的规定可以看出，"知天道""行天道""为政""为圣"四个方面，是紧紧围绕"慎独""中节"展开的分析。同时，"知天道""行天道""为政""为圣"四个方面，每一个都体现着"道也者，不可须臾离也"的基本思想。

第二章 时 中

【原文】

仲尼①曰:"君子中庸②,小人反中庸③。君子之中庸也,君子而时中④;小人之中庸也⑤,小人而无忌惮⑥也。"

【注释】

① 仲尼:即孔子,名丘,字仲尼。

② 中庸:动词,实践中和之道。庸,"常"的意思。意思是说,君子能在日常生活中实践中和之道。

③ 反中庸:反向实践,即不按照中和之道行事,喜怒哀乐之发不能"中节"。反,反向,相反。

④ 时中:根据具体情况实践中和之道。时,具体时间、具体情况。中,中正、中和。

⑤ 小人之中庸也:应为"小人之反中庸也"。

⑥ 忌惮:顾忌和畏惧。意思是说小人只知道率性而为,但不明白要"发而皆中节"。

【译文】

孔子说："君子能够在日常生活中实践中和之道，小人则相反。君子之所以被称之为实践中庸之道，是因为君子能够因时因地实践中和之道；小人所实践的，则是不合规矩，因为小人肆无忌惮，爱走极端。"

【品鉴】

从本章开始，经文申述"知天道"的问题。

如上所述，中和之道属于天道，中庸之道属于人道。在具体的人生实践中，儒家认为应该体现天道，这就是天人合一。按照《大学》中格物、致知、诚意、正心、修身、齐家、治国、平天下等八条目的顺序，诚意以下，均属于道德和政治实践，但实践的基础还是建立在认知的基础上，也就是格物致知。对于天道，如果没有明确的认识，如何谈得上实践呢？

那么，天道的内容究竟是什么呢？这里首先借助于君子与小人的对立，认为君子是能够实践中庸之道的人，小人则是不能够实践中庸之道的人，所谓的"反中庸"，就是与君子能够实践中庸之道相反的意思。郑玄认为这里的"反中庸者，所行非中庸，然亦自以为中庸也"。接着，经文又提出了一个"时中"的概念，认为"时中"应该是中庸之道的应有之意。"时中"就是随时能处其中、无过无不及的意思。人生在世，面临的问题复杂多变，时代不同、情况不同。《孟子》中记载的嫂子快要淹死的时候小叔子不拘泥于男女授受不亲的教条而伸手施救的故事，就是一个权变"时中"的例子。可见，"时中"就是要求人根据具体的时间、地点、情况等条件做到恰到好处，如宋玉《登徒子好色赋》所描绘的大美人："增之一分则太长，减之一分则太短；著粉则太白，施朱则太赤。"所以，君子的"时中"，不仅要体现出变通，而且还要体现出原则，要把原则的坚定性与方法的灵活性结合起来。舜当年没有经过父母的同意而娶妻、周公当年断然讨伐管叔、蔡叔，正是"时中"的体现。但有些人仅仅看到君子在方法上的灵活性，而没有看到君子在原则上的坚定性，于是不知忌惮，肆意妄行，那就是"小人"所理解的"中庸"。不知道中庸之道的真意，怎么可能会采取正确的行动呢？项羽不知"时中"，攻陷咸阳后没有及时建国立业，反而一把火烧了咸阳，最终演变出一曲霸王别姬的绝唱。刘邦建国之后也是不知"时中"而贸然出击匈奴，导致被困平城，险些做了匈奴的俘虏。后来吸取经验教训，了解各方面的情况后果断采用娄敬的建议，与匈奴和亲，终于使边境地区获得了较长时期的安宁。这也应该是"时中"的表现。

朱熹定此章为第二章，并指出："此下十章，皆论中庸以释首章之义。文虽不属，而意实相承也。变和言庸者，游氏曰：以性情言之则曰中和，以德行言之则曰中庸是也。然中庸之中，实兼中和之义。"

第三章 鲜 能

【原文】

子①曰:"中庸其至矣乎②!民鲜能久矣③!"

【注释】

① 子:这里指的是孔子。

② 中庸其至矣乎:中庸这个东西大概太难了。其,这个。一说是"岂"的假借字。至,最高、至极。矣乎,感叹词。

③ 民鲜能久矣:朱熹认为中庸至难,民已久不能行。郑玄认为中庸至难,民不能长久坚持。民,一般人。鲜(xiǎn),少,不多。

【译文】

孔子说:"中庸这个东西大概是太难了!一般人很少有能够长期坚持下去的!"

【品鉴】

《论语·雍也》中的原话是:"子曰:中庸之为德也,其至矣乎,民鲜久矣!"所以有些学者认为子思在引用孔子原话的时候,是有所改动的。还有人认为"其至"应当是"岂至",是说中庸之道难道真的高不可攀吗?

朱熹认为:"过则失中,不及则未至,故惟中庸之德为至。然亦人所同得,初无难事,但世教衰,民不兴行,故鲜能之,今已久矣。"正因为它是最高的德行,最高的道德标准,所以很少有人能够真正实行它。如果进一步追问,为什么人人能行的中庸之道,却很少有人能够长期坚持下去呢?一个重要的原因,就是不知道中庸之道的真正意义。比如我们总是要求人们"大公无私",但很少有人能够做到。后来我们提出兼顾"国家、集体、个人"三方面利益的时候,才明白了切实可行的方法。可见,知之不明,决然难行。

第四章　行　明

【原文】

子曰:"道①之不行②也,我知之矣:知者过之,愚者不及③也。道之不明④也,我知之矣:贤者过之,不肖者不及⑤也。人莫不饮食也,鲜能知味也。"

【注释】

① 道:即中庸之道。

② 不行:不能付诸实践。

③ 知者过之,愚者不及:智者对于中庸之道,知道、了解得太过而不能付诸实践;愚者对于中庸之道又因为了解得太少、甚至不了解而不能实践。知者,即智者,与愚者相对,指聪明、智慧超群的人。知,同"智"。智、愚,是基于才能、能力上的定性。过,过分、过头。不及,不够、有差距。

④ 不明:不能彰显于世。

⑤ 贤者过之,不肖者不及:贤者一味地实践中庸之道,而不能让人明白中庸之道的道理;不肖之徒常常不能实践中庸之道,更不能彰显中庸之道的道理。不肖者,与贤者相对,指不贤的人。贤、不肖,

是基于道德上的定性。

【译文】

孔子说:"我知道中庸之道不能实行的原因在于:所谓的'聪明'人对于中庸之道,知道、了解得太过而不能付诸实践;愚蠢的人对于中庸之道又因为了解得太少、甚至不了解而不能实践。我知道中庸之道不能彰显于世的原因在于:所谓'贤能'的人一味地实践中庸之道,而不能让人明白中庸之道的道理;不肖之徒常常不能实践中庸之道,更不能彰显中庸之道的道理。就像人们每天都要饮食,但却很少有人能够真正品尝出滋味一样。"

【品鉴】

本章承接上章之意,进一步解说"民鲜能行"的具体表现,实际上还是讲"过"与"不及"的问题。"道之不行"与"道之不明"两个方面,正是要解释上一句话中的"民鲜能行"。

需要注意的是,"道之不行"后面所阐述的是"知(智)者""愚者";"道之不明"后面所对应的是"贤者"与"不肖者"。

我们知道,智、愚是从人的知识、能力等智性层面做出的判断。如果说天资不足的愚者不能实践"时中"还可以理解的话,那么天资超群的"智者"又为什么不能实践"时中"呢?因为他们还是不知道"时中"的真正含义,所以他们的"智",并不是真正的"智",因为他们缺少德性的内涵,或者至少对人生之常态的认识出现了偏差。所以这里的"智者",并不是儒家心目中的"智者",而是世人所谓的"智者"或自封的"智者"而已。佛教、道教中的释迦牟尼、老子以及历代得道僧人、道士,都是天资超群的"智者"。但在儒家看来,佛教和道教的追求,都不是人生的常态。因此，不管佛道把"空"或者"无"的概念讲得多么深刻，在儒家看来都是有所偏差的。即使是不少西方哲学家，也认为中国哲学偏重于人伦日用，缺少本体式的高明思想，这其实也是基于他们对儒家的"时中"思想的真意缺乏透彻了解的结果。缺乏了解，自然就不能真正实践"时中"的原则。这些都属于"知者过之"所导致的"道之不行"的问题。

另一方面，贤、不肖则是从道德修养等德行层面做出的判断。如果说"不肖者"不明白"时中"的道理还可以理解的话，为什么又说"贤者"也不明白"时中"的道理呢？实际上，这里的"贤者"如同上面提到的"智者"一样，也不是儒家心目中的"贤者"。不管是世俗社会中人的称谓，还是自封，所谓的"贤人"，仅仅认可他们自以为是正确的道德原则，是不能真正认识"时中"真意的。而且，"贤者"最大的问题，是偏重于行动，而忽视对于道理的学习。元代胡炳文在《四书通》中也说："知者知之过，以为道不足行，是不仁也；贤者行之过，以为道不足知，是不知也。"这些都属于"贤者过之"所导致的"道之不明"。

正因为上述四种人要么太过、要么不及，所以，他们总是不能做得恰到好处。而无论是过还是不及，无论是智还是愚，或者说，无论是贤还是不肖，都是因为缺乏对"道"的了解，因而缺乏实践"中庸之道"的自觉性。正如人们每天都在吃吃喝喝，却很少有人真正地品味生活一样，人们虽然也在按照一定的道德规范行事，但由于自觉性不高，在大多数情况下不是做得过了头就是做得不够，难以达到"中和"的状态。

朱熹在解说这一章的时候指出："道者，天理之当然，中而已矣。知愚贤不肖之过不及，则生禀之异而失其中也。知者知之过，既以道为不足行；愚者不及知，又不知所以行，此道之所以常不行也。贤者行之过，既以道为不足知；不肖者不及行，又不求所以知，此道之所以常不明也。"不过这种解说依然显得不够清晰。元代胡炳文在《四书通》中说得十分明白："此章分道之不行、不明，而下章即舜之知，言道之所以行；即回之贤，言道之所以明。"可见，本章在《中庸》中具有承上启下的作用。

第五章 不 行

【原文】

子曰:"道其①不行矣夫②!"

【注释】

① 其:助词,表示推测。
② 矣夫:叹词,啊,吧。

【译文】

孔子说:"中庸之道大概很难实行啊!"

【品鉴】

郑玄认为:"闵无明君教之。"朱熹认为:"由不明,故不行。此章承上章而举其不行之端,以起下章之意。"其实,天道自在自为,怎么能说"不行"呢?可见,不行的"道"不是天道,而是天道在人间的体现,尤其表现为天道在人间的幽暗不明。换句话说,孔子在这里所感叹的,依然是"不知天道"。

但是,孔子的感叹,并不是无奈的表示,相反,体现了圣人悲天悯人的淑世情怀。圣人知道人间有正道,圣人也知道仅仅是由于人们不知道、不明白"天道"而不能奉行它,那么圣人应该如何做呢?孔子奉行的原则是"明知其不可而为之"的刚毅精神,孟子要"吾善养吾浩然之气"以便造就"富贵不能淫,威武不能屈,贫贱不能移"的"大丈夫"。悲心越大,行为就会越坚定。正因为"道之不明""道之不行",圣人才要"大知""大行",从修身做起,才能进一步齐家、治国、平天下!

第六章　大　知

【原文】

子曰："舜①其大知②也与③！舜好问而好察迩言④，隐恶而扬善⑤，执其两端⑥，用其中⑦于民。其斯以为舜乎⑧！"

【注释】

① 舜：传说中父系氏族社会后期的部落联盟首领，姓姚，有虞氏，名重华，史书上常常称之为虞舜。

② 大知：恰当、准确的知。这里的"大知"，不同于上文中"知者过之"的知。

③ 也与：语气词连用，表示感叹。

④ 迩言：浅近的话。迩，近。

⑤ 隐恶而扬善：包容、隐藏恶行，表扬、称赞善行。隐，隐藏、不宣传。

⑥ 执其两端：把握事物的两个极端。两端，过与不及。

⑦ 中：中和、合适。

⑧ 其斯以为舜乎：这就是舜之所以为舜的地方吧！其，语气词，表示推测。斯，这。"舜"字的本义是仁义盛明，所以孔子有此感叹。

【译文】

孔子说:"舜可真是具有大智慧的人啊!他喜欢虚心向人请教,又善于分析别人浅近话语里的含义。听到不合理的恶言坏行便隐藏起来,大力宣扬合理的善言善行。对于事物发展过程中的两个极端,他都能了解、掌握,并能采纳适中的方法应用于治理百姓。这就是舜之所以为舜的原因吧!"

【品鉴】

上一章感叹"道之不行",这一章就举例说明什么是真正的知——"大知"。

朱熹认为:"舜之所以为大知者,以其不自用而取诸人也。迩言者,浅近之言,犹必察焉,其无遗善可知。然于其言之未善者则隐而不宣,其善者则播而不匿,其广大光明又如此,则人孰不乐告以善哉。两端,谓众论不同之极致。盖凡物皆有两端,如小大厚薄之类,于善之中又执其两端,而量度以取中,然后用之,则其择之审而行之至矣。然非在我之权度精切不差,何以与此。此知之所以无过不及,而道之所以行也。"

众所周知,早已实践了儒家"时中"的精神和原则的舜,正是源于"知道",并在此基础上奉行中庸之道而取得巨大成就的一个圣人。所以孔子赞叹"舜其大知也与"!因此,舜的"大知",不同于前面提到的知者、贤者"过之"的"知"。舜是如何"知道"的呢?方法非常简单!"喜欢虚心向人请教,又善于分析别人浅近话语里的含义",就是这么简单的方法,舜从切近处入手,掌握了中庸之道!可见"道不离人",中庸之道并不是遥不可及的日月星辰,实际上就存在于人伦日用之间。如果用心体会,每个人都可以体会得到。

而且,舜明白了天道或中庸之道以后,他更能将其运用到人伦日用之间，即隐恶扬善，执两用中。他可以把不合理的恶言坏行隐藏起来，把合理的善言善行进行大力宣扬。这样做，既是不偏不倚、无过无不及的中庸之道，又是杰出的领导艺术。要真正做到，当然得有大智慧。因为要做到执两用中，不仅要有对于中庸之道的自觉意识，要有丰富的经验和过人的识见，而且还要有博大的胸襟和宽容的气度以隐恶扬善。所以，舜有大智，也有大仁，正因为如此，舜才成了伟大的圣王，才成了万世的楷模！这是儒家心中的大智慧。

第七章 予　知

【原文】

子曰:"人皆曰'予①知②',驱而纳诸③罟擭陷阱④之中,而莫之知辟⑤也。人皆曰'予知'。择⑥乎中庸,而不能期月⑦守也。"

【注释】

① 予:我。

② 知:同"智",明智。

③ 诸:之于。

④ 罟擭陷阱:祸害、牢笼。罟(gǔ),捕捉野兽的网。擭(huò),装有机关的捕兽木笼。陷阱,捕捉野兽的地坑。

⑤ 辟(bì):同"避",躲避。

⑥ 择:选择,含有仔细审查的意思。

⑦ 期月(jī):一整月。

【译文】

孔子说:"人人都说自己聪明,可是被驱赶到罗网陷阱中去却不知躲避。人人都说自己聪明,可是选择了中庸之道却连一个月的时间都不能谨守。"

【品鉴】

　　承接上文，从反面再次论述"知"的层次问题。一般人所谓的"知"，并不是真正的"知"，而仅仅是小聪明。俗语说聪明反被聪明误，自以为聪明的人，总是会走极端，不能够适可而止。不仅不合乎中庸之道，反而往往自投罗网而自己却还不知道。这样的"知"其实是很可悲的。

　　或者层次稍微高一点的是，虽然知道适可而止的好处，知道选择中庸之道作为自己立身处世的原则，但好胜心难以满足，往往会在不知不觉中又放弃了适可而止的初衷，背离了中庸之道。就像孔子所惋惜的那样，连一个月都不能坚持住。这样的"知"，就像"行百里者半九十"一样，也不是"真知"。

　　上章正说舜"大知"，因此能行中庸之道；本章反说愚蠢的人自以为知却不知规避祸害，因此不能施行中庸之道。上下两章一正一反，在跌宕起伏的行文中，告诫人们知道中庸之道真正含义的重要性。

第八章 服 膺

【原文】

子曰:"回①之为人也,择乎中庸,得一善②,则拳拳③服膺④而弗失之矣。"

【注释】

① 回:指孔子的学生颜回。
② 得一善:中和的道理,意思是说"发而皆中节",因为善恶的评价标准,要从是否中节来判断。
③ 拳拳:牢牢握着不舍弃的样子,引申为恳切。
④ 服膺:牢记在心。服,著,放置。膺(yīng),胸口。

【译文】

孔子说:"颜回这个人做事情,能够三思而行,一旦选择了中庸之道,哪怕是中庸之道中的一点点,他都能够牢牢地把它放在心上,再也不让它失去。"

【品鉴】

　　本章继续申述"知天道"的问题，前面讲了舜的"大知"，这里讲颜渊的"大知"，同时也是针对前一章提到的那些不能坚持中庸之道的人而说的。

　　朱熹在注解本章的时候认为："奉持而著之心胸之间，言能守也。颜子盖真知之，故能择能守如此，此行之所以无过不及，而道之所以明也。"作为孔门的高足，颜回经常被老师推荐为大家学习的榜样，在学习、实践中庸之道方面也不例外。择乎中庸，是知；得一善则拳拳服膺而弗失，是仁。颜渊之所以能够坚持实践中庸之道，正在于他真正知道中庸之道的内涵与价值。"知之深，爱之切"，只有从内心深处真正了解中庸之道的奥妙，才能在行动中固守中庸之道，颜渊就是这样一个典范。

第九章　可　均

【原文】

子曰："天下国家可均①也，爵禄②可辞③也，白刃可蹈④也，中庸不可能也。"

【注释】

① 均：即平，指平定治理。

② 爵禄：爵位、俸禄，指名誉、地位、薪水。爵（jué），周代按照功劳的大小、地位的高低分为公、侯、伯、子、男五等爵位。禄，官吏的薪俸。

③ 辞：推辞、辞让，这里是放弃的意思。

④ 蹈：踩、踏。

【译文】

孔子说："天下国家可以治理，官爵俸禄可以放弃，雪白的刀刃也可以踏过，但中庸，却是人们不容易真正了解，不容易真正做到的。"

【品鉴】

舜之"大知"、颜渊之"大知"，已经充分说明中庸之道虽不离人伦日用，但真正能够充分了解中庸的真意、能够不折不扣地实践中庸的人，并不多见。所以本章继续申述中庸之难。

治理天下国家、放弃官爵俸禄、踏过雪白的刀刃，不论是知之还是行之，对于一般人来讲都是比较困难的事情。孔颖达认为："言在上诸事，虽难犹可为之，唯中庸之道不可能也。为知者过之，愚者不及，言中庸难为之难也。"宋代的程颢在《中庸解》中也说："此章言中庸之难能。均，平治也。一事之能，一节之廉，一朝之勇，有志者，皆能之。久于中庸，惟圣人能之。"朱熹也说："三者亦知仁勇之事，天下之至难也，然不必其合于中庸，则质之近似者皆能以力为之。若中庸，则虽不必皆如三者之难，然非义精仁熟，而无一毫人欲之私者，不能及也。三者难而易，中庸易而难，此民之所以鲜能也。"

事实上，一般人对中庸的理解往往过于肤浅，看得比较容易。即使是赴汤蹈火之事，出于一时之气，人们也不难做到。中庸之道是常态，存在于日用饮食之间，人人都应该能够做到。常人之所以难以做到，是因为常人不了解人生常态的意义与价值。其实，人类生存的常态，才是最宝贵的。中庸之道正是对于人类生存常态的最好说明。如果遵从中庸之道，即使不会使你一下子成为耀眼的明星，不会使你立刻赢得世人的惊叹，但长期坚持下去，会使你养成温润如玉的品格，使个人的心灵充实、安详，家庭成员也会和睦相处，放大到国家天下，也同样会受到世人永久的爱戴与尊敬，舜和颜渊就是这样的典范。

可见，本章所说，正是孔子针对中庸之难的情况有感而发，所以把中庸之道推到了比赴汤蹈火、治国平天下还难的境地。本章运用反衬的手法，说明了解中庸之道的真意、长久实践中庸之道的困难，其目的是想引起人们对中庸之道的高度重视。

第十章 问 强

【原文】

　　子路①问强②。子曰:"南方之强与③?北方之强与?抑④而⑤强与?宽柔⑥以教,不报⑦无道⑧,南方之强也,君子居之。衽金革⑨,死而不厌⑩,北方之强也,而强者居之。故君子和而不流⑪,强哉矫⑫!中立而不倚⑬,强哉矫!国有道⑭,不变塞⑮焉,强哉矫!国无道,至死不变⑯,强哉矫!"

【注释】

　　①子路:名仲由,鲁国人,孔子的学生,好勇。

　　②强:刚强,坚强。

　　③与:疑问语气词。

　　④抑:选择性连词,意为"还是"。

　　⑤而:代词,你。

　　⑥宽柔:宽厚、温柔。

　　⑦报:报复。

　　⑧无道:不讲道理。

　　⑨衽金革:睡卧在兵戈甲胄上。衽(rèn),卧席,此处用作动词。

金，指铁制的兵器。革，指皮革制成的甲盾。

⑩ 死而不厌：死而不悔的意思。厌，厌恶、后悔。

⑪ 和而不流：性情平和又不随波逐流。流，随波逐流。

⑫ 强哉矫：赞许之辞，坚强的样子，含有"卓然出众"的意思。

⑬ 中立而倚：立于正道，不偏不倚。

⑭ 有道：政治清明，天下太平。

⑮ 不变塞：郑玄认为"塞"作"实"讲，虽富贵但不改变其实质。朱熹认为"塞"作"不通"讲，虽已富贵但不改变穷困时候的操守、志向。

⑯ 国无道，至死不变：天下无道的时候，坚守自己的操守，虽死不变。

【译文】

子路问"强"的意思。孔子说："你要问的是南方的强呢？是北方的强呢？还是你自己的强呢？用宽容柔和的精神去教育人，尽管别人对自己蛮横无理也不报复，这是南方的强。品德高尚的人，就具有这样的强的品质。用兵器甲盾当枕席，即使战死，也毫无惧怕、后悔之意，这是北方的强。勇武好斗的人就具有这种强的品质。所以，品德高尚的人对人和蔼可亲而又不随波逐流，这才是真正的强啊！保持中立而不偏不倚，这才是真正的强啊！国家政治清平的时候，虽富贵，也不改变穷困时候的操守和志向，这才是真正的强啊！国家政治黑暗的时候，能够坚持操守，宁死不变，这才是真正的强啊！"

【品鉴】

本章以"强"为例，说明即使是极为平常的"强大"这种情况，不同的人也有不同的标准，不仅说明了身体力行的"强大"的表现不同，而且也揭示了人们对于"强大"的理解的困难。尽管南方之强、北方之强都是强，但在孔子看来，这些都不是"强"的真正意义。"强"的真正意义，应该从道德的角度来界定。

子路是孔子的弟子，好勇。当他听说孔子赞美颜回能择"中庸"而说子路好"强"的时候，就问孔子"强"中是否也兼有中庸？什么样的"强"才算是真正的"强"？孔子并没有直接回答，而是反问他：你问的究竟是哪一种强？并以北方之强、南方之强、子路之强三者启发子路进行思考。孔子教育人，善于采用启发式教学。在子路进行思考的过程中，他又循循善诱，分析南方之强与北方之强的特点与精神，最后再点出君子奉行的"强"应该是"和而不流"。孔颖达认为："不为南北之强，故性行和合而不流移，心行强哉，形貌矫然。"朱熹也认为："此四者，汝之所当强也。……国有道，不变未达之所守；国无道，不变平生之所守也。此则所谓中庸之不可能者，非有以自胜其人欲之私，不能择而守也。君子之强，孰大于是。夫子以是告子路者，所以抑其血气之刚，而进之以德义之勇也。"

子路性情鲁莽，勇武好斗，所以孔子教导他：君子之强应该是和而不流，柔中有刚，始终体现中庸之道的，同时还体现为对自己信念的坚守。正如《论语·子罕》中所说的："三军可夺帅也，匹夫不可夺志也。"可见，本章所讲，没有偏离"中立而不倚"的中庸之道，从"知道"的角度，进一步彰显出中庸之平常与难能可贵。

第十一章 素 隐

【原文】

子曰:"素隐行怪①,后世有述②焉,吾弗为③之矣。君子遵道④而行,半途而废,吾弗能已⑤矣。君子依乎中庸,遁世⑥不见知⑦而不悔,唯圣者能之。"

【注释】

① 素隐行怪:故意避世、行为怪异,以欺世盗名。素,据《汉书》,应为"索"。隐,隐僻。怪,怪异。

② 述:记述。

③ 为:做。

④ 遵道:按照中庸之道。

⑤ 已:中止,停止。

⑥ 遁世:隐遁于世,避世,引申为终身的意思。

⑦ 见知:被了解。见,被。

【译文】

孔子说:"故意隐避于世,做出怪诞的事情来欺世盗名,后世也许会为他立传，但我是绝对不会这样做的。有些所谓的品德不错的人按照中庸之道去做，但是半途而废，不能坚持下去，而我是绝不会停止的。真正遵循中庸之道的君子，即使一生默默无闻不为人知也绝不懊悔，这只有圣人才能做得到。"

【品鉴】

钻牛角尖，行为怪诞，这些出风头、走极端、欺世盗名的行为根本不符合中庸之道的规范，是圣人所不齿的。找到正确的道路，走到一半又停止了下来，这也是圣人所不欣赏的。唯有正道直行，一条大路走到底，这才是圣人所赞赏并身体力行的。所以，"路曼曼其修远兮，吾将上下而求索"，这才是圣人所赞赏的精神。

孔颖达认为："此一节论夫子虽隐遁之世，亦行中庸。又明中庸之道，初则起于匹夫匹妇，终则遍于天地。素隐行怪后世有述焉者，素，乡也。谓无道之世，身乡幽隐之处，应须静默。若行怪异之事，求立功名，使后世有所述焉。吾弗为之矣者，耻之也。如此之事，我不能为之，以其身虽隐遁而名欲彰也。……君子遵道而行，半涂而废者，言君子之人，初既遵循道德而行，当须行之终竟。今不能终竟，犹如人行于道路，半涂而自休废。废，犹罢止也。吾弗能已矣，已，犹止也。吾弗能如时人半涂而休止，言汲汲行道无休已也。……君子至能之，言君子依行中庸之德，若值时无道隐遁于世，虽有才德，不为时人所知，而无悔恨之心，如此者非凡人所能，唯圣者能然。若不能依行中庸者，虽隐遁于世，不为人所知，则有悔恨之心也。"朱熹也说："索隐行怪，言深求隐僻之理，而过为诡异之行也。然以其足以欺世而盗名，故后世或有称述之者。此知之过而不择乎善，行之过而不用其中，不当强而强者也，圣人岂为之哉！遵道而行，则能择乎善矣；半涂而废，则力之不足也。此其知虽足以及之，而行有不逮，当强而不强者也。已，止也。圣人于此，非勉焉而不敢废，盖至诚无息，自有所不能止也。不为索隐行怪，则依乎中庸而已。不能半涂而废，是以遁世不见知而不悔也。此中庸之成德，知之尽、仁之至、不赖勇而裕如者，正吾夫子之事，而犹不自居也。故曰唯圣者能之而已。"

本章承前文论述中庸之道，讲了三个层次的问题，似有小结之意。首先讲素隐行怪之人，行为太过，有悖于中庸之道，原因是这些人根本不知道什么是中庸之道；其次讲半途而废之人，尽管他们也被称之为"君子"，但他们显然不是真正的君子，因为他们实践中庸之道的行为"不及"，而且他们不能长久坚持、奉行中庸之道，原因就在于这些人对中庸之道的了解有限，并没有彻底把握中庸之道的真意，所以也不符合中庸之道；最后鼓励人们"依乎中庸，遁世不见知而不悔"才是人生常态，能做到这样才能算是真正知道"中庸之道"的真意，才能被称之为真正的"君子"！

以上几章，从各个方面引述孔子的言论，反复申述"知天道"，为下文"行天道"——弘扬中庸之道，打下了比较坚实的基础。儒学是安身立命的学问，不仅仅是一个"说法"，更重要的还是一种"活法"，是为人们提供生活方式、思维方式的学问。所以，《中庸》讲了"知天道"以后，就要展开对于"行天道"的全面分析。这是下面八章所要分析的重点。

第十二章 费 隐

【原文】

君子之道①费②而隐③。

【注释】

① 君子之道：指中庸之道。但此处说"君子之道"而不说"中庸之道"，显示出这里所讲的主要是人道。
② 费：广大，指中庸之道的作用广大无涯。
③ 隐：精微，指中庸之道的本体精细微妙。

【译文】

中庸之道作用广大，而其本体却又细微精妙。

【品鉴】

在《中庸》中，这是第一次明确使用"君子之道"这句话。按照我们的理解，这一章恰恰是开始申述中庸之道在人生实践和社会实践中应用的问题，也就是所谓的"行天道"的问题。

朱熹认为这一章是"子思之言，盖以申明首章道不可离之意也。其下八章，杂引孔子之言以明之。"就是说这一章的主旨，表面上看是另起炉灶，但实际上是对第一章"道也者，不可须臾离也，可离非道也"进行阐发，以下八章都是围绕这一中心而展开的。"道"是如何表现出"不可须臾离"的？"道"在什么地方表现出这种特征呢？显然离不开具体的实践过程。所以在这一句话中，非常明显地把"费"字放在了前面。

"费"字，在古汉语中主要表示财富使用的意思，后来又引申为浪费、消耗的意思。在《中庸》中，大家一般认为指的是中庸之道的作用普遍、广大。财富的使用，体现在生活中的每一分钟，无论古今中外，只要有人生活的地方，都能体会到财富的巨大作用。但如何创造财富，如何使用财富，却有精妙的道理，那就是"隐"的方面。君子之道，也就是在社会生活中真正付诸实践的中庸之道，就像财富的创造、使用一样，始终体现在日常生活中，作用广大但又不容易被彻底掌握。就像下象棋，知道下棋规则而且棋瘾大得不可思议的人很多，可要成为一名真正的棋手，就不那么容易了。

【原文】

夫妇①之愚②，可以与知③焉，及其至④也，虽圣人亦有所不知焉。夫妇之不肖⑤，可以能行⑥焉，及其至也，虽圣人亦有所不能焉。天地之大也，人犹有所憾⑦。故君子语大⑧，天下莫能载焉；语小，天下莫能破⑨焉。《诗》云："鸢飞戾天⑩，鱼跃于渊。"言其上下察⑪也。

【注释】

① 夫妇：朱熹认为是指夫妻；郑玄认为是指普通男女。从上下文看，应该是指夫妻。

② 愚：与"智"相对，从能力上讲，愚笨。

③ 与知：参与了解。与，动词，参与。

④ 至：最，极致，这里指中庸之道最细微精妙的地方。

⑤ 不肖：与"贤"相对，从道德上讲，没有好的道德修养。

⑥ 能行：能够实践。

⑦ 憾：遗憾、不满意。

⑧ 大：指中庸之道的伟大之处。

⑨ 破：分开，引申为剖析。

⑩ 鸢飞戾天，鱼跃于渊：引自《诗经·大雅·旱麓》。鸢（yuān），老鹰。戾（lì），到，到达。渊：深潭。

⑪ 察：昭著，明显。

【译文】

即使比较愚昧的夫妻，也可以体会、了解中庸之道。至于中庸之道的最细微精妙的地方，即便是圣人也有弄不清楚的地方。即使是不够贤明的夫妻，也可以实行浅近的中庸之道。至于中庸之道的最细微精妙的地方，即便是圣人也有做不到的地方。天地如此之大，但人们对天地仍有不满意的地方。所以，君子对于中庸之道，说到它的伟大作用，就是整个天下都装不下；说到它的细微精妙之处，天下没有什么东西可以用来说清楚的。《诗经》中说："老鹰飞向天空，鱼儿跃入深渊。"说的就是中庸之道上天入地的普遍性。

【品鉴】

这一节进一步说明"君子之道，费而隐"的道理。

孔颖达认为："夫妇之愚可以与知焉，言天下之事，千端万绪，或细小之事，虽夫妇之愚，偶然与知其善恶，若刍荛之言有可听用，故云与知。及其至也虽圣人亦有所不知焉者，言道之至极，如造化之理，虽圣人不知其所由，故云及其至也虽圣人亦有所不知焉。夫妇之不肖，可以能行焉，以行之至极故也。前文据其知，此文据其行，以其知、行有异，故别起其文。但知之易，行之难，故上文云夫妇之愚。行之难，故此经云夫妇之不肖。不肖胜於愚也。及其至也虽圣人亦有所不能焉者，知之与行之皆是至极，既是至极，故圣人有不能也。"朱熹则指出："君子之道，近自夫妇居室之间，远而至于圣人天地之所不能尽，其大无外，其小无内，可谓费矣。然其理之所以然，则隐而莫之见也。盖可知可能者，道中之一事，及其至而圣人不知不能。则举全体而言，圣人固有所不能尽也。侯氏曰：圣人所不知，如孔子问礼问官之类；所不能，如孔子不得位、尧舜病博施之类。"对于最后的《诗经》引文，朱熹认为："子思引此诗以明化育流行，上下昭著，莫非此理之用，所谓费也。然其所以然者，则非见闻所及，所谓隐也。故程子曰：此一节，子思吃紧为人处，活泼泼地，读者其致思焉。"

　　君子之道的作用之大，可以从切近处入手，特别是可以从百姓的日常生活中得到理解和说明。因为道不可须臾离开，所以，道就应该有普遍的适应性，应该"放之四海而皆准"，不仅匹夫匹妇可以了解、学习，而且可以实践。但凡人对于天道的知与行，与圣人相比，还是有一定距离的。不过在《中庸》的作者看来，即使是圣人，要想彻底了解天道、彻底实践天道，也会是"有所不知""有所不能"。只要是人，不管多么愚笨，都是可以学习、了解中庸之道的；只要是人，不管多么不道德，也都可以在一定程度上实践、奉行中庸之道。这就是君子之道的作用所在。后面的"及其至也"四个字，则揭示出了君子之道的细微精妙之处，即使是圣人也会"有所不知""有所不能"，这就是"隐"的方面。

然后以一句"天地之大也,人犹有所憾"作为过渡,引申出"语大,天下莫能载焉;语小,天下莫能破",从而进一步说明君子之道的普遍性与深刻性。大而无所不在,正是君子之道普遍性的反映;小而无人能破,正是君子之道细微精妙的表现。不过,知道是一回事,一般性地实践是一回事,要进入其高深的境界又是另一回事了。比如唱歌,卡拉OK谁都可以来上几句,但要唱出歌星一般的水平可就是另一回事了。凡事都有一知半解与精通的区别,匹夫匹妇与"圣人"的分别也就在这里。但不管如何,每一个层次的人,都有"行天道"与"知天道"的能力。至于知到哪里、行到哪里,或是像老鹰那样飞向高空、鱼儿那样游在潭底,或是像麻雀、蜻蜓那样在低空盘旋,虽然差别十分明显,但都可以从当下做起,开始学习、实践君子之道。

【原文】

君子之道,造端①乎夫妇,及其至也,察乎天地。

【注释】

① 造端:开始、开端。

【译文】

君子中庸的道理,是从夫妻之间浅近的道理开始的,但推究到它最细微精妙的地方,就能够洞察天地间的一切事物。

【品鉴】

孔颖达解释说:"君子之道,造端乎夫妇者,言君子行道,初始造立端绪,起于匹夫匹妇之所知所行者。及其至也察乎天地者,言虽起于匹夫匹妇所知所行，及其至极之时，明察于上下天地也。"

本节作为总结，申述君子之道可以从最切近日常生活的夫妻关系入手，由此而推及家庭、朋友、君臣，乃至天地。为什么这么说呢？在人类的各种社会关系中，夫妻关系，具有承上启下的核心价值。父母子女、兄弟姐妹等各种亲缘关系，由于天然的血缘纽带，彼此之间的关爱，几乎出于本能；社会关系，由于缺少了彼此之间血缘亲情的基础，所以需要有一定强制力的礼仪制度、法律条文来维系。按照儒家天下一家的社会理想，国家是家庭的延伸，所以社会伦理与家庭伦理应该具有一定的同构性质。

如何由家庭过渡到社会呢？夫妇关系正是一个转折点。大多数情况下，夫妻之间没有过于紧密的血缘关系，即使有一点儿，也要求在"五服之外"。因此，可以说大多数的夫妇，是没有血亲之爱的两个个体，通过婚姻建构了家庭关系，并进一步通过生育子女维系家族的血缘关系。没有血亲之爱的两个个体，在有了爱情、婚姻的归宿之后，又扮演起巩固血亲之爱的重要角色。因此，如何处理夫妻关系，就具有了一定的社会价值。在一个新建构的家庭中，彼此之间的关系以及每个人的心理特征，错综复杂，既有利益的因素，也有情感的因素，要想处理妥当，应该是很不容易的。一味受鸵鸟心态影响而采取回避策略，并不能解决问题。只有直面人生，积极应对，才可能家庭和谐、万事顺心。就此而言，处理夫妻关系，一定程度上反映了一个人处理社会关系的能力。《大学》中反复引用《诗经》中的诗句，强调"宜其家人""宜兄宜弟"，也正是这个原因。因此，这里说"君子之道，造端乎夫妇，及其至也，察乎天地"。

第十三章 不 远

【原文】

　　子曰："道不远人。人之为道①而远人②，不可以为道。"《诗》③云：'伐柯④伐柯，其则⑤不远。'执柯以伐柯，睨⑥而视之，犹以为远。故君子以人治人⑦，改而止⑧。忠恕⑨违道⑩不远⑪，施诸⑫己而不愿，亦勿施于人。"

【注释】

　　① 为道：修道。

　　② 远人：远离人们。

　　③《诗》：指《诗经·豳（bīn）风·伐柯》。

　　④ 伐柯：砍削斧柄。柯（kē），斧柄。

　　⑤ 则：法则，这里指斧柄的式样。

　　⑥ 睨（nì）：斜视。

　　⑦ 以人治人：用人的心态、想法去治理人，以其人之道，还治其人之身的意思。但这里应该是指正面的意思。

　　⑧ 改而止：如果改变之后能够合乎中庸之道，君子之"治"也就完成了。止，停止，完成。

⑨忠恕：儒家的基本伦理思想。忠，尽己之心。恕，推己及人。

⑩违道：离道。违，离，不一致。

⑪不远：很近。

⑫诸：之于。

【译文】

孔子说："道存在于人们之间，并不远离大家。如果有人修道却故作高深，显得这个道高不可攀，那肯定不是真正的道。"《诗经》说：'砍削斧柄，砍削斧柄，斧柄的式样就在眼前。'握着斧柄砍削一个木头做斧柄，如果你斜眼看去，会觉得两者相差很远，（其实二者很相似）。所以，君子总是根据不同人的情况采取不同的办法治理，只要人们能改正错误，（实行中庸之道），君子的治理工作也就完成了。做到忠恕，离这个中庸之道也就差不远了。（什么叫忠恕呢？）如果强加到自己身上自己都不愿意的事，（由此推想到别人也是不愿意的）那就不要把这种事情施加给别人。"

【品鉴】

孔颖达认为："柯，斧柄也。《周礼》云：柯长三尺，博三寸。则，法也。言伐柯，斫也。柯柄长短，其法不远也，但执柯睨而视之，犹以为远。言欲行其道于人，其法亦不远，但近取法于身，何异持柯以伐柯？人犹以为远，明为道之法亦不可以远。即所不原于上，无以交于下；所不原于下，无以事上。况是在身外，于他人之处，欲以为道，何可得乎？明行道在于身而求道也。"朱熹认为："言人执柯伐木以为柯者，彼柯长短之法，在此柯耳。然犹有彼此之别，故伐者视之犹以为远也。若以人治人，则所以为人之道，各在当人之身，初无彼此之别。故君子之治人也,即以其人之道,还治其人之身。其人能改,即止不治。盖责之以其所能知能行,非欲其远人以为道也。"

道不远人,道就在人的日常行为之中,因此不应该好高骛远。天地间无上的妙道就在人自身,我们有心去求道,许多时候总是找不到法门。其实大多时候,我们都忽视了入道最便捷也最首要的门径,那就是自我本身。就像拿着斧头砍木头,而要做一个斧柄的话,样子、模型就在手里拿着的斧头上。君子在治理家庭、国家的时候,也应该从人情世故出发,不能违逆大多数人的情感,这就是"以人治人",也就是从人普遍的情感、利益需求出发。只有这样,才能达到自己心目中的理想状态。因此,这里引用了孔子关于"忠恕"的思想。

儒家的"忠恕"思想——"己所不欲,勿施于人",最能体现"道不远人""以人治人"的精神。所谓人同此心,心同此理,圣人和我们一样,面对的是同一个世界,面对的是大致相同的问题,因此思考问题的方式也大致相同。就此而言,人在本质上并没有高低的区别,存在着的仅仅是认识天理的先后、快慢等量上的差异。所以,认识、实践君子之道,是可以反躬自省,从自身做起的。这应该是"行天道"的第一步工作。

道是天地间的正道,其存在的价值恰恰是为了人。道家认为,道先天地而生,况乎人类?道先于人类而存在,在《圣经》上也说太初有道,道先于万物而存在,但恰是人类赋予道以精神属性,人类存在后,使万物都打上了人类的精神印记,人类在创造价值,也在享用着价值,道也包含其中。人是万物之一,在天地看来,人与万物等同。因为人是万物之一,这决定了人自身具备了同万物相同的道。换句话说,人自身就是道的源泉,人自身便是道的载体。从人在自身求道的角度看,人的自身便具有挖掘的价值及必要性。而人是万物的主宰,人具备完备的理性及意志。这表明人完全具有认识自我的能力,并掌握了运用道去参悟天地之化育的力量。于是，我们完全应该立足于人自身去探求道。这是十分必要和可行的。若只知向外探求，那真是舍近求远了。向人自身去探求是正确的修养导向。但人的自身是一个复杂的概念，既包括类的整体，又包含单一的个体。探求当然是指全面地探求类与个体。但尤其值得玩味的是一沙一世界。一方面，我们应该关注个体生命的自我，更应将目光投放于自我内在的价值。因为人同此心、心同此理，人性、人心大抵相通，知己则知人。另一方面，天下最易知、最易懂的便是自我之心、自我之性，自己在想什么，自己在渴望什么，只有自己最清楚。因此，探明自己的本心、本性最容易，也最有价值。所谓君子"以人治人、改而止"，就是告诫人要立足于自身。

然而，生命是个复杂的系统，除了物理的肉体，还有多种矛盾交织的精神。个体生命为了生存，为了证明自我存在的价值，为了找寻自我存在的依据，为了较高层次的爱、尊重和更高层次的实现自我价值的渴求终日疲于奔命，自我意识消融于迷茫、焦灼、失望的海洋。事实上，已迷失了本心，已远离了自然，背离了大道。因为个体无穷的欲望与矛盾，无暇去思考天地之道，自我与道隔离，最终人们进入自己预设的陷阱中，思想与生命处于一种无序状态。渐渐地，人们感受到自己的悲哀。这时候，人急需一种禅心去顿悟自己的生命，返回自我，洞察自我的欲望、本性，真正为自己把脉，庖丁解牛般地分析自我，去领悟自身这部机器的规则。之后将其扩展到人性，上升到整个人类的本性及根本规则，这便是道。孟子所谓的"尽其心者，知其性也。知其性，则知天矣。"正是这一思路的体现。其实，心、性、天三位一体。所谓三位指三者有不同的内涵及属性。所谓一体，指三者全系于人自身，准确地说就系于个体本心。我们在洞悉自我本心中了悟自性，在了悟自性后了然天下之道。而"道之大原出于天"，于是，我们也领悟了最高的天。这不仅仅是认识论,也是修养论,孟子为后世儒者指出了一条修身的途径,暗含着中国哲学向内探求的内在超越的路径,其意义及影响是伟大而深远的。

【原文】

"君子之道四①,丘未能一焉:所求②乎子以事③父,未能也;所求乎臣以事君,未能也;所求乎弟以事兄,未能也;所求乎朋友先施之④,未能也。庸⑤德之行,庸言之谨。有所不足,不敢不勉⑥;有余⑦不敢尽⑧。言顾⑨行,行顾言,君子胡不慥慥⑩尔?"

【注释】

① 四:指下文中提到的事父、事君、事兄、对待朋友过程中要求的孝顺、忠诚、敬重、诚信四件事。

② 求:责,要求。

③ 事:侍奉,对待。

④ 所求乎朋友先施之:把要求朋友对待自己的态度,先行用来对待朋友。施,付出。

⑤ 庸:平常。

⑥ 勉:勉励。

⑦ 有余:还有多余的,有潜力的意思。

⑧ 尽:完全做绝。

⑨ 顾:回头看,引申为照顾、顾及。

⑩ 慥慥(zào zào):忠厚诚实的样子。

【译文】

"君子之道有四个方面,我孔丘甚至连其中的一项也没有能够做到:

作为一个儿子应该对父亲做到的孝顺，我没有能够做到；作为一个臣民应该对君王做到的忠诚，我没有能够做到；作为一个弟弟应该对哥哥做到的敬重，我没有能够做到；作为一个朋友应该先于朋友做到诚信，我没有能够做到。平常的道德，应该努力实践；平常的言谈，应该尽量谨慎。所言所行若有不足的地方，不敢不勉励自己要更加努力；所言所行如有余力，也不敢放肆而说尽做绝，要留有余地，照顾到言行一致。言行一致的君子怎么会不忠厚诚实呢？"

【品鉴】

本节以四个方面具体说明"事父""事君""事兄""事友"等具体的"行天道"的表现方式。"道不可须臾离"的基本条件，一是道不远人。一条大道，欢迎所有的人行走，就像马克思主义的理论欢迎所有的人学习、实践，社会主义的大道欢迎所有的人走一样。二是从实际出发，从不同人不同的具体情况出发，使道既具有"放之四海而皆准"的普遍性，又具有能够适应不同个体的特殊性。这就是普遍性与特殊性相结合。既然如此，就不要对人求全责备，而应该设身处地、将心比心地为他人着想，自己不愿意的事，也不要施加给他人。圣贤如孔子，贯彻的还是"忠恕"，我们这些普通人，又有什么理由不实行"中庸"的原则呢？不过这里提出的中庸之道，实际上说的是更为具体的"言行一致"。

第十四章 素 位

【原文】

君子素其位①而行,不愿②乎其外。素富贵,行乎富贵;素贫贱,行乎贫贱;素夷狄③,行乎夷狄;素患难,行乎患难。君子无入④而不自得⑤焉。

【注释】

① 素其位:安于现在所处的地位。素,平素,这里是现在的意思,作动词用。位,地位。

② 愿:倾慕、羡慕。

③ 夷狄:泛指当时中原地区之外的人。夷,指东方的部族。狄,指西方的部族。

④ 无入:无论处于什么情况下。入,处于。

⑤ 自得:得心应手、自得其乐。

【译文】

君子安于现在所处的地位去做应做的事,不生非分之想。处于富贵的地位,就做富贵的人应做的事;处于贫贱的状况,就做贫贱的人应做的事；处于边远地区，就做在边远地区应做的事；处于患难之中，就做患难之中应做的事。君子无论处在什么样的情况下，都能够安然自得。

【品鉴】

本章从社会地位和社会关系两个方面，申述"行天道"的具体表现形态。

首先从富贵、贫贱、夷狄、患难等具体社会地位的角度进行分析。

素位而行，也就是人们常说的——安分守己。这种安分守己是对现状的积极适应、处置，处于何种角色，就做好这一角色应该做的事。任何成功的追求、进取，都是在对现状恰如其分的适应和处置后取得的。一个人如果不能适应现状，在现实面前手足无措，或者"这山望着那山高"，就会迷失方向，难以实现自己的理想。素位而行，安于本分，做好自己的本职工作，在工作中自我充实，自我愉悦，不仅生活的每一天可以怡然自得，而且坚持下去，终究会赢得社会的尊重，实现自己的人生追求。就好像打井挖水，在一个地方已经挖出了八九尺的深度，再挖一尺就可以见到水，而此时放弃可能就意味着失败，至少是一种时间和精力的浪费。

人最难得的就是有自知之明。古人说，知人者智，自知者明。明与智都是人生的境界，也是很难达到的目标。"自知者明"，明的是什么呢？《易传》上说，"乾道变化，各正性命，保合太和，乃利贞。"人应当首先明白的就是"各正性命"。那么，什么才是"性命"呢？性命是中国哲学中的一个非常重要的概念。《大戴礼记》中有"分于道谓之命，形于一谓之性"。其实，性命就是决定物之所以为物、人之所以为人的根本性质。进一步讲，世间万物及人，从创始、出生及在不断的动态变化中就获得了自己特有的性命、特有的属性、特有的存在价值与应有的位置。

人及万物固守自己的性命、自己存在的价值和自己的根本属性,固守自己应有的位置,即是"各得其正"。若真的"各得其正",那么万物乃至世界就会一片安宁与和谐。人应自明于性命,尽可能洞悉自己的独特个性,全面地掌握自己的本质属性,进而清楚自己的人生与社会价值,规划自己的职业,找准自己在家庭、工作岗位乃至整个社会中的位置。不要迷茫,少走弯路。"君子素其位而行,不愿乎其外",其深层要求就是人应有自知之明,就是要明于性命,如此才有可能实现心灵的和谐。否则,在物欲横流的社会中,人可能会迷失真我,其后果不堪设想。"不愿乎其外"是圣贤发人深思的警句。古往今来,不知有多少人因不明性命、求乎其外而身败名裂。

龙生九子,九子不同。人的才能、性格、禀赋、气质等,也存在着很大的差异,生活环境也不尽相同。这些因素对人会产生消极或积极的影响。但是,从本质上看,这后天的环境也具备先天性,因为从不能由自己选择、不能由自己决定这个意义上看,他们是相同的,都是天生的。性命在很大程度上受天生的影响,一个人思索自己的性命就不能离开自己天生的内涵和前提。理解了天生,就更加深了对"不愿乎其外"的认识。深刻把握那些天生的元素,就可以更清晰地看懂哪些是性命之内,哪些是性命之外。找出这两大领域的界限,可以让自己有清楚的方向。因此无论在什么情况下,君子都应该切实实践中庸之道。由于对中庸之道的追求,由于对中庸之道的切实奉行,可以"致中和,天地位焉,万物育焉",所以君子的人生是快乐的,当然也是有意义的。

【原文】

在上位,不陵①下;在下位,不援②上。正己③而不求于人则无怨。上不怨天,下不尤④人。故君子居易⑤以俟命⑥,小人行险⑦以徼幸[8]。子曰："射[9]有似乎君子：失诸正鹄[10]，反求诸其身。"

【注释】

① 陵：同"凌"，欺侮、欺压。

② 援：攀援，本指抓着东西往上爬，引申为投靠有势力的人往上爬。

③ 正己：端正自己。

④ 尤：抱怨。

⑤ 居易：居于平易而没有危险的地位，也就是安居现状的意思。易，平地。

⑥ 俟命：等待天命，也就是经文中所说的"不愿乎其外"。

⑦ 行险：冒险。

⑧ 徼幸：企图以偶然的机会获得成功。徼，侥的异体字。

⑨ 射：指射箭。

⑩ 失诸正鹄：没有射中箭靶子。失，没有射中。正鹄（zhēng gǔ），画在布上的叫正，画在皮上的叫鹄。一说正、鹄皆鸟名。

【译文】

处于上位，就不要作威作福、欺侮在下位的人；处于下位，也不要刻意钻营攀援、乞求上位之人的援助。端正自己而不苛求别人，这样心中泰然，就不会有什么抱怨了。上不怨恨苍天，下不责怪别人。所以，君子安分守己，等待天命的安排；小人却铤而走险侥幸获得非分的东西。孔子说："君子立身处世，就像射箭一样，射不中靶心，不要责怪靶子不正，应该反思自己用心不专、箭术欠佳。"

【品鉴】

其次,本节申述了"君子"在具体的上下级社会关系中实践中庸之道的表现。这里所要说明的是,君子在实践中庸之道的时候,绝不是没有原则的。对上级要坚持原则,决不奉承媚上;对下级绝不霸道欺凌。君子之为君子,就是要一心一意加强自己的道德修养,出现问题的时候,不仅不会怨天尤人,推卸责任,而是应该反躬自省,主动总结经验。君子与小人的不同,就在于君子能够居安思危,把修身看成是基础性的工作,至于今后能够做什么,能够做到什么程度,完全可以等待特定的时节因缘出现。这就是所谓的"居易以俟命"。小人则不同,不注意个人的修身,总是抱着侥幸的心理冒险从事,其原因就在于小人心中缺少正道,不知道天道为何物,当然也就谈不上奉行天道原则了。所以,在这一节的最后,又特别点明君子修身,正如古代乡筵上的射箭比赛一样,关心的是自己能不能把靶心作为自己的奋斗目标。如果没有射中靶心,不能埋怨靶心有问题,只能从自身的步法、手法上寻找原因。

与前面几章的内容相似,本章借助于"素位而行"来展示"行天道"的具体表现。但能够做到"素位而行"的人,不是普通人,所以这里特别强调"君子"的表现。

第十五章 行 远

【原文】

君子之道，辟①如行远必自迩②；辟如登高必自卑③。《诗》④曰："妻子好合⑤，如鼓瑟琴。兄弟既翕⑥，和乐且耽⑦。宜⑧尔室家，乐⑨尔妻帑⑩。"子曰："父母其顺⑪矣乎！"

【注释】

① 辟：通"譬"。

② 迩：近。

③ 卑：低处。

④ 诗：引自《诗经·小雅·棠棣》。

⑤ 好合：和睦。

⑥ 翕（xī）：和顺，融洽。

⑦ 耽：原诗作"湛"，安乐。

⑧ 宜：和谐之意。

⑨ 乐：快乐、舒心之意。

⑩ 妻帑：妻子儿女的统称。帑，通"孥"，儿子。

⑪ 顺：顺心，舒畅。

【译文】

君子修行中庸之道（由浅入深，由近及远），就像走远路必定要从近处开始一样；就像登高山必定要从低处起步一样。《诗经》中说："与妻子感情和睦，就像弹琴鼓瑟一样。与兄弟关系融洽，和顺又快乐。使你的家庭美满，使你的妻儿幸福。"孔子赞叹说："这样的话，父母会真正感觉到称心如意啊！"

【品鉴】

本章内容，承接上一章"行天道"在社会地位和社会关系方面的表现，进一步申述了"行天道"在处理家庭关系中的表现。

家庭关系，实际上是最切近的关系。本章引用《诗经》中的一段话，说明家庭的和谐至少需要注意三个方面的关系：首先是与妻子的关系应该像弹奏乐器一样和谐美满，其次是与兄弟的关系应该像手足一样融洽快乐，然后就可以和顺整个家庭，让父母感到心情舒畅。这里与前面所说的"君子之道，造端乎夫妇"是一致的。因此，"行天道"，内在地就包含着在家庭里面奉行中庸之道。这里当然也是有原则的，家庭的和谐也不是无原则的妥协。这也为后面分析说明舜的"大孝"和周文王、周武王、周公等的做法作了很好的铺垫。

家庭关系是君子奉行天道的基础，随时随地，触手可及。就像老子所说的"千里之行，始于足下"和荀子所说的"不积跬步，无以至千里；不积小流，无以成江海"，都是"行远必自迩，登高必自卑"的意思。天下万事，总宜循序渐进，不可操之过急。否则，"欲速则不达"。一切从自己做起，从自己身边切近的地方做起。要在天下实行中庸之道，首先得和顺自己的家庭。实际上，这正是《大学》中所提到的修身、齐家、治国、平天下的循序渐进的道理。

第十六章 鬼 神

【原文】

子曰:"鬼神①之为德②,其盛③矣乎!视之而弗见,听之而弗闻,体物④而不可遗⑤。使天下之人齐明盛服⑥,以承⑦祭祀⑧。洋洋⑨乎!如在其上,如在其左右。《诗》⑩曰:'神之格思⑪,不可度⑫思,矧⑬可射⑭思。'夫微之显⑮,诚⑯之不可揜⑰如此夫!"

【注释】

① 鬼神:神灵的统称。中国古代认为人死后精灵不灭,称之为鬼,一般指去世的祖先。宗教和神话故事中所讲的主宰世界的具有人格意志的精灵,称之为神。

② 德:功德。

③ 盛:丰盛、盛大的样子。

④ 体物:体察万物。

⑤ 遗:遗忘、遗弃、遗漏的意思。

⑥ 齐:通"斋",斋戒沐浴,以示虔诚。明,洁净。盛服,盛装。

⑦ 承:承接、承担。

⑧ 祭祀:祭祀鬼神的宗教仪式。这里指的是"吉祭",有祈福和祈求

保佑的意思。人亡时候的仪式属于"凶祭",称之为"奠"。

⑨ 洋洋：盛大、自如、舒泰的样子。

⑩ 诗：指《诗经·大雅·抑》。

⑪ 格：到，来临。思，语气词。

⑫ 度（duó）：揣度的意思。

⑬ 矧（shěn）：况且。

⑭ 射（yì）：厌，指厌怠不敬。

⑮ 微之显：由细微精妙到作用广大。微，指鬼神之事虚无缥缈。显，指鬼神降福于人间又十分明显。

⑯ 诚：诚信，至诚。

⑰ 揜（yǎn）：同"掩"，掩盖。

【译文】

孔子说："鬼神的德行可真是大得很啊！它看也看不见，听也听不到，但体察万物的时候，却不能够不考虑它。因此，使天下的人都要斋戒沐浴、身着庄重整齐的服装去祭祀它。祭祀的时候，感觉到鬼神真是无所不在啊！好像就在你的头上，又好像就在你的左右。《诗经》中说：'神的降临，不可揣测，怎么能够怠慢不敬呢？'从鬼神的细微精妙到鬼神的广大作用，可以感受到真实的东西就是这样不可掩盖的啊！"

【品鉴】

这一章又把君子"行天道"从家庭扩展到祭祀活动。这里不仅讲了"行天道"的问题，而且也申述了"君子之道，费而隐"的思想。

孔颖达认为："此一节明鬼神之道无形，而能显著诚信。中庸之道与鬼神之道相似，亦从微至著，不言而自诚也。"朱熹指出："程子曰：鬼神，天地之功用，而造化之迹也。张子曰：鬼神者，二气之良能也。愚谓以二气言，则鬼者阴之灵也，神者阳之灵也。以一气言，则至而伸者为神，反而归者为鬼，其实一物而已。为德，犹言性情功效。鬼神无形与声，然物之终始，莫非阴阳合散之所为，是其为物之体，而物所不能遗也。其言体物，犹易所谓干事。"

祭祀活动是古代社会重要的宗教活动，不仅种类繁多，而且形式也非常丰富多样。尽管儒家对于鬼神采取的是"敬而远之"的态度，表现出了一定的人文主义精神，但是儒家一直特别注意"神道设教"的社会作用。不管儒家知识分子如何看待鬼神的存在问题，但在祭祀场所里面举行的宗教活动，必定要营造出"慎终追远"的宗教情怀。这就是孔子说的"祭如在，祭神如神在"的意蕴所在。因此，在祭祀的过程中，一定要遵从中庸之道的精神，斋明盛服，以至诚之心认真对待每一个动作、每一个步骤，仿佛鬼神就在身边一样。

本章以"鬼神之为德"彰显"天道"的细微精妙，借孔子对鬼神的论述说明道无所不在、道不可须臾离。其实道也好，鬼神也好，就像空气一样，看不见，听不着，但却无处不在，无时不在，任何人都离不开它。既然如此，当然应该是人人皈依，就像对鬼神一样的虔诚礼拜、认真奉行。

第十七章 大　孝

【原文】

　　子曰："舜其大孝①也与！德为圣人，尊②为天子。富③有四海之内④，宗庙飨之⑤，子孙保⑥之。故大德必得其位⑦，必得其禄，必得其名⑧，必得其寿。故天之生物，必因其材⑨而笃⑩焉。故栽者培之⑪，倾者覆之⑫。《诗》⑬曰：'嘉乐⑭君子，宪宪令德⑮。宜民宜人，受禄⑯于天。保佑命之，自天申⑰之。'故大德者必受命⑱。"

【注释】

　　① 大孝：与前文中的"大知"相对应。

　　② 尊：尊贵，指地位。

　　③ 富：财富。

　　④ 四海之内：指整个天下、国家。

　　⑤ 宗庙飨之：受到后代的敬仰与祭祀。宗庙，古代天子、诸侯祭祀先王的地方。飨（xiǎng），一种祭祀形式，祭先王。之，代词，指舜。

　　⑥ 保：保持、继承。

　　⑦ 位：地位，这里指至尊的天子之位。

⑧ 名：名声、声誉。

⑨ 材：资质、本性。

⑩ 笃：厚，这里指厚待。

⑪ 培：培育。

⑫ 覆：倾覆、摧败。

⑬ 诗：指《诗经·大雅·假乐》，是一首歌颂周成王的诗。

⑭ 嘉乐：原诗为"假乐"。"假"通"嘉"，意为美善。

⑮ 宪宪令德：明显的美好德行。宪宪：原诗作"显显"，显明兴盛的样子。令，美好。

⑯ 禄：福禄，这里是照顾、关怀的意思。

⑰ 申：重申。

⑱ 受命：承受天命，担当大任。

【译文】

孔子说："舜应该算是个最孝顺的人了吧！德行方面是圣人，地位上又贵为天子，拥有整个天下的财富，宗庙里受到后人的祭祀，子子孙孙也都能保持他的功业。所以，有大德的人必定能得到他应得的地位，必定能得到他应得的财富，必定能得到他应得的名声，必定能得到他应得的寿命。所以，上天生养万物，必定根据它们的资质而厚待它们。能成材的得到培育，不能成材的就遭到淘汰。《诗经》中说：'高尚优雅的君子，有光明美好的德行，让人民安居乐业，享受上天赐予的福禄。上天保佑他、任用他，让他担当重大的使命。'所以，有大德的人必定会承受天命。"

【品鉴】

本章以"舜其大孝也与"开头,明显具有赞叹的意味。

"孝"是什么意思?结合前面的分析,我们可以知道,"孝"恰恰是在家庭中实践中庸之道的最切近的入手之处!道不远人,所以君子之道,也应该从自身做起,从自身的道德修养做起,特别是从身边的人际关系做起。对父母不能尽孝的人,如何能够自立于社会?如何能够成就伟大的事业?这在历史上已经成为儒家思维方式中的一个重要内容,所谓"求忠臣于孝子之家",讲的就是这个意思。

本章以舜为例,说明功名利禄乃至寿命长短,都是建立在道德修养的基础上的,而道德修养,最关键的就是孝顺!也就是说,"致中和"的"行天道"的行为,最直接、最有效的表现,就是从孝顺父母开始。

舜在历史上是一个出了名的大孝子,但他后来成就了伟大的平天下的事业。圣人也好,天子也罢,都离不开孝道,因为孝道内在蕴涵着天道。因此,这一章主要申述了在家庭里面"行天道"的内涵及其功效。换句话说,行孝不仅是个人的修身问题,也不仅仅是齐家的问题,其内在蕴涵着治国、平天下的玄机。所谓天生我材必有用,只要你通过修身而提高德行,"居易以俟命",总有一天会受命于天,担当起治国平天下的重任。

"德为圣人""受禄于天""保命佑之""故大德者必受命",这些言语中暗含了一个问题:大德、福禄、天命三者之间存在着密切的关系。由《中庸》此章看,其主旨是说有大德者必会幸获天命,受天命庇佑就一定会有福泽。此语意蕴深远,值得细细品味。何谓大德呢?此德不仅仅含有今日所言之道德元素,更含有才能的元素。大德应是具备完美的品德和睿智的大脑,体现出巨大的济世应物的实践才能。所谓"德为圣人",意思就是说舜已经深刻而充足地具备仁义礼智信,已经成为圣人。何为

"天命"呢？天是华夏文明初创时先民所设定的一个概念。在原始社会，人们认为天就是世间万物的终极仲裁者，这与古希腊的形而上的本体、基督教的上帝是大抵相通的。中西方文明在初创阶段面临相同的问题，也具备些相似的属性，所不同的是，我们的先祖并没有像西方那样做人格化的描述与加工，而是朴素直观地称呼其为"天"。如《诗经》中"天生烝民，有物有则"的话，就认为天创生并养育了世间万物，并赋予了他们独特的个性。几千年来，"天"观念植根于我们文化的深层内核，也沉积于我们的基因中而代代相传。理解了天，就明白了天命。天命就是天的意愿、天的法则、天的决定。我们今天已很少有人提天命了，但从哲学上看，这个天命，我们不妨将其定性成非人格化的哲学之神，是思辨或纯理论意义的上天。

道法自然，宇宙间万事万物都在自在、自然地运转、发生、变化着，不必刻意勉强，这便是天道的要求。那么遵道而行与成名有何内在的关系呢？一方面，成名的内在根据应是君子高尚的道德，深厚的修为，所谓有大德必得其禄、必得其位。另一方面，就外在根据而言，行为应合乎道义，也就好似追求成名应依循仁、义、礼、智、信等道德原则。遵循中庸之道，就应该效天法地，待时而行。真正的君子与天地合其德，志存高远而安贫乐道，恪守道德而不随波逐流，纵不是显达成名亦以平和处之，心怀兼济天下之志，时机到则经世治国，时机不到则隐没自己，意志坚定，从不动摇，这便是君子之风。张载在《西铭》中把这种境界描述为："富贵福泽，将厚吾之生。贫贱忧戚，庸玉汝于成。存，吾顺世；没，吾宁也。"

第十八章　无　忧

【原文】

　　子曰："无忧者,其惟文王乎。以王季①为父,以武王②为子;父作③之,子述④之。武王缵⑤大王⑥、王季、文王之绪⑦,壹戎衣⑧而有天下。身不失天下之显名⑨,尊为天子,富有四海之内,宗庙飨之,子孙保之。"武王末⑩受命,周公⑪成⑫文武之德,追王⑬大王、王季,上祀先公⑭以天子之礼。斯礼也,达乎诸侯、大夫及士、庶人⑮。父为大夫子为士,葬以大夫,祭以士。父为士子为大夫,葬以士,祭以大夫。期之丧⑯,达乎大夫;三年之丧,达乎天子;父母之丧,无贵贱,一⑰也。

【注释】

　　① 王季:名季历,周大王古公亶父的第三子,继位后笃行仁义,后传位于儿子姬昌,是谓文王。文王在国君之位五十年,国力强盛,仍然奉殷商为天子。武王建立周王朝后,追封季历为王季。
　　② 武王:姬发,周文王姬昌的儿子,灭商,建立周王朝。
　　③ 作:兴起,开创。
　　④ 述:继承,发扬。

⑤ 缵（zuǎn）：继承。

⑥ 大（tài）王：王季之父古公亶父，周朝基业的创立者，周武王建立后追封为大王。

⑦ 绪：事业。这里指前人未竟的事业。

⑧ 壹戎衣：一穿上戎衣（作战）。

⑨ 显名：昭明于世的好名声。

⑩ 末：老，晚年。

⑪ 周公：姓姬名旦，文王之子，武王之弟。因采邑在周地（今陕西岐山北），又称周公。

⑫ 成：成就。

⑬ 追王：追尊……为王。

⑭ 先公：指未被追封为王的古公亶父之前的列祖列宗。

⑮ 诸侯、大夫及士、庶人：周朝社会的等级秩序。诸侯为天子分封的各诸侯国国君；大夫包括国君之下管理政事的卿大夫；士是周朝级别最低的贵族，春秋时多为卿大夫的家臣；庶人主要指农业生产者，地位仅次于士但又高于工、商、皂、隶，一般指平民。

⑯ 期之丧：穿着一年的丧服。期（jī），一周年。古礼规定，旁系亲属应该守一年之丧礼。

⑰ 一：一样。

【译文】

孔子说："古代帝王中，最没有忧愁的应该算是周文王了。周文王的父亲是王季，儿子是周武王。父亲开创了基业，儿子继承了王业。武王继承了太王、王季、文王的未竟事业，穿上戎衣一战而拥有了天下。（虽然讨伐了殷纣王），却没有被天下人看成是不忠之臣，名誉昭著，地位显赫，贵为天子，富有天下财富，享受宗庙里面的祭祀，子孙也能够继承这种使命。"武王在年老的时候接受天命做天子，周公帮助继承和发扬文王、武王的德行，追封太王、王季为王，以天子之礼仪祭祀先公列祖。这种礼制，应该推行到诸侯、大夫、士、百姓，（因为都可以表达孝思和敬重）。如果父亲是大夫儿子是士，那就应该用大夫之礼仪葬父，但祭祀的时候应该用士的礼仪；如果父亲是士儿子是大夫，那就应该葬父以士的礼仪，祭祀却要用大夫的礼仪。旁系亲属的一年之丧，只到大夫为止；直系亲属的三年之丧，即使是天子也要遵守。至于父母之丧，无论富贵贫贱，天下的标准都是一样的。

【品鉴】

本章论述文王武王圣德相承，周公制礼作乐，均合乎中庸之道。他们身上体现出来的君子之道，自然也应该是后人学习的榜样。

孔颖达认为："此一节明夫子论文王、武王圣德相承王有天下，上能追尊大王、王季，因明天子以下及士、庶人葬、祭祀之礼。"

周文王的"无忧"，周武王是不能完全遵循的，因为时代变了，特别是商王朝统治的合法性出现了巨大的危机，因此必须"壹戎衣而有天下"，开周王朝八百年的基业；周武王的事业，周公也是不能仿效的，他只能是辅佐成王，制礼作乐，维护天下的稳定。时代不同，工作的重点也不一样，这就需要审时度势，并与时俱进，体会、实践"时中"精神，也就是中庸之道的精神，做好自己分内的工作。特别是周公的所作所为，通过追封先王、制定葬礼规则两个方面的内容，说明"行天道"——奉行中庸之道可以在日常人伦事务中体现出来。体现中庸之道的孝道，不仅要在父母健在的时候奉行不误，而且在父母不在的时候也应该有所实践。这里所表达的意思，为下一章说明"达孝"也作好了铺垫。

第十九章　达　孝

【原文】

　　子曰："武王、周公，其①达孝②矣乎！夫孝者，善③继人之志，善述④人之事者也。春秋，修⑤其祖庙，陈其宗器，设其裳衣，荐⑥其时食⑦。宗庙之礼，所以序昭穆⑧也；序爵⑨，所以辨贵贱也；序事⑩，所以辨贤也；旅酬⑪下为上，所以逮⑫贱也；燕毛⑬，所以序齿⑭也。践⑮其位，行其礼，奏其乐，敬其所尊，爱其所亲。事死⑯如事生，事亡⑰如事存，孝之至也。郊社⑱之礼，所以事上帝也。宗庙之礼，所以祀乎其先也。明乎郊社之礼、禘尝⑲之义，治国其如示诸掌⑳乎！"

【注释】

　　① 其：大概。

　　② 达孝：通达于天下的孝顺，即被天下人共同认可的孝顺。

　　③ 善：善于，有委曲变通之意。

　　④ 述：继承，发扬。

　　⑤ 修：整修，洒扫清洁。

　　⑥ 荐：进献。

⑦ 时食：时鲜食品。

⑧ 昭穆：古代的宗法制度。祠堂里面，始祖的牌位居中，然后父子按照左昭右穆的顺序排列。

⑨ 爵：爵位。

⑩ 事：祭祀时候的职事、职责。

⑪ 旅酬：古代宗庙里面的饮酒礼仪，众子弟举杯为长辈敬酒。旅，众。酬，以酒相劝。

⑫ 逮：及，及于。

⑬ 燕毛：祭祀完毕举行宴会时，按照头发的颜色区分年龄大小、安排座次。燕，同宴，宴会。毛，头发。

⑭ 序齿：按照年龄大小。齿，年龄。

⑮ 践：登上，践履。

⑯ 死：刚死的时候叫做死。

⑰ 亡：埋葬以后叫做亡。

⑱ 郊社：祭祀天地。周天子冬至的时候在南郊祭天，称为郊天；夏至的时候在北郊祭地，称为郊社。

⑲ 禘（dì）尝：周天子和诸侯夏天和秋天举行的两种祭祀活动。

⑳ 示诸掌：从自己的手掌上看。示，通视，看。

【译文】

孔子说："武王、周公，大概算是最孝顺的了！孝顺的意思是：善于继承前人的志向，善于发展前人的未竟事业。每年春秋季节来临的时候，要修葺祖先的宗庙，把祖宗所藏的重器陈列出来，把祖先遗留下来的衣服摆设出来，还要奉献应时的食品以供祖先的神灵享用。宗庙祭祀礼仪的目的，就是要区分先后的顺序；排列等级的目的，就是要区分贵贱；排列职事的目的，就是要辨别才能；晚辈们举杯为长辈敬酒的目的，就是要使地位较低的人感到光荣；饮酒时候按照年龄大小排座位的目的，就是要区分长幼次序。摆出祖先的牌位，奉行祭祀的礼仪，奏起祭祀的音乐，敬先王之所尊，爱先王之所亲。侍奉死去的先王，就好像他们还活着一样尽心尽力，这应该算是尽孝尽到极点的标志了。祭祀天地的郊礼、社礼，是用来侍奉皇天、后土的。宗庙里面的祭祀，是用来侍奉祖先的。明白了祭祀天地之礼和宗庙之礼的意义，治理天下国家，就像看自己的手掌一样，十分容易。"

【品鉴】

孔颖达认为："以前经论文王、武王圣德相承，此论武王、周公上成先祖，修其宗庙，行郊社之礼，所以能治国如置物掌中也。"朱熹认为："承上章而言武王、周公之孝，乃天下之人通谓之孝，犹孟子之言达尊也。上章言武王缵大王、王季、文王之绪以有天下，而周公成文武之德以追崇其先祖，此继志述事之大者也。下文又以其所制祭祀之礼，通于上下者言之。"

孝是中华民族的传统美德。孔子要求子女对父母尽孝，"生，事之以礼；死，葬之以礼，祭之以礼"，这个制度不仅是周公制定的，而且也是周公率先奉行的，之后形成制度，并逐渐形成了一种中国特色的父子伦理以及人生观、人死观，这对于增进中华民族的凝聚力，发挥了重要的作用。孝与生死相联系，祠堂、宗庙就不再是可有可无的摆设，而是承担着"慎终追远"的历史使命。慎终追远，不仅可以强化生命绵延过程中的报恩意识，更重要的是，这种意识还可以增进协调人际关系、光大先人事业的自觉性。文、武、周公等的"继志""述事"，都是典范。这也就是古代社会对于祭祀礼仪异常重视的原因所在。

古代社会中，"国之大事，在祀与戎"。祭祀中最重要的就是祭祀天地和祭祀祖先。天地是人之本，祖先是生之本。祭祀天地祖先所表现出来的"本根"意识，本身就是一种"至诚"的表现。祭祀时候的虔诚表现，犹如鬼神在上下左右监视一样，容不得半点儿作恶的念头出现，这个时候的表现最接近圣人的标准。因此，祭祀时候所表现出来的至诚至公和协调人际关系的各种措施，实际上与治国、平天下是相通的，所以明白了祭祀的礼、义，"治国如示之掌乎！"

第二十章　问　政

【原文】

　　哀公①问政。子曰:"文武之政,布在方策②。其人存,则其政举③;其人亡,则其政息④。人道敏⑤政,地道敏树。夫政也者,蒲卢也⑥。故为政在人,取人以身⑦,修身以道,修道以仁。仁者,人也,亲亲为大;义者,宜也,尊贤为大。亲亲之杀⑧,尊贤之等⑨,礼所生也。在下位⑩不获⑪乎上,民不可得而治矣。⑫故君子不可以不修身。思修身,不可以不事亲;思事亲,不可以不知人;思知人,不可以不知天。"

【注释】

　　①哀公:春秋时鲁国的国君,姓姬,名蒋,"哀"是谥号。
　　②布在方策:记录在案,有文献可查。布,陈列。方,书写用的木板。策,书写用的竹简。
　　③举:举起,引申为推行。
　　④息:熄灭,消失。
　　⑤敏:迅速。一说勉力。
　　⑥蒲卢:即芦苇。芦苇性柔而具有可塑性。

⑦ 身：身体、外表，引申为所作所为。

⑧ 杀（shài）：减少，降等。

⑨ 等：等级。

⑩ 下位：臣子的地位。

⑪ 获：获得信任。

⑫ 这一句话，与后文重复，郑玄认为是应该删除的。

【译文】

鲁哀公询问孔子政事。孔子说："周文王、周武王的政事都记载在典籍上。圣君贤臣在世，他们的政事就能够顺利实施；他们去世了以后，相应的政事就会废弛。治理天下，应该敏于政事；治理大地，应该敏于植树。政事，就像芦苇生长一样，完全取决于用什么人。所以，治理天下国家的政治，关键在于人才；选择人才的关键，要看他的所作所为，也就是修身；修身有一定的原则和方法，也就是遵循中庸之道；要修中庸之道，就必须要从仁义做起。仁就是爱人，亲爱自己的亲人就是最大的仁。义就是事事做得适宜，尊重贤人是最大的义。亲爱自己的亲人要分亲疏，尊重贤人要有等级，这都是从礼仪中产生的。在下位的人臣如果不能得到君主的信任，就不能治理好百姓。所以，君子不能不注重加强自我修养。要修养自己，就不能不好好孝顺、侍奉双亲；要想好好侍奉双亲，就不能不了解他人；要了解他人，就不能不知道天道。"

【品鉴】

这一章是《中庸》全篇的枢纽。个人修身并不是最终的目的，儒家最终的目的是"成圣"，是在社群关系中实现自我的价值。所以，"为政"在儒家的学说中具有核心的地位。"齐家以孝"，根源于天然的血缘关系；

"平天下以德",也是圣人德性的自然流露。那么治国呢?面对血缘关系较为淡薄、甚至没有血亲之爱的群体,国君应以什么样的道德理性进行治理呢?这一部分提出的原则就是"诚"。这一章则从鲁哀公询问政事引入,借孔子的回答提出了为政与人的修养之间的密切关系,从而推导出天下人共有的五项伦常关系、三种德行、九个治理天下国家的着眼点,最后归结到"真诚"的问题上,并提出了做到真诚的五个具体方面。本章以后各章,主要是围绕"真诚"的问题而展开的分析。

从这一章中,我们可以看出儒家的"治道"体系。儒家很看重"治","治"又可以包含许多不同的方面:可以是修身,即"自治";可以是齐家,即处理家庭、家族的事物,或者组织一个集体,统筹一个团队;也可以是平天下,即辅助君王治理国家。简单地说,可以将"治"分作修身、齐家、治国平天下三部分。修身是根本,齐家是为了治国平天下,治国平天下是个人价值的最大实现。齐家与治国平天下又可以反过来促进个人人格的修养,三者相互促进,"治道"永不停歇。

孔子在本章一开始解答的,就是治国方法、治国策略的问题。儒家的最高理想,并不是亲自当政,而是参政、辅佐,相当于今天的顾问;其目的,是能够凭借自己的学识与道德博施济众,能够使治国大道普行于天下,使百姓们都过上安定富足的生活。儒家认为,不论"治"的对象是个人、集体还是国家,都有不变的道理与原则贯通于其中。应用了这个道理,抓住了这个原则,"治"就会有成效。《中庸》这一章所论述的,正是由内至外、由自我推及天下的治道,这种治道,由下而上层层推进。本章的开始,孔子借鲁哀公之问,由治国问题转入君主自身的修养问题,其中包括了孔子关于政事的见解。我们的分析也由此切入。

首先是关于君主的问题。

孔子非常重视国君,认为国君是一个国家盛衰的根本。所以他在谈论治国方面的问题时，往往偏重讨论君主的作为，强调"德政"。这并不是因为孔子不重视百姓，而是因为在孔子看来，国君的行为可以更直接地影响、甚至决定一个国家的命运。一国之君，一方面其举止喜好可以引导一个国家的风气，另一方面，其政策法规、取士用人足以影响一个国家的兴衰，国君的地位实在是举足轻重，所以孔子重视国君。但是这并不等于说，国家只凭借一位好的国君就能富足起来，国君身边的贤臣也是不可缺少的。儒家讲究"学而优则仕"，对于一个满腹经纶、满怀壮志的儒生来说，能在国君身边辅佐治理国家是实现自己价值的最有效的途径。这也是孔子长期追求的目标。

哀公问孔子治国的方法，孔子首先列举了周代的文武之政。在孔子心中，文武之政可以说是最理想的了；但他却说"其人存，则其政举；其人亡，则其政息"，怎样理解呢？简单地说，就是"人"——"贤人"——"贤明的君主"，是政令得以推行、国家得以昌盛的关键，也就是"人治"。文王、武王在位时，都根据当时国家的状况制定政令、实行政令，并且任用当时比较贤明的人，比如周公、召公，来辅佐自己，所以国家昌盛，百姓安定；而随着社会的继续发展，没有了像文王、武王这样的君主在世，贤人也得不到重用，这种理想的政令也就逐渐停息了。立政非难，得人为贵，所以朱熹解释道："有是君，有是臣，则有是政矣。"

这句话还有另外一层含义：文王、武王所制定的政令不再适应后世国家的发展，所以就逐渐销声匿迹了。周王朝的衰落，使后世——即孔子时代——所认为的这种理想化的政治制度失去了基础。那么，凭借什么来制定和实行新的、符合当时实际情况的政令呢？无疑，还是"人"——"贤人"——"贤明的君主"。孔子对于文王、武王根据国家的状况制定政令、实行政令的举措和重视贤臣的态度是很赞赏的，他希望他所处时代的国君也能做到这一点，但孔子并不主张照搬上古的制度。世间没有一种治法可以放之四海而皆准、放之古今而皆通。《中庸》后面说"生乎今之世，反古之道。如此者，灾及其身者也"。虽然儒家都有尚古的倾向，但并不是崇尚古代的简单、原始，更不是主张退化到远古时代，而是把上古的社会状态，如安定、淳朴、和睦、公平等，作为一个理想的社会状态，也作为一个标准，来衡量社会制度的优劣。随着人类文明的不断进步，物质生产的不断发达，很少有哪个王朝能够达到这个标准，但历代的儒家都在朝着这个方向努力。

孔子在这里提出文武之政的例子，以引起下面的"人道敏政"。敏，是快速、灵活的意思，一个"敏"字，就足以道出一个治国者应有的治国素质。所以，一个国家的兴盛，起关键作用的就是当政之人，当政之人又包括君、臣两个方面。对于一个国家来说，贤明的君主和贤明的大臣是必不可少的两个要素，如果二者各就其位，合作无间，那么国家就会很快昌盛起来。孔子以蒲苇为例来说明这个道理，蒲苇本身便是最容易生长的一种草。所以孔子强调"人道敏政""为政在人"。如果当政者知晓这个道理，进而锲而不舍地完善自己，再能够大力提拔贤明之士，那么为政就像种蒲苇一样容易了。但如何才能完善自己呢？这就涉及儒家的修身体系了。

其次是关于修身的问题。

"故为政在人，取人以身，修身以道，修道以仁。"孔子的这句话，简要道出了本章的中心：修身。

修身，是儒家理论的核心部分。修身不仅是个人价值实现的基础，也是关乎人的生命、生活的理论。无论什么人，从事什么样的工作，能力如何，都需要自我修养；而在儒家看来，只要人活着，这种自我修养是没有尽头的。

儒家所说的修身，是一个很大的范畴，包罗万象，无所不通。它并不是某一种知识，也不偏重于某一种知识。知识的范畴虽然很广大，但也存在弊端，就像庄子说的："吾生也有涯，而知也无涯。以有涯随无涯，殆矣；已而为知者，殆而已矣。"人的生命是有限的，有限的生命无法获取全部的知识。如果不断地向外追求，当然会疲惫不已。但是修身就不同了，它不是让人向外追求，恰恰相反，是让人向内探寻。首先，相对于知识，修身更注重伦理层面，再由伦理层面推向道德层面，这种伦理和道德又不是玄之又玄的空谈，而是直接落实在人的日常生活、人伦日用之中；其次，修身其实包含了一种崇高的理想：就自身来说，这个理想是能够成为一个道德高尚的人，能够体现出人格的魅力和实现人的价值；就社会来说，这个理想是能够实现人类的大同。这一点，我们将在后文提及。这种自我修养的理论，在今天看来，仍然具有特殊的意义。

儒家的修身虽然是一个较大的范畴，但并不是没有体系的。特别是在本章中，这种修身被明确地落实在政治环境之下。也就是说，这里的修身，指的是作为一位君主，作为一位治国者，该怎样完善自我。

我们首先还是来分析孔子的那句话："故为政在人，取人以身，修身以道，修道以仁。"这句话由为政至修身，由修身至道德，最后将精要落实在一个"仁"字上。那么，什么是仁？建立在"仁"基础上的"义"又是什么含义呢？

"仁"是孔子思想的核心，在《论语》中上百次提及了"仁"字，其含义也不止一种。在孔子看来，"仁"是人的最优良的品性，同时也是对人的非常高的要求。具体到《中庸》本章，孔子将仁与义结合到一起，解释为"仁者人也，亲亲为大；义者宜也，尊贤为大"。这里提到两个方面：亲亲与尊贤，这两个方面构成了孔子"礼"的基本框架。

首先,"仁——人——亲亲"的关系。樊迟曾经询问孔子什么是仁,孔子回答为"爱人"。那么,这里的"爱人"是爱所有的人吗?并不是。这里的爱,是有差别的;这种差别的标准是什么呢?是个人的情感。众所周知,孔子本人就是一位极重情感的人,《论语》中有大量描述。对于一个人来说,和自己感情最深厚的,莫过于亲人了;亲人之中和自己感情最深厚的,莫过于父母了。"思修身,不可以不事亲",也就是说,修身要从最基本的"孝"开始。所以,如果想要修身,首先要将自己的仁心、爱心推及自己的父母、亲人,然后再向外扩展。亲亲,其中的一层重要含义就是自己的亲人有别于他人,必须予以不同的对待。

在这里有一点需要注意。一般来说,儒家比较反对没有差别的爱一切人,这一点《孟子》中有多次阐述。但墨子不同,他就非常推崇"兼爱"。墨家实际上也是一个有组织的团体,其领导者称"巨子"。既然是一个团体,当然不能以亲人为重,所以孟子批评墨家是"无父",认为墨家毁弃了人伦,称不上人道。人由父母生养,亲人照顾,朋友关怀,这些恩泽是一生都报答不尽的;将自己的亲友置之不理,反倒去爱与自己没有关系的人,把对亲友的爱和对别人的爱等同起来,这在孟子看来是不可接受的。儒家讲求"推己及人",并不是不爱他人,而是先爱自己的父母,一个"推"字很准确地道出了仁爱的彰显过程。对于父母的爱和对于他人的爱是不同的:对于父母的爱是没有条件的、自本自根的爱;对于他人的爱,则表现为人性之中相通的特点,比如恻隐之心、羞恶之心,辞让之心、是非之心,将心比心就能够体谅、宽容他人,所以儒家有一句放之四海而皆准的名言:"己所不欲,勿施于人"。从这一点上来说,这就是对他人的至大的爱,也是实现人类大同的理想途径。

然后我们再来看"义——宜——尊贤"之间的关系。"义"可以理解为"应该""应然"。上面的"仁"主要针对家庭来说,这里的"义"主要针对治国来说，可以理解为适宜、合宜，朱熹解释为分别事理，各有所宜。在什么方面分别事理、各有所宜呢？在朝政中君与臣的关系方面。分别事理，就是将君臣的各自使命、高下尊卑区分清楚；各有所宜，就是君臣都做好自己本职的工作。所以才说"义者宜也"。这里就涉及儒家的等级问题：君君臣臣，各正其位，国君统筹大局，大臣尽忠职守。简要地说，如果处在国君的位置，就要履行国君应尽的职责；处在大臣的位置，就要履行大臣应尽的职责。一个国家有从高到低的职位，国家的发展要求处在这些位置上的人都尽可能地忠于职守。这样一来，国家朝政便井井有条，不会混乱。

《中庸》本章中"义"的含义特别落在尊贤、知人的层面。因为这一段孔子强调国君要任贤人为大臣来辅助治国，所以侧重于"尊贤"；了解身边大臣的意见、要求，理解他们的劳苦与诉求，对他们是莫大的勉励，所以又说"知人"。二者不同的是，尊贤的涵盖面要窄一些，知人则包括除了大臣之外的人，其实就是国君的"推己及人"。贤明的大臣对于治理国家至关重要，所以尊贤是最大的"义"。总的来说，《中庸》中"义"的含义包含在"仁"的含义之中，《中庸》里并没有单独划出一章来进行阐述，但这并不等于它不重要，只是转化为"仁"的一个环节而已。

最后，仁与义结合起来，统一于制度化的礼。"亲亲之杀，尊贤之等，礼所生也。"简单地说，"礼"在这里包含两方面的内容：家庭方面为"亲亲"，即重视与家庭成员的感情；朝政方面为"尊贤"，尊重、爱戴对国家有贡献的大臣。这几个方面贯通起来，奠定了儒家修身的基础。在这里我们就能看出儒家关于修身之道的大概轮廓：先要以仁爱之心对待自己的父母，做到"孝"，再扩展到兄弟、亲属，这是处理以血缘关系为基础的家族成员之间的关系；再以同样的仁爱之心对待朋友、师长以及一切对自己有帮助的人，虽然没有了血缘关系，但有与之相似的情谊作基础，儒家叫做"义"；仁心再扩展一层，便对于不相识的人也会宽厚对待，利人利己，以至于能够以德报怨，毫不计较，达到接近君子的境地。如果学业有成，心有余力，就可以为民服务，参与朝政，将自己的仁心推及天下，泽被众生。让百姓受益是儒家最高的理想，也是个人价值的最大实现，同时也是国家最大利益的实现，所以治国平天下之道也就成为儒家的人生目标。

【原文】

　　天下之达道①五，所以行之者三。曰：君臣也，父子也，夫妇也，昆弟也②，朋友之交也。五者，天下之达道也。知、仁、勇③三者，天下之达德④也。所以行之者一也。或⑤生而知之，或学而知之，或困⑥而知之，及其知之一也。或安⑦而行之，或利⑧而行之，或勉强⑨而行之，及其成功一也。子曰："好学近乎知，力行⑩近乎仁，知耻近乎勇。知斯三者，则知所以⑪修身；知所以修身，则知所以治人；知所以治人，则知所以治天下国家矣。"

【注释】

　　① 达道：通达之道，指天下古今的必经之路。

　　② 昆弟：兄和弟，也包括堂兄堂弟。

　　③ 知仁勇：智慧、仁爱、勇敢等，是儒家强调的三种能力和德性。

　　④ 达德：通行于天下的美德。

　　⑤ 或：有的人。

　　⑥ 困：困难，困窘。

　　⑦ 安：安适。

　　⑧ 利：利益。

⑨ 勉强：用心努力的意思。

⑩ 力行：努力实践。

⑪ 所以：怎样、怎么。

【译文】

天下古今共有的必经之路有五项伦常关系，用来处理这五项伦常关系的德行有三种。五项伦常关系是：君臣、父子、夫妇、兄弟、朋友之间的交往；三种德行是：智、仁、勇。但实施这三种德行的道理都是一样的。（比如说）有的人生来就知道，有的人通过学习才知道，有的人要遇到困难后才知道，就"知道"这一点来说，都是一样的。（又比如说）有的人从容安适地去实践，有的人为了某种好处才去实践，有的人用心努力地勤勉实践，但就他们最终所取得的结果而言，都是实践了，都是一样的。孔子说："喜欢学习就接近了智，努力实行就接近了仁，知道羞耻就接近了勇。知道这三点，就知道怎样加强自我修养，知道怎样修养自己，就知道怎样管理他人，知道怎样管理他人，就知道怎样治理天下和国家了。"

【品鉴】

那么，如何实现仁义？或者说修身的着手又在哪里？儒家认为是"修身以道"。

这里的"道"，取"道德"的意思。上文强调仁与义，侧重于情感方面；当情感凝聚到一定阶段，行为就会相应地符合规范，不能做、不当做的事情，情感和理性不能容许的事情，就不会去做，进而上升至道德。所以理想的道德并不是僵化的教条，而是自觉地符合规范的行为举止，因为归根结底情感其实是道德的基础。儒家对于道德方面的教化，就是从这里开始的。

道德的含义在今天已经演化得非常宽泛了，传统的道德与今天的稍有不同。儒家在这里论述的道德，主要落实在伦理方面，具体地说，是人在社会中五种最重要的关系——五伦；以及实践这五伦所需要的三种品德。

"五伦"就是五种人与人之间的关系，即本章中提到的君臣、父子、夫妇、兄弟、朋友。其中君臣关系今天已经不存在了，但老师与学生、上司与下属等关系与之很有相似之处，所以可资借鉴。五伦观念是儒家道德体系的核心，是修身必不可少的途径，在《中庸》之中占据重要地位。儒家一贯重视人与人之间的关系，认为这是人在社会中必须首先学习的。在孔子之前的夏、商、西周时期，人们更看重鬼神等超自然力量，所以人与神的沟通——即巫术和占卜——就成为国家的头等大事。早期儒家改变了这种风尚，将人们对鬼神和超自然力量的依赖转到对人本身的关注：人应该怎样对待自我，怎样对待他人，以及怎样维系社会的安定和政治稳定。这样一来，五伦观念就显得十分重要。

"三德"分别为智、仁、勇，《中庸》里称为"天下之达德也"，是君子具有的三种完美品德，叫做"达德"。但是对于一般人来说，"三德"既是实践"五伦"所需要的品德，又是修身过程中需要的品德。"好学近乎知，力行近乎仁，知耻近乎勇"。智，就是懂得上述五种人与人之间的关系，并且主动学习怎样处理这些关系；仁，就是在懂得了这些关系之后能够身体力行，如君臣有义、父子有亲、夫妇有别、兄弟有序、朋友有信；勇，可以理解为没有做到的，或者做不到的，要感觉不足，是为"知耻"。从这个角度来说，这三种品德是对于没有通晓五伦、但有志于此的人所说的，朱子解释为"此言未及乎达德而求以入德之事"。既然是实践论，对于不同的人就有不同的途径，以下就从两方面作出阐释。

"或生而知之，或学而知之，或困而知之"，是说实践五伦的不同程度。儒家承认人的天赋不同，各有差异，孔子本人也是因材施教。生而知之就是不用学习天生就知道这些道理；学而知之是通过讲习和实践才知道这些道理；困而知之是在生活中遇到了这些方面的困难，才不得不学习这些道理。虽然人的天赋各有差异，但文章随后又说："及其知之一也。"问题的关键不是人的天赋差异，而是有差异的人可以殊途同归，待到豁然贯通了这些道理，结果都是一样的。

"或安而行之，或利而行之，或勉强而行之"，是说实践五伦的不同态度，这是人的差异在另一方面的表现：有人这样做纯粹是为了心安，认为这就是作为一个人应该做的；有人这样做是发现有利可图，可以使自己得到好处；还有人这样做是出于勉强，不得已才这样。其中"安"是最高层次，一是能够坚定不移地按照三德五伦的要求规范自己的行为，二是觉得这样做可以让自己不受良心的谴责。这样一来，在行道、体道，即修身的过程中，自己就处于主动地位，不是为了什么，也不是被什么所迫，完全出于自我意愿，这样修身的事业当然能够一日千里；"利"的最大缺点就是当自己发现没有利益的时候，就不会去做应该做的事情，人的好的、善的行为完全以利益为基础，当这种脆弱的利益基础不复存在的时候，人的所谓好、善等美好品质都会随之消失。今天许多令人发指的案例已经无数次证明了这条真理。所以"利"是不可靠的；至于"勉强而行之"，更是使自己处在被动的地位。但是无论是"安""利"还是"勉强"，当这些道理豁然贯通时，同样也能够殊途同归，"及其成功一也"。

对知、仁、勇"三达德"的说明，引证了孔子的话："好学近乎知，力行近乎仁，知耻近乎勇。"为什么具有这样的关系呢？又为什么要用一个"近"字呢？程颢的解说非常到位："好学非知，然足以破愚；力行非仁，然足以忘私；知耻非勇，然足以起懦。"所以，好学、力行、知耻与知、仁、勇三者之间的关系只能是"近"，这也表明了进入、达到"三达德"的具体路径。如此解说，不仅可以消解圣人"天成"而不需要努力的疑虑，又可以促使每一个人积极向上。换句话说，即使是"生而知之"，也有"力行"的问题；如果没有"力行"，就会缺失仁爱的内容，那又如何能够成为圣人呢？其他的"学而知之""困而知之"，还有什么理由不努力学习、实践、加强道德修养呢？可见，好学、力行、知耻三个方面，应该是凡圣皆宜的修行之门！

最后再有一句总结："知斯三者，则知所以修身；知所以修身，则知所以治人；知所以治人，则知所以治天下国家矣。"修身与治人是贯通的，是使他人依据三德五伦提高自身修养，这样就能够达到一种群体性的和谐；再把这种和谐依次扩展到天下国家，以达到天下大治的局面。

这里需要注意的是，汉代董仲舒提出"三纲"的理论，认为"君为臣纲""父为子纲""夫为妻纲"，并强调臣、子、妻单方面绝对服从君、父、夫。到宋明时期，一些儒家学者也将与五伦相应的"礼"教条化，强调绝对遵从礼教的规范。"三纲"和"礼教"在历史上有其合理性，其存在的目的是为了维持社会的伦理、等级秩序，但在长期发展的过程中被越来越严重地简单化、符号化，最终变成了束缚人性的枷锁。如果追溯到这些理论的本源，我们就能发现，它原本是引导人们正确处理各种人际关系的方法和原则，其价值在今天也是不能完全忽视的。

【原文】

凡为①天下国家有九经②。曰：修身也，尊贤也，亲亲也，敬大臣③也，体④群臣也，子庶民⑤也，来百工⑥也，柔远人也⑦，怀⑧诸侯也。修身则道立；尊贤则不惑；亲亲则诸父昆弟不怨；敬大臣则不眩⑨；体群臣则士之报礼⑩重；子庶民则百姓劝⑪；来百工则财用足；柔远人则四方归⑫之；怀诸侯则天下畏之。齐明盛服⑬，非礼不动，所以修身也；去谗远色⑭，贱货而贵德，所以劝贤也；尊其位，重其禄，同其好恶，所以劝亲亲也；官盛任使⑮，所以劝大臣也；忠信重禄，所以劝士也；时使薄敛⑯，所以劝百姓也；日省月试⑰，既禀称事⑱，所以劝百工也；送往迎来，嘉善而矜不能⑲，所以柔远人也；继绝世⑳，举废国㉑，治乱持㉒危，朝聘㉓以时，厚往而薄来，所以怀诸侯也。凡为天下国家有九经，所以行之者一也。

【注释】

① 为：治理。

② 九经：九条准则、常规、大纲。经，准则。

③ 敬大臣：敬重、尊敬执掌政权又有威望的辅助大臣。大臣，重臣。

④ 体：体察，体恤。

⑤ 子庶民：以庶民为子。子，动词，爱民如子的意思。庶民，平民。

⑥ 来百工：招徕、吸引各种手工业者。来，招徕，引申为吸引。百工，西周时候对各种工奴的统称，后来引申为各种手工业工匠。

⑦ 柔远人：安抚、优待边远之地的人。这里指周边地区的藩国。柔，柔顺。

⑧ 怀：怀柔、安抚。

⑨ 眩（xuàn）：眼花，引申为迷惑。

⑩ 报礼：报答。这里的"礼"含有敬意。

⑪ 劝：勉力，努力。

⑫ 归：归顺、归服。

⑬ 齐：通"斋"，斋戒沐浴，以示虔诚。明，洁净。盛服，盛装。

⑭ 去谗远色：远离小人和美色。谗，说别人的坏话，这里指说坏话的人。色，这里指女色。

⑮ 盛：大，多。任使，足够使用。

⑯ 时使：指使用百姓劳役有一定时间，不误农时。薄敛，赋税轻。

⑰ 日省月试：每日考查，每月测评。省（xǐng），视察。试，考核。

⑱ 既禀称事：薪金与工效相符合。既禀（xǐ lǐn），同"饩廪"，薪资粮米。饩，赠送别人粮食或饲料。称，符合。

⑲ 嘉善而矜不能：奖励好的，同情能力弱的。矜，怜悯，同情。

⑳ 继绝世：延续已经绝禄的世家。古代卿大夫的采邑，有子孙世袭。

㉑ 举废国：复兴已经没落的诸侯国。

㉒ 持：扶持。

㉓ 朝聘：诸侯定期朝见天子的制度。每年一见叫小聘，三年一见叫大聘，五年一见叫朝聘。

【译文】

治理天下国家有九条通行的着眼点。那就是：修养自身、尊崇贤能、亲爱族人、敬重大臣、体恤百官、爱民如子、招纳工匠、优待藩国、安抚诸侯。修养自身就能确立正道；尊崇贤能做事就不会困惑；亲爱族人就不会惹得叔伯兄弟怨恨；敬重大臣就不会遇事慌张；体恤百官，士人们就会竭力报效；爱民如子，老百姓就会努力生产；招徕工匠，就会百货充足，财物茂盛；优待藩国，就会吸引四方百姓前来归顺；安抚诸侯，就能够四海一家，天下畏服。像斋戒那样净心虔诚，穿着庄重整齐的服装，不符合礼仪的事坚决不做，这就是修养自身；摒除谗言小人，疏远女色，看轻财物而重视德行，这就是尊崇贤人；尊崇亲族的地位，给他们以丰厚的俸禄，与他们爱憎一致，这就是亲爱族人；设置众多的官员供重臣指挥、使用，这就是敬重大臣；真心诚意地任用百官，并给百官以较多的俸禄，这就是体恤百官；使用民役不误农时，少收赋税，这就是爱民如子；经常视察考核，按劳付酬，这就是激励工匠；来时欢迎，去时欢送，嘉奖有才能的人，同情、扶助能力较弱的人，这就是怀柔远方藩国；延续绝禄的世家，复兴灭亡的诸侯国，治理祸乱，扶持危难，按时接受诸侯的朝见，看重回赠的礼物，不看重诸侯纳贡的礼物，这就是安抚诸侯。总之，治理天下国家有九条通行的原则，但实行这些原则的道理都是一样的。

【品鉴】

修身的目的，要进一步放大到天下国家。那么，治理天下国家有没有着眼点呢？儒家认为是有的，那就是"九经"。

在奠定了修身、知（治）人之后，本章又上升到天下国家的层面，这也是一位君主修身、知（治）人的最终目的。在《中庸》里面，治理天下国家的重心又落在"九经"的系统中。

"凡为天下国家有九经，曰：修身也，尊贤也，亲亲也，敬大臣也，体群臣也，子庶民也，来百工也，柔远人也，怀诸侯也。"九个方面，由近及远依次道出使国家安定的条件。"九经"也可以看作是君主治理天下的九个常规性着眼点，每一个着眼点都有相应的效用："修身则道立；尊贤则不惑；亲亲则诸父昆弟不怨；敬大臣则不眩；体群臣则士之报礼重；子庶民则百姓劝；来百工则财用足；柔远人则四方归之；怀诸侯则天下畏之。"九个方面由下至上，由内到外，由近及远，其中顺序不可颠倒。

第一是修身，修身是基础，不从自身上下功夫，那么治国就是无源之水，无本之木，这一点我们前文已经说过。所以"修身则道立"，身为一国之君，应该举手投足皆为天下之表率。怎样表率呢？"齐明盛服，非礼不动"，规定得十分具体：一是着装得体，一是行为合规。或许读者会迷惑：着装与行为举止有什么关系呢？其实大有关系。我们都有类似的经验，就是身着正装时，举手投足好像受到限制，在站或坐时姿势不能过于随便，一来会使正装走形，二来有失正装的风度。若是穿着宽松的休闲装就随便多了。《中庸》在此提及这一点，就是因为正装本身就代表着正规，隐含着秩序，身着正装就要体现"礼"的规范，体现"礼"的节度，所以要求君主身穿整齐威严的服装，同时实行礼法制度，二者统一起来，既可以鞭策自己，又能够匡正他人，达到修身的目的。

第二是尊贤，"尊贤则不惑"，尊重贤人，重用贤才，在遇到问题的时候就会得到他们的建议，使自己不至于迷惑而不知所措。"去谗远色，贱货而贵德，所以劝贤"，说的是君主体现尊贤的几个要点：和谄媚、阿谀奉承的小人保持距离，逐步摆脱这些心怀叵测的人，另一方面，君主不要太看重物质享乐，否则小人们还是有可乘之机，也容易让自己沉溺其中。如果君主不溺于享受，不看重财货，那么就会带动整个朝廷风气向上，这样一来就会以德为贵。当政者不注重物质则一定会注重精神，这一点正好符合贤人的要求。《中庸》认为，这种良好风气的开端在于君主一人，且关乎国家发展。所以尊贤列于修身之后。

第三是亲亲，协调家庭（宗族）关系，解决家庭（宗族）矛盾，密切家庭（宗族）成员之间的关系，加强血缘纽带，这是一位君主必须做到的。不能齐家者不足以平天下。而且对于君主来说，亲亲又有特殊的意义：就是协调好自己与宗族成员的关系，让他们享有更丰厚的待遇，这样会防止祸起萧墙，所以后文补充为"亲亲则诸父昆弟不怨"。具体起来，"尊其位，重其禄，同其好恶，所以劝亲亲也"。这里提到三点：尊其位，重其禄，同其好恶。前者是物质角度，重视亲人的待遇；后者是思想角度，就是要认同他们的喜好和善恶评价标准，并让他们彼此认同，彼此亲近，这一点也非常重要。儒家认为事业与家庭可以兼顾，并且这是对于一个人是否成功重要的评价标准。

修身、尊贤和亲亲，是对于君主个人的要求，是作为君主首先应该梳理清楚的三个人与人之间的关系，也是"九经"中的三个比较基础的条目。有了这些基础，才可以进一步处理朝政中、国家中乃至天下人之间的关系。

朝政中与君主关系最为密切的，莫过于辅助治理国家的大臣了，所以接下来的第四点就是敬大臣。"敬大臣则不眩。""敬"表现在两个方面，一是尊重，二是待遇不同于其他小臣。再有，"敬"中包含了信任。因为毕竟大臣是君主的左膀右臂，在朝政中起主要作用，这样对待他们，可以保证他们最大限度地发挥才能。眩，可以理解为紊乱的意思。从哪一方面表现这种尊敬呢？"官盛任使，所以劝大臣也"，大臣的主要职责是辅助、监督君主，防止君主在治国中犯大的错误，并且在宏观上指导国家的发展。所以大臣不宜亲自处理琐碎的事务，君主应该多任命小臣，将各种具体的事务分派给他们去做，这就是"官盛任使"。大臣与小臣配合得默契，办事效率就会提高。

第五是体群臣。群臣就是上一点提到的小臣。群臣们各有职务，负责细小琐碎的事情，身为君主应该体谅他们的劳苦，应该将群臣视作自己身体的一部分。所谓"体群臣则士之报礼重"，君主能够宽柔、大度地对待下面的群臣，那么群臣们都会尽忠职守，把自己的工作做好。下文又说"忠信重禄，所以劝士也"，不仅要体谅，还要以忠、信这样的品质来陶冶他们，让他们具有良好的品德；并且给予物质上的优待，保证他们能够按时得到足额的俸禄，使他们不至于担心自己和家人的生活；对忠诚守信的下属就应该奖励，激发他们报效国家的热情。精神上有关怀，物质上有保障，朝廷中良好的人事环境就形成了。敬大臣，体群臣，保证了政权内部的稳定，下一步就是保证这个国家中百姓生活的稳定。

第六是子庶民，指的是君主要把百姓当成自己的儿子一般，保障他们的生产，满足他们的需求，教化他们，保护他们，这样百姓也会拥护爱戴君主。"子庶民则百姓劝"，"时使薄敛，所以劝百姓也"。百姓是一个国家的主体，贤明的君主曾经用水和舟的关系来比喻百姓和君主的关系。中国古代的许多王朝覆灭更迭，其原因在很大程度上是失去了民心。这里提到的"时使薄敛"就是君主得到民心的依凭。"时使"，就是不要在农忙时节征用民力，把这一段时间空出来让百姓好好料理农活，这样对百姓对国家都有好处；"薄敛"，就是不要过分征收赋税，多给百姓的生活留有余地。百姓对于君主的要求很简单，就是希望能够过上安定、富足的日子，如果君主达成了他们的希望，他们自然会欢欣拥戴这个君主，百姓安稳则国家不乱。

国家整体达到了稳定，下一步就是让它逐渐强大起来，使君主圣名远扬，四方之人都来归顺，天下人民都能沐浴到贤明君主的恩泽，真正的统一局面渐渐形成。这是儒家最高理想的实现，而具体方法就是"九经"中的最后三个条目。

第七是来百工，就是从各地招来各种工匠，让他们在国内发挥所长，支持各项事业发展，包括建筑、军事、农田水利等方面，最重要的是，促进生产力的提高。一个国家想要强大起来，这些方面是必不可少的。所以"来百工则财用足"。"日省月试，既廪称事，所以劝百工也"，日省月试，以此来考量工匠们技术、效果究竟如何，再加以推广；既廪，可以理解为奖励。对于优秀的工匠，君主要给予奖赏鼓励。

第八是柔远人，对于远方来的人要包容。远人，可以有多种理解。在古代，时常有百姓由于本国经济衰落或逃避战事等原因而迁徙到别国，这里要求君主能够包容，安抚，这样则"四方归之"，一来彰显国君的仁义，使国君声名远播，二来人口毕竟是古代衡量国家强盛的重要标志之一。这是一种理解。古代还有往来于各地的商队，如果本国君主能够提供方便条件，商人们会很乐意途径本国；还有别国的使节，从远方而来，君主要盛情款待。总之，"送往迎来，嘉善而矜不能，所以柔远人也"。嘉善，嘉奖人才；矜不能，包容普通的人。

第九是怀诸侯。这一点本章说得很具体："继绝世，举废国，治乱持危，朝聘以时，厚往而薄来，所以怀诸侯也。"继绝世，就是有的诸侯国后继无人，那么当朝君主就要帮助找到旁系继承者继承王位，防止诸侯国内因为争夺王位而导致混乱；举废国，有的诸侯国管理不善，或者由于种种原因丧失了土地，当朝君主应该帮助其恢复土地。有的诸侯国已经支离破碎，凭借自己的力量难以复兴，那么君主应该召集继承者重新册封。治乱持危，治理诸侯国中的危乱，教化他们，使其安定。朝聘以时，厚往而薄来，就是定时召见诸侯，一般五年召见一次；对于他们的贡品不要过分苛求，以免损伤诸侯的国力；接见诸侯时要注重礼节，并且给予他们赏赐。如此一来，天下诸侯都会尽忠竭力守卫王室。至此，便是完整的由个人内心而发最终广达于天下的"九经"理想治国体系。

后世儒生对这九点都很重视，认为"从古及今，欲兴道致治者，决不能舍此而别有所修为也"，把这九点看作是万古不易之理。随着历史的代谢和社会的发展，"九经"中的很多方面已经不复存在，这些只是能够让我们了解古代的治国平天下之道，也能使我们体会到中国古代理想治国途径的合理方面。

【原文】

凡事豫①则立②，不豫则废③。言前定则不跲④，事前定则不困⑤，行前定则不疚⑥，道前定则不穷⑦。

【注释】

① 豫：同"预"，预备、准备。

② 立：成功。

③ 废：废弃，引申为失败。

④ 跲（jiá）：绊倒，窒碍。这里指说话不通畅。

⑤ 困：困难，困惑。

⑥ 疚：愧疚，惭愧悔恨。

⑦ 穷：穷困，引申为不通。与"达"相对，"穷则独善其身，达则兼善天下"。

【译文】

任何事情，事先做好准备就会成功，事先没有做好准备就会失败。比如说话，事先想好，就不会中间说不下去；比如做事，事先准备妥当，做起事来就不会感到困惑；行走远路之前先筹备好，中间就不会有什么遗憾、后悔的事情发生；人生的道路预先选定的话，也就不会感觉到时时不顺心，相反会觉得左右逢源，事事得心应手。

【品鉴】

这里的"凡事"指达道、达德以及"九经"，也包括人们日常生活中的各种大小事务。"豫"的含义是素定，就是事先定好目标，再不懈地努力。定什么样的目标呢？即是"诚"。"诚"是整个《中庸》的核心，我们将会在下文逐渐讲到。在这句话中，可以简单地理解为一种态度，即不管任何事，本着"诚"心去做，就会做好；没有定好这个目标，就有可能半途而废。"言前定则不跲，事前定则不困，行前定则不疚，道前定则不穷"，这是从言语、行动、处事和大道四个方面，说明事先立好一种态度的重要性。

【原文】

　　在下位不获乎上，民不可得而治矣。获乎上有道：不信乎朋友①，不获乎上矣。信乎朋友有道：不顺②乎亲，不信乎朋友矣。顺乎亲有道：反诸身不诚，不顺乎亲矣。诚身③有道：不明乎善，不诚乎身矣④。

【注释】

　　① 不信乎朋友：不信任朋友，一种解释是不能获得朋友的信任。
　　② 顺：顺从、柔顺，引申为听话、乖巧、孝顺的意思。
　　③ 诚身：诚意的意思，指的是老老实实、不自欺欺人。
　　④ 这一段与《孟子·离娄上》中一段基本相同。到底是《中庸》引《孟子》还是《孟子》引《中庸》，不好断定。张岱年先生认为是《孟子》引《中庸》。

【译文】

　　在下位的人，如果得不到上边人的信任，就不可能治理好百姓。得到上边人的信任是有办法的：得不到朋友信任的人，就难以得到在上位的人的信任；获得朋友信任也是有办法的：不孝顺父母的人，就难以得到朋友的信任；孝顺父母也是有办法的：自己不真诚，就不能孝顺父母；使自己真诚也是有办法的：不明白什么是善恶的人，也难以使自己真诚起来。

【品鉴】

　　君臣之间要有信任，这种信任出自朋友之间的信任；朋友之间要有信任，这种信任源于儿女对父母的孝顺；对父母要孝顺，这种孝顺出于人本心中实实在在的诚意；人要有这种诚意，是源自人本来具有的善。人生来是具有善心的，这是儒家的一个基本信仰，人能够实现种种境界，达到种种高度，就是因为人具有先天的善。

本章由君臣至个人，由上到下步步推进，最终落实到"诚"的问题。《中庸》第二十章在阐明三德、五伦、天下九经和基本的道、德之后，至此提出了实践以上几点的根本：诚。

【原文】

诚①者，天之道也；诚之②者，人之道也。诚者，不勉③而中④，不思而得，从容⑤中道⑥，圣人也。诚之者，择善而固执⑦之者也：博学⑧之，审问⑨之，慎思⑩之，明辨⑪之，笃行⑫之。有弗⑬学，学之弗能弗措⑭也；有弗问，问之弗知弗措也；有弗思，思之弗得弗措也；有弗辨，辨之弗明弗措也；有弗行，行之弗笃弗措也。人一能之，己百之；人十能之，己千之。果能此道矣，虽愚必明，虽柔必强。

【注释】

① 诚：名词，与生俱来的无私心、无偏心。

② 诚之：使之诚，动词，经过努力培养起来的无私心、无偏心。

③ 勉：勉强、勉力。

④ 中（zhòng）：符合。

⑤ 从容：举止行动自然安详，作动词讲。

⑥ 中道：中和之道。

⑦ 固执：坚守不渝。

⑧ 博学：广博地学习。

⑨ 审问：审慎地询问。

⑩ 慎思：慎重地思考。

⑪ 明辨：明晰地辨析。

⑫ 笃行：切实履行。

⑬ 弗：不。

⑭ 弗措：不罢休。措，停止，罢休。

【译文】

诚是与生俱来的天道原则，追求真诚则是做人的原则。诚的意思是说：不用勉强就能做到，不用思考就能拥有，自然而然地符合上天的原则，这样的人是圣人。求诚的意思是：选择美好的目标并执著追求。（求诚的具体方法则是）：广泛地学习，详细地询问，周密地思考，明晰地辨别，切实地履行。要么不学，学了没有学会绝不罢休；要么不问，问了没有懂得绝不罢休；要么不想，想了没有想清楚绝不罢休；要么不分辨，分辨了没有分辨清晰绝不罢休；要么不履行，履行了没有彻底做到绝不罢休。别人用一分努力做到的，我就要用一百分的努力去做；别人用十分的努力做到的，我就要用一千分的努力去做。如果真能够做到这样，愚笨的人也一定可以变得聪明起来，柔弱的人也一定可以变得刚强起来。

【品鉴】

"诚"作为一种天道，是天赋予人的。古代儒家认为，天地能够生养万物，就是凭借这种纯净无染的大道。但天地生养万物的同时，万物也禀赋了这种纯净的气息。而人又是万物之中最具灵性者，人在很大程度上"分有"了天地的精华，也就是说人的内心中具有与天地相通的品性。具有了这种纯净的品性、德性,那么就先立了一个基础,所以《中庸》首章即明确提出:"天命之谓性,率性之谓道,修道之谓教",前二者都是人本身就有的,但并不是每个人都能够完满地具有天性。换句话说,有的人,甚至可以说是大部分人,都被自我的种种欲望和所处的花花世界蒙蔽了真心,隐没了原先具有的完满之性。拿朱熹的一个比喻来说,就是每个人都有一颗明珠,但长时间没有擦洗,落了许多灰尘,把明珠原有的光泽遮蔽了,但这并不等于说明珠没有光泽了。所以"修道之谓教",常常擦洗明珠,就会恢复它本来的光辉。人心也和这明珠一样,灰尘落得久了,便失去了灵光。《中庸》全文,说的就是将心恢复到本来的澄明境界。儒家所做的种种努力,也正是告诫人们应该做什么和怎样去做。

这一节只对"诚"字说一个大概。"诚者,天之道也;诚之者,人之道也",诚是天道,流行于天地之间的亘古不变的道理;让自我回归到这种与生俱来的澄明境界中去,就是人道,就是人所应该做的。后面的"不勉而中,不思而得,从容中道"等形容,都是达到"诚"的真实无妄的境界之后才表现出来的。这些表现不是刻意做作的,而是顺应天道、自然而然的结果。达到这种层次的,即是圣人。还没有达到圣人的境界,就需要多下功夫:"诚之者,择善而固执之者也。"这种功夫很简单,选择至善,然后坚定地实践至善。但是这样说又太笼统,所以下面给出了一个明细:"博学之,审问之,慎思之,明辨之,笃行之"。如果要做到至善,做到至诚,这五点是一个有效的途径。

博学,不仅包括学识,还包含了人生活在社会中的许多义理,比如仁义、孝顺、忠诚、宽容等。了解许多知识,了解许多道理,眼界就会逐渐扩大。在探求世界、认知义理的过程中,势必会有很多未知需要求解。审问,就是提出的问题要经过再三考虑,问到要点,不要泛泛的见事就问。慎思，谨慎地思考。虽然通过求教，问得明白了，还必须经过一番思索，使道理深入内心。但如果思考得不细致、不谨慎，恐怕又流于泛泛，所以要以平常之心，考查德性、义理的真切之处，才会有真实的收获。明辨，既然经过请教和思索，道理就很清楚了，但还是抽象的理论。下一步就是在实践中辨别好坏、真伪、是非、善恶，切身地体味其中的奥妙。这看起来很简单，但在实际生活中，好坏、真伪、是非、善恶这些问题往往不是区分得很明确，常常是似是而实非，似非而实是，里面的精微之处实在需要明加辨察。以上四点做好之后，还有最后一点，也是最重要的一点：笃行。这是儒家思想的最终落脚点，把所学所得运用到实际生活当中。学了一条道理，知晓了一个准则，内心深有体会，如果在生活中不这样做，那么到头来还是一纸虚文，没有任何意义。儒家所倡导的不但是行，而且是笃行。笃的意思是忠实、一心一意。所以后文又重述："人一能之己百之，人十能之己千之"。别人能够做到的，那么自己就可以做到；如果比不上别人，可以多做几次。一位君子，区别于一般常人之处，就是他能够反复实行所学到的正确道理，能够反复履行至真至诚的善。这是达到人类和谐与世界大同的真正途径。

最后，文章归结为一句话："果能此道矣，虽愚必明，虽柔必强。"这里强调的是一个志向。天下有这种志向的人只占少数，一般人没有这种大志。但先立大志才能行大事。立志，并且以一己之力去实行上述的种种义理、道理，他人用一倍的功夫自己能用百倍，他人用十倍的功夫自己能用千倍，果真能够如此，则虽然生性愚昧迟钝也能够豁然贯通，达到无碍澄明的境界；虽然生性懦弱无勇也能变得刚毅自强。

总之，本章主要就是详述帝王治理天下的要点与方法。君主想要把天下治理好，就要首先君臣分明，其中以君为重，有君自然有臣。君主是重中之重，所以首先强调个人修身，中间的三德和五道等都属于修身的功夫；九经则是由自身推及国家天下，最终提出不管是修身还是治国，必须本于一个"诚"字。之后的博学、审问、慎思、明辨、笃行五点，是达到"诚"的途径。一言以蔽之，为政的基础是"诚"。下面几段经文，基本上都是围绕着这个"诚"字展开的，但主旨不离"为政以诚"的核心思想。这种"为政以诚"的思想，对后世历代王朝和历代儒生都有着极其深远的影响。

第二十一章　诚　明

【原文】

自诚明①，谓之性；自明诚②，谓之教。诚则明矣，明则诚矣。

【注释】

① 自诚明：由真诚无妄而自然明白善恶之道。自，由。诚，真实无妄。明，明白。语接上一章中的"不明乎善，不诚乎身"。
② 自明诚：由明白善恶之道进而达到真诚无妄。明，通达事理、善恶的意思。

【译文】

由真诚无妄而自然明白善恶的道理，是人自身具有的至诚明净，这是人心中原有的本性；由明白善恶的道理而后进一步努力达到真诚无妄，这叫做人为的教育。如果达到了至诚的境界，则自然通达于万事万物；通达了世间的万事万物，即是达到了至诚的境界。

【品鉴】

汉代郑玄认为："由至诚而有明德，是圣人之性者也。由明德而有至诚，是贤人学以知之也。有至诚则必有明德，有明德则必有至诚。"孔颖达说："此一经显天性至诚，或学而能。两者虽异，功用则相通。自诚明谓之性者，此说天性自诚者。自，由也，言由天性至诚，而身有明德，此乃自然天性如此，故谓之性。自明诚谓之教者，此说学而至诚，由身聪明，勉力学习，而致至诚，非由天性教习使然，故云谓之教。然则自诚明谓之性，圣人之德也。自明诚谓之教，贤人之德也。诚则明矣者，言圣人天性至诚，则能有明德，由至诚而致明也。明则诚矣者，谓贤人由身聪明习学，乃致至诚，故云明则诚矣。是诚则能明，明则能诚，优劣虽异，二者皆通有至诚也。"朱熹也说："子思承上章夫子天道、人道之意而立言也。自此以下十二章，皆子思之言，以反复推明此章之意。"

本章短短二十个字，在整个儒家哲学史乃至中国哲学史上却有着重要的地位。大致说来，这里主要诠释的是"为政以诚"中"诚"的含义。

明，明达之意，明于天道，晓于人情、物理，这里主要是指人们后天的努力。诚，大致是指一心一意、没有私心杂念，从而呈现出无偏无私、至公至正的仁爱心理，就像天上的日月一样，不分彼此、喜恶而普照万物。这种"中正仁义"的品质，《易传·乾·文言》中说得比较明白："九二曰：'见龙在田利见大人'，何谓也？子曰，龙德而正中者也。庸言之信，庸行之谨；闲邪存其诚，善世而不伐，德博而化。《易》曰：'见龙在田，利见大人'，君德也。"周敦颐后来也是把这种品质定位为圣人的显著特征："圣人定之以中正仁义而主静立人极焉"。能够做到这一点的人，天地万物与自己的关系，也就具有了圆融无碍的一体化的特征，所以孟子说"万物皆备于我""反身而诚，乐莫大焉"。

中国哲学，乃至中华民族精神的一大典型特征就是情感有更高的精神导向，那就是"万物皆备于我"的天人合一，也就是人在长期修养中体悟到了天道，感受到了与万物合二为一的精神境界，从而有了一种理智与情感协调一致的心灵体验。这种体验，只能依靠个人的体悟。那么，又究竟是什么样的动力在推动自我去感悟天道追求天人合一呢？是儒家的道德至上主义。生活在人群之间的每一个人，不同于动物的独来独往，合群、互利等本能的追求，使得道德修养具有了不证自明的公理性。如果要进一步追溯其根源，那自然是天道。因此，"天人合一"是人之为人的最大理性。可以说，因为有善根、善念，所以力求修养自我与万物合二为一的精神境界。而自身修养到"万物皆备于我"的境界，又会孕育心中的善念、善根、善气。于是，基于"反身而诚"的善，才会有天人合一与万物与我为一的心灵体验。这在逻辑上是合理的，但在现实的经验中却是复杂的。

"诚"的品质是先验的还是经过后天努力培养而成的？这个问题本质上是人性论的问题。若人性本善，则人可轻易将精神境界升华到天人合一。若人性本恶，则人能否提高修养并达到"万物皆备于我"都成问题，若人是善恶的统一体，那又该如何去恶求善呢？虽然《中庸》在这里没有做出更为详细地分析，但至少从逻辑上可以区分为两种情况：一是自诚而明。由于天生的至诚至公、无偏无私的美德充满身心，他们的日常行为，举手投足之间，时时刻刻都符合人类关于善恶的基本标准，自然属于生而知之的圣人，这是所谓的"性"，也就是天性使然。二是自明而诚。对于天道的至公至诚、无偏无私，并不是生来自明的，而是需要努力学习，不管是学而知之，还是困而知之，总之是需要接受圣人的教化才能明白、掌握天道的至诚本性，这就是所谓的"教"。但从实际效果来看，两种方式的效果没有根本的不同，所以说"诚则明矣，明则诚矣"。

"为政以诚"，已经说明"诚"的重要价值。本章的两句话，是进一步申述"诚"的含义、"致诚"的方法。

第二十二章　尽　性

【原文】

唯①天下至诚，为能尽其性②；能尽其性，则能尽人之性③；能尽人之性，则能尽物之性④；能尽物之性，则可以赞天地之化育⑤；可以赞天地之化育，则可以与天地参⑥矣。

【注释】

① 唯：只有。

② 尽其性：充分发挥本性。

③ 人之性：人的本性。

④ 物之性：万物的本性。

⑤ 赞天地之化育：赞助天地生成万物。赞，赞助。化育，化生和养育。

⑥ 与天地参：与天地并列为三。参，并列。

【译文】

只有这种至诚的品质，才能够让人性回归到明净的本然状态；能够圆满体现自己的本性，就能够圆满了解众人的本性；能够圆满了解众人的本性，就能圆满把握万事万物的本性；能够圆满把握万事万物的本性，就能辅助天地生化养育万事万物。如果能够辅助天地生化生育万事万物，就可以顶天立地，与天、地并列为三了。

【品鉴】

承上所说，本章详细阐述了"自诚明"的天道性质及其巨大作用。

郑玄认为："尽性者，谓顺理之使不失其所也。赞，助也。育，生也。助天地之化生，谓圣人受命在王位致大平。"唐代的孔颖达也认为："此明天性至诚，圣人之道也。唯天下至诚者，谓一天下之内，至极诚信为圣人也。为能尽其性者，以其至极诚信，与天地合，故能尽其性。既尽其性，则能尽其人与万物之性，是以下云能尽人之性。既能尽人性，则能尽万物之性，故能赞助天地之化育，功与天地相参。上云诚者天之道，此兼云地者，上说至诚之理由神妙而来，故特云天之道。此据化育生物，故并云地也。"宋代的朱熹也说："天下至诚，谓圣人之德之实，天下莫能加也。尽其性者德无不实，故无人欲之私，而天命之在我者，察之由之，巨细精粗，无毫发之不尽也。人物之性，亦我之性，但以所赋形气不同而有异耳。能尽之者，谓知之无不明而处之无不当也。赞，犹助也。与天地参，谓与天地并立为三也。此自诚而明者之事也。"真诚者只有首先对自己真诚，然后才能对全人类真诚。真诚可使自己立于与天地并列为三的不朽地位。至诚的功用如此之大，那我们又何乐而不为呢？

天下之至诚，说的是圣人具有的德性。天命之性，本为人人所具有，至诚至公、无偏无私，唯有圣人才能充分展现其天性，所以文中说"唯天下至诚，为能尽其性"；但作为普通人，由于受到各种外在环境因素的影响，沉溺于私欲之中，被自己的私欲蒙蔽，因而无法体会、应用至诚至公的天道之性，也就不能"尽性"。尽管普通人也有贤愚及不肖的差别，但其本来的天命之性却仍然存有。圣人能够体察这种状态，便通过设立政教等措施转化普通人的本性，引导他们逐渐生发自我的天命之性，逐渐恢复本然的自我，所以经文说"能尽其性，则能尽人之性"。再进一步，天下万物虽然有飞潜动植种种不同，但其同为天地所生养，也具有与人一般的天性。圣人既能由尽己之性推及尽人之性，也能推及物之天性。推及物之天性，则可以修订法制，让人们正确地使用各种物质条件，最大限度地发挥物的效能，就是尽物之性了。所以经文说"能尽人之性，则能尽物之性"。这一点其实是说人与自然的关系。人与物都是天地所生养，但不能各尽其性；圣人可以帮助人与物圆满本性，便是协助天地完成了化育。从这个角度来说，圣人可以与天地并立，补天地所不及，这就是文中所说的"可以赞天地之化育，则可以与天地参矣"。这样一来，天、地、人三者缺一不可，天位于上覆盖、包容万物，地位于下承载、滋养万物，圣人位于中央成就万物。此三者，儒家思想中称之为"三才"。张载说的"民胞物与"，也是这个意思。所以儒家认为，要想学习圣人，根本不需要从外部入手，因为圣人具有的德性在每一个人心中都早已存在，只要从自己内心发掘本有的纯正德性，就可以达到这种境地。明代王阳明所讲的"致良知"，就是这种情况。这就是"至诚"的功用，这在宋明理学那里，被称为"圣人气象"。

第二十三章　致　曲

【原文】

其次①致曲②，曲能有诚。诚则形③，形则著④，著则明⑤，明则动⑥，动则变⑦，变则化⑧。唯天下至诚为能化。

【注释】

① 其次：次一等的人，即次于"自诚明"的圣人的人，也就是"自明诚"的贤人。

② 致曲：致力于某一方面。致，推出。曲，偏，引申为小事情。

③ 形：显露，表现。

④ 著：显著。

⑤ 明：光明。

⑥ 动：感动。

⑦ 变：转变、改变。

⑧ 化：即化育万物。

【译文】

如果达不到这个至诚层次，那么就在至善的某一具体方面努力也是可以的。在至善的某一具体方面努力也能够领悟至诚的内涵，领悟至诚的内涵就会在工作或生活中有所表现，这种表现可以逐渐扩大，使至诚的品质彰显出来。一旦彰显了这种品质，就会对他人有所触动，并逐渐影响和改变他人，使他人向至诚的境界转化。唯有领悟到至诚内涵的人才能使他人完成教化。

【品鉴】

上一章说的是天生至诚的圣人，这一章说的是比圣人次一等的贤人，也就是"自明诚"。换句话说，这一章的层次更为接近普通人。朱熹认为："盖人之性无不同，而气则有异，故惟圣人能举其性之全体而尽之。其次则必自其善端发见之偏，而悉推致之，以各造其极也。曲无不致，则德无不实，而形、著、动、变之功自不能已。积而至于能化，则其至诚之妙，亦不异于圣人矣。"

对于一般人来说，圣人境界是高不可及的。一般人，天性至诚的真心或许会被私欲所蒙蔽，但也会在一些情况下不自觉地流露出至善的某些方面，就像孟子所说：不管什么人，如果见到一个小孩子不慎落井，都会升起恻隐之心。尽管这种恻隐之心还不是全部的善，但这毕竟是一个好的开始，就像种子一样，只凭借这一点点善端，善是能够进一步发扬光大的，因此这也可以说是人进一步达成至善的条件。孟子的"四端说"讲的就是这些内容："恻隐之心，仁之端也；羞恶之心，义之端也；辞让之心，礼之端也；是非之心，智之端也。"如果人能够在恻隐之心升起之后，立刻随这种善心前去搭救落井的小孩，无疑就是这一"善端"的完成。人能够将这些善端——即"曲"——一点点扩大，使至善慢慢充满整个身心，也就是本章所说的"其次致曲，曲能有诚"。

"四端"中的仁、义、礼、智等品质，都可以看作是"曲"，即至善的一个小的方面。尽管只是一个小的方面，但其中也包含了"诚"。致就是推及、达到，致曲就是在某一个小的方面下功夫，渐渐得到诚的品性。"诚则形"，形是显露于外。内心的诚逐渐扩大，必然会在外部行为上表现出来，成为一种可以被人们感知的品德；"形则著"，这种品德经过日积月累势必会变得盛大起来，人的行为也会自觉地符合规范，不用刻意强求；"著则明"，诚的品性盛大显著，影响所及，就像日月光明一样，光照天下所有人。诚的魅力影响到他人，他人受到这种人格魅力的感召，也会对这种至高无上的品质心向往之，对他人来说这种"动"即是一个好的开始；"动则变"，心动然后便付诸行动，改过自新，逐渐发掘自身的善，消除自身的不善，也就是重复上述的原则；"变则化"，"变"与"化"是不同的两个程度。变的程度要小一点，可以理解为局部的改变，自我修养的过程必然首先从局部开始，不可能在短时间内发生质变；而"化"则是化育万物的意思。就"化"而言，这与"自诚明"所达到的境界是一致的。所以最后说"唯天下至诚为能化"。这是一句总括性的话，也是一个前提，就是只有至纯的诚，才能完成上述的种种教化，达到"与天地参"而化育万物的境界。

"诚"的感召与扩张，从道理上来说是这样的，但达到这一步具有相当的难度。不但需要有已经成功的至诚作为他人参照的范式，而且要求人们都有见贤思齐的态度。总体上说，这种诚的扩展是一种理想化的模式，是一种终极的教化。"自诚明"与"自明诚"，殊途同归。这样一来，普通人的修养也就具有了现实的意义与价值。高山仰止，虽不能至，然心向往之。这样的诠释，说明"为政以诚"不再是极少数人的专利。这不仅扩大了为政的范围，而且也为为政的人提供了提升自己精神境界的理论依据，意义深远。

第二十四章 前 知

【原文】

　　至诚之道,可以前知①。国家将兴,必有祯祥②;国家将亡,必有妖孽③。见乎蓍龟④,动乎四体⑤。祸福将至,善,必先知之;不善,必先知之。故至诚如神⑥。

【注释】

　　① 前知:预知未来的事情。

　　② 祯祥:吉祥的预兆。

　　③ 妖孽:物类反常的现象,引申为祸害的显现。草木之类称妖,虫豸之类称孽。

　　④ 见乎蓍龟:体现在占卜中。见(xiàn),呈现。蓍龟,蓍草和龟甲,用来占卜。蓍(shī);占卜用的草。

　　⑤ 四体:手足,指动作威仪。

　　⑥ 神:鬼神,意为如神一样微妙,不可言说。

【译文】

　　至诚的品质,可以让人预知未来的事情。如果国家兴盛,一定会有祥瑞的预兆；国家将要衰落，一定有不祥的预兆。这些预兆会在蓍草和龟甲上显现出来，同样也会在人们的举止中有所流露。如果有福祸将要来临的话，善的事情一定会预先知晓，不善的事情也会预先知晓。所以说，拥有至诚的品质就如同掌握了神明一样微妙。

【品鉴】

至诚，不仅仅是一种品德，更是一种能力。这种能力在政治上也有集中的体现。所谓"国家将兴，必有祯祥；国家将亡，必有妖孽。"只要具有至诚的品德，都可以从占卜、举止等各个方面体现出来。神妙如此，为政者还有什么理由不去修养自己"至诚"的品性呢？

中国古代认为，如果国家将要兴盛，那么必然会有预兆。比如说麒麟、凤凰、群鹤、祥云，这些都属于福兆；反过来，如果国家将要衰落，甚至灭亡，就会有灾异出现，比如地震、山崩、河流枯竭、流星陨落等。所以古代君主身边往往有负责占卜、观察星象的官员，对于大自然的变化一一做出分析。不过现今看来，这些都是愚昧和落后的。不过，如果人对各种道理都洞察明了，那么他就会很清楚国家、社会的大小缺陷。这不是因为他能够通晓神明，而是因为他明白应该发生与不应该发生的事情，明白顺应时代与违反潮流的原则区别。更重要的是他会对各种现象的好坏程度以及对社会的影响做出评估，进而预测社会的大体发展方向，对各种不好的发展趋势提出看法，以便及时给予纠正。众所周知，中国历史上许多朝代呈现衰败之势的时候，其表现都是雷同的：君主整日沉溺酒色，荒淫无度；贤臣被拒之千里，小人当政；大小官僚横征暴敛，百姓苦不堪言；国家周边有各种武装前去讨伐，国力日渐衰微。这种道理，其实大家都知道，王朝更迭也是迟早的事情，但能够根据这些表象做出判断，用心预测某个王朝"大限"的人毕竟是少数，所以说"至诚如神"。

第二十五章　自　成

【原文】

诚者，自成①也；而道，自道②也。诚者，物之终始，不诚无物。是故君子诚之为贵③。诚者，非自成己而已④也，所以成物⑤也。成己，仁也；成物，知也。性之德⑥也，合外内之道也，故时措⑦之宜也。

【注释】

① 自成：自我成全，也就是自我完善的意思。

② 自道：自我遵从，也就是率性而为的意思，与《中庸》开篇的"率性之谓道"的含义相似。

③ 贵：珍贵、宝贵。

④ 成己：使自己有成就。

⑤ 成物：成就万事万物，帮助事物成长、改变事物使之发挥功用。

⑥ 德：仁德。

⑦ 时措：在任何时候实施都适宜。

【译文】

诚的内涵是人自我成就的品性，道的内涵是事物自我发展的法则。诚的品性贯通于事物的终始，若是没有这种品性，事物就失去了灵魂。所以君子以诚为贵。诚并不是停滞于自我成就，更重要的是成就其他一切事物。成就自己是仁，成就万物是智。天性中的仁德，是融合自身与外物的途径，不管在什么时候应用它都会收到效果。

【品鉴】

本章强调了诚的普遍性与客观性，因此落实到圣人身上，也就具有了为政平天下的德性与能力，既可以成己，也可以成物。通过成己、成物两个方面，彻底打通了天人之间的关系。至诚，不仅可以"成己"，体现自己的道德修养，而且可以"成物"，体现自己的认知能力。有德性，有能力，这就是德才兼备的意思，这就是天道之性的固有品质。因此，治国平天下当然更应该遵从"至诚"的原则。

"诚者自成也，而道自道也"，说的是"诚"与"道"不是他人强加的，而是自己体认、实践出来的。诚就是真实无妄，是自我的成全与达成。所以句中用了一个"自成"。道也是自我发展过程中的规则。这两句话强调了诚的客观性，所以朱熹说："言诚者物之所以自成，而道者人之所当自行也。诚以心言，本也；道以理言，用也。"

"诚者物之终始，不诚无物"，揭示了诚的普遍性、永恒性。凡是天下的事物，都有终始。事物之中蕴涵的道理，都是实实在在的。如果没有了诚，事物可能就不存在。因此，运用诚，显现这些道理，体验这些道理，就可以成就事物，也可以成就自我，所以君子以诚为贵，这是一位君子必备的一种态度。人生存在这个世界之中，如果想要日趋完善，就必须了解这些道理，应用这些道理，要踏踏实实地去实践生活。儒家认为，这些蕴涵于生活中的道理和生活本身才是人的根本，而具体的技术、技巧等都属于"器"的层面。孔子明确指出："君子不器。"可见，儒家一直没有把自然科学放在至高无上的地位，认为各种新奇的发明创造并不能解决人生当中最重要的问题。相反，人生的关键在于心态，而心态的关键在于道德修养，道德修养的源泉又是天地之道。因此成己其实就是仁，成物其实就是智。此二者在人心本性中已经具有，使其彰显之后便可以随处应用，都会收到效果。

"是故君子诚之为贵"，君子无疑具有"参天地之化育"的价值追求，又具有洞悉万物的认识能力。所以，君子悟诚是必要和可能的，而且还要将诚之客观性引向人的目的追求。圣人之境是"赞天地之化育"，圣人之位是"与天地参"，圣人之力是"弥纶天地之道"，圣人之心是"混然与物同体"，圣人离不开与物的融合。在人与物的关系中，人若求与物和谐统一，就必须尊重物的规则与属性，而诚又是物之核心性规则，人若尊物必尊诚。诚是人与物和谐为一的必然要求，人必须去认识天地万物的真实本性。

第二十六章 无 息

【原文】

　　故至诚无息①！不息则久，久则征②，征则悠远③，悠远则博厚④，博厚则高明⑤。博厚，所以载物也；高明，所以覆物⑥也；悠久，所以成物⑦也。博厚配地，高明配⑧天，悠久无疆。如此者，不见而章⑨，不动而变，无为而成。

【注释】

　　①息：止息，休止，间断。

　　②征：征验，显露于外。

　　③悠远：悠久长远。悠，悠长。远，久远。

　　④博厚：广博深厚。

　　⑤高明：高大光明。

　　⑥覆物：覆盖万物。

　　⑦成物：生成万物。

　　⑧配：配合。

　　⑨见（xiàn）：显现。章，即彰，彰明。

【译文】

所以至诚的道理遍行宇宙，追求至诚的盛德，应该永不停息！追求不息则能历时长久，历时长久则能够体现于万物，体现于万物就能够悠久长远，悠久长远其德行就能博大深厚，博大深厚则能够高大光明。博大深厚才能承载万物，高大光明才能遍及万物，悠久长远才能成就万物。博大深厚与大地的品德相呼应，高大光明与苍天的品德相呼应，悠久长远的品德表明永无止息。这几种品德，不用刻意的表现也能够彰显出来，处于静止的状态也能够使万物变化，没有什么作为却能够成就万物。

【品鉴】

本章申述至诚的永恒性及其具体作用，以此来进一步彰显"诚"的伟大。孔颖达认为："故至诚无息，言至诚之德，所用皆宜，无有止息，故能久远、博厚、高明以配天地也。"

一方面至诚是运动的，随着形势而变化，适应不同的时代，就像四时变换，昼夜交替，日出日落，永不止息。古人常常用"天理流行"来形容它。只有永不止息才会持续发展，中国古代哲学家很早就察觉到这个规律，并把它作为一条维持宇宙运行的准则。由于它是整个宇宙运行发展的规律，那么处在宇宙当中的人只有顺应这个规律，才能长久地发展下去。至诚无息的另一个方面是这种至诚是纯净的，不夹杂任何私欲。人的品德虽然会不时显露出善端，但是人心当中也包含了私欲。人往往会因为自己私欲的阻碍，导致自我修养的间断。如果间断，就不能称为"无息"。在这个意思上来说，至诚包括了对人自我修养的要求。这一章一开始就是揭示这个道理，并由此逐渐深入。

博厚、高明、悠久，一方面形容至诚的品性，另一方面又形容具有这种品性的圣人的品德。这是借用天、地的品德来赞赏至诚的功用和具有了至诚品性的圣人的功用。圣人之德，承载、养育万物，覆盖、包容万物，这种美德生生不息，在这种盛德之下万物可以得到成就，可以自由地发挥作用，彼此之间不相妨碍，从而世界太平。这就是"成物"。成就万物的同时自我也得到成就。所以"博厚配地，高明配天，悠久无疆"。圣人与天地合一，其博厚，承载万物，就像大地一般；其高明，包容万物，就像天道一般；他的功用与天地相互交融，相互配合，循环往复，永不停息，所以说"悠久无疆"。而这种巨大的功用又不是有意识的人为，而是自然生发出来的，是至诚品性长久积累的结果，外物感受到这种至诚之德就会随之变化，所以能够达到"不见而章，不动而变，无为而成"的境界。

【原文】

天地之道，可一言而尽也①：其为物不贰②，则其生物不测③。天地之道：博也，厚也，高也，明也，悠也，久也。今夫天，斯昭昭④之多，及其无穷也，日月星辰系⑤焉，万物覆焉。今夫地，一撮土之多，及其广厚，载华岳⑥而不重，振⑦河海而不泄⑧，万物载焉。今夫山，一卷石⑨之多，及其广大，草木生之，禽兽居之，宝藏兴焉。今夫水，一勺之多，及其不测，鼋鼍蛟龙鱼鳖⑩生焉，货财殖⑪焉。《诗》⑫云："维天之命，於穆不已⑬！"盖曰天之所以为天也。"於乎不显⑭，文王之德之纯！"盖曰文王之所以为文也，纯亦不已⑮。

【注释】

①尽：完。

②不贰：诚是忠诚如一，所以不贰，形容纯一没有间杂。

③不测：不能估计、测度，指浩瀚无涯。

④昭昭：光明。

⑤系：属于。

⑥华岳：即华山。

⑦振：通"整"，整治，引申为约束。

⑧泄：渗漏。

⑨一卷石：一拳头大的石头。卷（quán），通"拳"。

⑩鼋鼍蛟龙鱼鳖：传说中水里的动物。鼋（yuán），大鳖，比龟稍大；鼍（tuó），鳄鱼的一种，又称"扬子锷"，爬行动物。蛟，无角的龙。

⑪殖：滋长，生殖，产生。

⑫诗：指《诗经·周颂·维天之命》。维，思。

⑬於穆不已：肃穆不停。於（wū），赞叹词。穆，肃敬。不停，无穷。

⑭於乎不显：大显。於（wū）乎，赞叹词。不（pī），通"丕"，大。显，明显。

⑮纯亦不已：纯一不杂、永不止息的意思。

【译文】

天地所彰显出来的道理，可以用一句话概括：用至诚的品德对待万物，它使万物生生不息的道理深不可测。天地所彰显出来的道理：博大，深厚，高大，光明，悠远，长久。现在你所看到的天，只是一小片光明，但若论及它的无穷之大，则日月星辰、万事万物都在它的包容之中；现在你所看到的地，只是一小撮泥土，但若论及它的深厚广博，则可以承载山川河海，万事万物都在它的肩背之上；现在你所看到的山，只是一堆碎石，但若论及它的广大，各种草木生长于其中，各种动物生存于其中，各种宝藏潜藏于其中；现在你所看到的水，只有一勺那么多，但若论及它的深不可测，鼋、鼍、蛟、龙、鱼、鳖等皆生于其中，各种财货也由此产生。《诗经》中说："想那天的道行，肃穆不停！"这应该是感慨天之所以是天吧。"啊，多么明显，文王的品德多纯正！"这应该是感慨文王之所以为文王吧，他的纯正就像天一样运行不止。

【品鉴】

这一段，举例说明至诚的彰显，进而说明至诚的品性和圣人的品德可以由极小处见大。我们在日常生活中经常可以见到一些好的品德，如果这些品德扩展开来，将有不可估量的神妙功用。我们能够见到一小片光明，是天的一部分；我们能够捏起一小撮土，是地的一部分；我们能够捡起一小块石头，是山的一部分；我们能够舀起一勺水，是江河大海的一部分。但这些细小的部分扩张开，一片光明可以成为包罗日月星辰的天空，一小撮土可以成为承载华岳、发源河海的大地，一小块石头可以成为卧虎藏龙的高山，一勺水可以成为深不可测的海洋。天地之大，便是如此；天地之中的山川江海能够滋生、养育万物，亦是如此；这就是天地之间流行的大道。圣人能够与这种大道相互融合，进而成就万物，其与天地相参的功用可见一斑。所以文中引用了《诗经·周颂·维天之命》篇，来赞美圣人的功德。

"维天之命，於穆不已！於乎不显文王之德之纯！"意思是只有上天的道理，庄严肃穆地运行不止，其中也显示了文王德性的精纯。维是思的意思，穆是肃敬的意思。本篇下一句是"假以溢我？我其收之。骏惠我文王，曾孙笃之"，大意是希望后人能够继承文王的这种高尚精纯的德性。古人善于从天道总结人道，以人道配合和补充天道。天道所体现出来的最高价值就是毫不止息地运转，这一点在自然界表现为四时更迭、万物生灭，整个世界欣欣向荣；圣人德性可以达到至纯的境界以配天，这种德性泽被万物也是没有止息的。圣人至纯的德性就是至诚。在后世儒家的眼中，周文王已经达到了这种境界，是当之无愧的圣人。文中还补充"盖曰文王之所以为文也，纯亦不已"，这是文王称文的原由。正因为他的品质与德性纯一无间、毫无杂染，所以称得上是"文"。

这一部分开始对"诚"的含义及其功效做了详细的描述，最后以周文王之"纯"为例，再次强调治国"为政以诚"的必要性与可能性。

从下一章开始，文章主要论述圣人"诚"的自然展现——"平天下以德"的问题，特别是以孔子为例，详细申述了圣人气象以及对圣人功德的赞美。

第二十七章 大 哉

【原文】

大哉圣人之道！洋洋①乎！发育万物，峻极于天。优优②大哉！

【注释】

① 洋洋：盛大，浩瀚无边。这里是流动充满的意思。
② 优优：充足有余的意思。

【译文】

圣人之道是多么广大啊！无所不包，无所不揽！像天地一样发育万物，其精神可上达于天。他的成就又是多么伟大啊！

【品鉴】

这里是《中庸》第一次使用"圣人之道"这个词，意义十分深远。

整个《中庸》，许多人可能觉得引文凌乱，主体似乎缺乏分明的线索，但如能仔细体会，《中庸》的确具有枝节相连、散而不乱的文脉所在。孔颖达认为："此一节明圣人之道高大，苟非至德，其道不成。"

本章所讲，重点在于说明"圣人之道"的伟大。圣人之道的伟大，不仅仅在于内在的道德修养，更重要的还在于能够把自己内在的美好德性充分展现出来，也就是《大学》中所说的"明明德于天下"。由此而彰显出来的"内圣外王"才得以完美体现，儒家的精神才能够表露无遗！"中庸之道"的最大特点，就是在日常人伦之中应用中和天道，认为"致中和"可以导致"天地位焉，万物育焉"。实行中庸之道，天下大同、宇宙和谐的理想状态并不遥远。从这一章开始，一直到第三十二章，反复阐述"为圣以德"的道理：成就圣人，不仅要以德性为基础，而且还要充分展现出来，明明德于天下。换句话说，"圣人之道"也应该落实到政治活动之中，在政治活动中体现出至诚至公、无私无偏的"中和"精神。这实际上就体现着儒家哲学的归宿。

本章一开始承接上文，是对圣人之道的高度赞美："大哉圣人之道！洋洋乎！发育万物，峻极于天。"圣人可以通过教化让一般品性的人显露心中本有的至诚品性，然后人可以本着这种至诚品性去视、听、言、动、思。建立了这种根本，人的行为举止便不会有大的偏差。这就是对于天道的补充，这种教化的价值在于人类社会。所以这里高度赞扬圣人的这种教化，"发育万物，峻极于天"，认为是可以与天道媲美的圣人之道，因为圣人本身就是建立在充分体会天道基础上的。

儒家哲学的独特魅力正是修身，而修身追求的最高目标是成为圣人。圣人的概念自古有之，真正把它上升到哲学高度，赋予其哲学内涵的是北宋的理学大师周敦颐。周敦颐在其代表作《太极图说》与《通书》中，对"圣人"作了大量的论述，对后世影响极为深远。

《太极图说》中说："五行之生也，各一其性。无极之真，二五之精，妙合而凝。乾道成男，坤道成女。二气交感，化生万物。万物生生而变化无穷焉。唯人也得其秀而最灵。形既生矣，神发智矣，五性感动而善恶分，万事出矣。圣人定之以中正仁义（自注：圣人之道，仁义中正而已矣）而主静（自注：无欲故静），立人极焉。故圣人与天地合其德，日月合其明，四时合其序，鬼神合其吉凶，君子修之吉，小人悖之凶。"周敦颐认为人是天地间最灵秀者，秉阴阳五行而生，又各具独特之性，而圣人是人中极品。之所以如此，原因正在于圣人身上具有"中正仁义而主静"的属性。圣人的品质是中正、仁义、主静。这是从道德层面来规定圣人。而后将其与天地、日月、四时、鬼神相联系，使圣人的品质、精神达到天的高度。这与《中庸》首章"致中和，天地位焉"相一致，圣人与天地相参，圣人的境界如天地般高深、博厚，圣人在长期的修养中参悟到了天地的玄机，其精神、神韵与天地相契合。在某种角度讲，圣人也具备了天地的某些权能，至少在精神层是面如此。

古人认为有天地后有人类，人是由天地创生的。天地是人的父母，天地因此被赋予神的权能。我们自古便拜祭天地，尤其是天，华夏民族视其为最高的主宰，认为天有最高的权能，拥有最大的力量，是终极的仲裁者。尽管后来天的地位下降，人的地位上升，但其固有的地位始终未变。

儒者把圣人比作天，拥有丰富的内涵。首先是体现了圣人的神圣性，提升了圣人的地位。其次指出了圣人的力量源自天，在某种程度上有至高无上性。但圣人这种力量不是天作为最高决定者的外在施予，天是纯精神、纯价值观的设定与存在，它基本上以哲学的形式而存在。"天行健，君子以自强不息""地势坤，君子以厚德载物"，天的行为属性是强健、刚毅，故而君子也应效法天道，奋发向上，使自己进步，永不停息；大地是柔顺的，它无私、公正地承载着万物，所以人也该具备宽厚的道德，在待人接物中厚道一些，不可尖酸刻薄。这是真正圣人的典范。《易传》的作者在观察天地意向后作出抽象性的哲学判断，把天地理念转化成人的理念、人的行为规则。最后表明圣人是人而非神，儒家是哲学而非神学，圣人只是将中正、仁义、静等美好品质修养到极致而已。那么它先天是人，后天也是人，到死也是人。它只是经过涵养自我成为真善美的化身，他不是宗教中的神之子，不是感光而生，不是救世主，他只是普通之人。圣人没有神秘色彩，在这个意义上说，圣人与大众无别，圣人与常人是平等的，"涂之人可以为禹"，成圣的大门向所有人敞开。

"涂之人可以为禹"是具有鲜明儒家乃至中国哲学特色的理念，是中华文化最具典型代表性又最具魅力的几个理念之一，它具有重大的人文价值。首先，它主张平等观，切实认为人生而平等，这比近代文艺复兴时西方的平等观更早、更彻底。基督教哲学认为，人只能等待上帝的救赎，这是进入天国的唯一条件，但是上帝救谁与不救谁，完全取决于上帝的意志，这样就关闭了许多人进入天国的大门。人的幸福完全依靠外在上帝的力量与意志，那么人主观便有可能产生惰性，不去诚意修身，而且，能否进入天国极具不确定性，谁能进，谁不能进，没人能自己知道，只有上帝知道，而上帝又不会自己表达，如此势必陷入迷茫。反观儒家文明，主张人生而平等，能否成为圣人完全依靠自我修身，不靠外在力量，一切的美好生活均取决于自己的行为与观念，人能成圣是最基本的人生信念。只要实现中正、仁义而静，那便是圣人了。这样，就意味着有一个固定不变的标尺放在那儿，目标明确。最终，人只要努力修身，只要坚持不懈，就很可能成为圣人。

【原文】

礼仪①三百，威仪②三千，待其人③而后行。故曰：苟不至德④，至道不凝⑤焉。

【注释】

① 礼仪：古代礼节的主要规则，又称经礼。
② 威仪：古代典礼中的动作规范及待人接物的礼节，又称曲礼。
③ 其人：指圣人。
④ 苟不至德：如果没有极高的德行。苟，如果。
⑤ 凝：聚集，引申为成功。

【译文】

制定了经礼三百，曲礼三千，这些都有待于圣人出世后才能得以实行。所以说，如果不能达到至德的境界，宇宙中的究及道理就不会凝聚。

【品鉴】

我们上面说过，礼就是社会中的各种准则，在上古可以代替法律。礼是很繁多的，包罗万象。礼仪包括成人礼（古代称作冠礼），还有婚礼、丧礼以及祭祀的各种礼仪，这些礼仪的条目加起来大约有三百余条。威仪是关于日常生活的规范和守则的礼法，这些礼法就更加琐碎了，涉及生活的各个细节，多达三千余条。圣人之道，从大处说可以泽被万物、成就众生，但从社会生活的细小方面来看，它又可以规范人伦日用的小事。所以说"优优大哉"，这种德性扩展到各个方面，延绵不绝。"待其人而后行"，道理是不会改变的，运行于天地之间；但若使道理充分运用于人类社会之中，则必须等待圣人的作为。如果没有这种至高的德性，没有至诚的品性，就不具有那样博大的胸襟可以包容万物，也没有那样深远的思虑可以洞察至深的义理，那么天地间的道理就不会凝聚体现在他的身上。所以说"故曰苟不至德，至道不凝焉"。至德与至道是缺一不可的两种极致。只有圣人身上体现出来的至高无上的德性，才能够凝聚天地之间至真至纯的大道；这种大道凝聚到圣人身上，才能够彰显出来，造福于国家百姓。如果没有达到圣人的地步，就要逐渐修养德性。这种修养提高一点，天地之间的至道便凝聚一点。久而久之，这种至道就会在心中显露出来。

"苟不至德，至道不凝焉"，郑玄认为："言为政在人，政由礼也。"孔颖达则说："苟诚非至德之人，则圣人至极之道不可成也。"大道无形，但在儒家看，道多与天相连，名为天道，说到底，天道二字还是指道，其基本内涵没变。道最初是指人要走的路，把道与天相连，古代哲学家将其借用来表达天指给人要走的路。天是至高无上的主宰，天命令人该走的路，这样就变成了绝对的命令，是无上的法则，人完全没有选择的余地，必须遵守。这样一来，天道就是人与天地万物必须遵守的规则，用今天的话说，天道如同事物固有的规律。天道有许多特性，但最根本的还是客观存在的性质，我们必须承认它。它又是非物质的存在，我们看不见、摸不到，有高度的抽象性，是无形的。它又有崇高性，我们必须遵守它，做人才能平安，处事才可成功，漠视它就可能一事无成。尽管看不见摸不着，但是，我们还是可以认识它的，我们可以去观察，去用心思考。如何认识、接近、把握天道，自古以来便是一个很大的难题。对大多数哲学家而言，它是一个令人头痛的困扰。"苟不至德，至道不凝焉"这句话，本身就表明认识与把握天道的困难。

一个人没有伟大的德性就无法认识、理解、把握天道。这种思想其实是儒学的一大特色，即德性认识论。张载在《正蒙》中指出："诚明所知，乃天德良知，非闻见小知而已。"天地的造化之机是神秘莫测的，这是天的一大属性。圣人修德，法天象地，就可以穷尽天的造化之机，从而也就知晓了天道。至德、至道都是最高层的，只有圣人才可以拥有。沟通天人的是圣人，因为效法天地的精神，圣人因而获取了天地的力量。

天地之为天地，并非指形象而存在的天地，而是天地在运转中体现出来、又被人们所感知到的精神。举例来说，春秋夏冬四季交替，无休无止，它永恒地运转着，《易经》便在这一现象中抽象出天地的伟大，并据此而画出了乾卦，说明其刚健不息的特点。我们说大自然充满力量，并非专指客观自然本身，而是包含了的存在。因为人的感知，因为人的赞美而赋予大自然以人性的力量。换句话说，抛开天不谈，抛开道不讲，我们真正所需要的所称之为至高无上的天，或者最高的决定者，其实是精神，在天的表象背后是某种精神性的存在。而精神性的存在又是中性的，当人们能认识这种精神，并真正掌握的时候，它也就变成了天地，也就有了和天地相同的力量与地位。这就是所谓的"天地位焉""与天地参"。而"苟不至德"，则将问题引向了圣人何以可能的哲学视阈。

【原文】

故君子尊德性而道问学①，致广大而尽精微②，极高明而道中庸③。温故而知新，敦厚以崇礼④。

【注释】

① 尊德性而道问学：恭敬奉持圣人那样的德性，同时还要通过勤学好问增进对于圣人之道的了解、掌握。
② 致广大而尽精微：追求广博、深入。
③ 极高明而道中庸：追求高明的境界，但又不脱离日常生活。
④ 敦厚以崇礼：心存敦厚而又能崇尚礼节。

【译文】

所以君子不但要尊重德性，还要实践各种学识来充实自己；既要明白广大的道理,又要探究细微的明理;虽然已经十分高明了,但仍然遵循中庸的原则。

【品鉴】

　　修养德性和凝聚至道不是简单的道理,需要人去切身体会才能够感受得到。儒家非常重视立志,认为人如果想做成大事就必须先立大志,立下志向之后再踏踏实实地去实行。想修养德性、成为圣人,立志固然重要,但这种事业还需要下长时间的功夫,不能一蹴而就。本章简要说明了君子入圣域的三个条目:尊德性而道问学,致广大而尽精微,极高明而道中庸。

　　尊德性而道问学:这里的德性就是人禀受于天地至纯的正理,这种正理是人人都具备的,但不是人人都显露出来的。尊,是恭敬奉持的意思。这里要求君子发掘、明确自己心中的正理,并且以这种正理为准则,身体力行之。尊德性是一个方面,阐明了成为圣人的先天因素;与其同等重要的是道问学。道,是说的意思,这里引申为表现出来。与上面所说的德性不同,这里的"道"是显露在外的品质,是其他人可以看到、感受到并且受到影响的人格的彰显,也可以说是内在德性的外在表现;问,即是各种自己不能理解的问题,对于这些问题要不耻下问,这样就能在各个方面充实自己;学,指学习,在儒家看来,学习是没有止境的,一个人应该活到老学到老。总的来说,德性与知识都是不可缺少的,尊德性与道问学正是一位君子不可缺少的人生态度。本着这种态度对待人生,或者事业,或者家庭,就会收到理想的效果。孔颖达认为:"此一经明君子欲行圣人之道,当须勤学。"

　　致广大而尽精微:这里说的是人心和天理两个方面。致,即是达到、推及,上文说过,人心中具有至善的种子,如果扩展开来就会得到至善;

"广大"在这里的意思是：人心可以有如天地般宽广，可以无所不包无所不容。一位君子的胸怀应该是广大的，想要成为一位君子就要将自己的心胸推致广大，勿使受到蒙蔽。另外，对于事物的义理也要深入探究，以达到"尽精微"的地步，这样可以使广大的心胸充满而不至于空疏。致广大而尽精微，人的心胸包容万物，才能够厚积薄发。

极高明而道中庸：高明是人心的本来状态。人心本来是高明的，只是生活在社会当中常常会为俗世所污染，常常会为私欲所蒙蔽，失去了本来的高明。之所以要学，要修养，就是要使心境回复到本原的纯洁、高明的状态。中庸，就是保持中道，既不为过，又不会不及。中庸可以算是儒家中最高明深奥的学问了，原因并不在于它难以理解，实际上它非常容易理解；其高明深奥在于它的难以把握。所以这三个条目中它列于最后，是终极的层次，是学问与修养的终点。到了这种境地，心境的高明才不会归于空灵虚远。

概括地说，君子需要从两方面来成就：第一是德性方面，这是一位君子，或者说一个人的根本，包括致广大、极高明等；第二是学问方面，当然这里的学问不是我们今天说的知识系统，而是传统儒家认为的人生活在社会中不得不知的处理各种关系的方法，比如人与人之间的关系、人与自然之间的关系等，这一方面包括尽精微、道中庸等。其实在此所说的"尊德性而道问学"等也可以与上面的博学、审问、慎思、明辨、笃行相表里，也是讲修养的几个方面。朱熹认为："尊者，恭敬奉持之意。德性者，吾所受于天之正理。道，由也。温，犹燖温之温，谓故学之矣，复时习之也。敦，加厚也。尊德性，所以存心而极乎道体之大也。道问学，所以致知而尽乎道体之细也。二者修德凝道之大端也。不以一毫私意自蔽，不以一毫私欲自累，涵泳乎其所已知。敦笃乎其所已能，此皆存心之属也。析理则不使有毫厘之差，处事则不使有过不及之谬，理义则日知其所未知，节文则日谨其所未谨，此皆致知之属也。盖非存心无以致知，而存心者又不可以不致知。故此五句，大小相资，首尾相应，圣贤所示入德之方，莫详于此，学者宜尽心焉。"朱熹的解说，颇为精致。

【原文】

是故居上不骄，为下不倍①。国有道，其言足以兴；国无道，其默足以容②。《诗》③曰"既明且哲④，以保其身"，其此之谓与？

【注释】

① 倍：通"背"，背弃，背叛。

② 容：容身，指保全自己。

③ 诗：指《诗经·大雅·烝民》。原诗是："肃肃王命，仲山甫将之。邦国若否，仲山甫明之。既明且哲，以保其身。夙夜匪解（xiè），以事一人。"这首诗是周宣王的大臣伊吉甫所作，赠送给仲山甫，赞颂他的美德以及辅佐周宣王的忠诚。

④ 既明且哲：明白事理又有智慧，指通达事理。哲，智慧。

【译文】

所以君子即使身处天子的位置也不会骄横，从事普通的工作也不会违背准则。国家有道，他的学说可以兴盛于天下；国家衰微，他也沉默包容。《诗经》中说"既明白事理又有智慧，足以保全自身"，大概就是这个意思吧？

【品鉴】

最后，君子通过修养德性而凝聚大道，逐渐接近圣人的境界。达到了这种境地，如果身居要职，便能兢兢业业，尽自己的义务，必然不会因为身居要职便沉溺于富贵，或者骄横自傲；纵使不在高位，也能安分守己，不至于违背法纪。当国家兴盛、国君有道时，他可以发挥自己的才能，为国家效力，也可以以自己的人格魅力感召其他人、教化其他人；当国家衰落、国君无道时，他也能安然自守，不发表偏激的言论，避开祸患与灾难，保全自身。所以在此文章引用了《诗经》的一句："既明且哲，以保其身"，今天的意思就是既明白事理又具有智慧，足以保全自身。这就是中庸之道，无可无不可，真正是游刃有余。不论是为上，还是为下，不论是处治，还是处乱，都可以随遇而安。

"既明且哲，以保其身"，这一句话后来逐渐变成了一个成语"明哲保身"，成了贬义词，成了典型的自私自利的老滑头形象。其实这句话在这里的意思，主要在于强调圣人奉行中庸之道，表明圣人拥有了超人的智慧，这种智慧足可以保养自身，也可以平定天下，更可以"赞天地之化育"！朱熹也说："所谓明哲者，只是晓天下事理，顺理而行，自然灾害不及其身可以保其禄位。今人以邪心读诗，谓明哲是见几知微，先去占便宜。"

可见，《中庸》对圣人全面性的把握尤其深刻而独到。既要修身立德又要勤学而有才干，处事既应立足全局又要关注细节，既要志存高远又能落实在日常生活的实处，是全面性观念的典范。人在得势的时候顺风顺水，不该骄傲自满。在失志、不得意处于卑位的时候也不必自卑，也应该保持尊严，也不该放弃自己的人生理想，不可舍弃原则。儒家所追求的圣人境界，通过德性修养而达成的"明明德于天下"，这是人类崇高的精神境界，是宋明理学家们孜孜以求的"圣人气象"！

第二十八章　自　用

【原文】

子曰："愚而好自用①；贱而好自专②；生乎今之世，反③古之道。如此者，灾及其身者也。"

【注释】

① 自用：凭自己主观意图行事，自以为是，不听别人意见，即刚愎自用的意思。

② 自专：按照自己的主观意志独断专行。

③ 反：通"返"，引申为返回、推行。

【译文】

孔子说："智力愚钝还刚愎自用，地位卑微还独断专行，生活在当代社会却一心一意要奉行古代的道理。这样做，灾祸就会降临到自身。"

【品鉴】

本章承接上一章反说"圣人之道"，发挥"为下不倍（背）"的意思，反对自以为是，独断专行，也有"不在其位，不谋其政"的意思。

"愚而好自用，贱而好自专，生乎今之世反古之道"，这三个方面，均非"圣人之道"。不按照"圣人之道"，自然会招致灾祸。

"愚而好自用，贱而好自专"，指的是两种人：一种是身在高位，但缺乏相应的能力与品德，而且还自以为是，独断专行；一种是不在其位，一介草民，对于国事高谈阔论，指手画脚。这二者都是孔子批评的对象。为什么呢？这里涉及的还是中庸的问题。人不知道本分，是不能做到中庸的；如果不明白本分，不但行为举止不合乎规范，自己的努力收不到效果，而且还会使自己陷入困境。本分是做到中庸的一个前提。如果再剖析一下本分的内涵，无非是自我认识与自我评价的问题。对于一个平凡的人来说，如果得到了某一个职位，那么他就要善于学习，善于接纳别人的意见，善于改变自己的缺点，绝不可以刚愎自用。所谓愚而好自用的人，就是昏庸无德的人，不但不能为国家效力，反倒会给人民带来损失。与之相反，如果一个地位卑贱的人，要么把自己的工作做好，要么潜心学习，发掘自己的潜能，进而谋求上进。如果这二者都不能做到，还喜欢独断专行，就像文中所说的"贱而好自专"，就会给自己带来麻烦。儒家认为，所谓"人祸"就是行为不当造成的。处在要位的人如果行为不当，会给其他人、甚至给整个国家带来损失，一个平凡的人如果行为不当，则会给自己带来灾祸，这二者其实都是可以避免的。中庸之道的实用性就在这里。

文中还有一则反例是"生乎今之世，反古之道"。儒家有崇古的倾向，认为上古时代社会太平，天下大公，人民可以过安定的生活。但这里的"反古之道"并不是崇古，而是照搬古代的法度。这样就会产生很大的问题，因为古代与当今不论社会环境、国家状况等都可能有很大的不同，如果只是简单地照搬在过去曾发挥作用的法度，就会适得其反。按照中庸的方法，并不一定要照搬照抄原来的法度，可以研究一下当时的社会状况，根据这个状况来看它的法度，再仔细分析当前的形势，从而制定有效的法度。过去的条文在今天还可以借鉴，可以参考，但不能没有原则地拿来。孔子所要复的礼，恰好是那种"今用之"的"周礼"，而不是"古之道"的"夏礼"和"殷礼"，因此给孔子扣上"拉历史倒车"的复古主义帽子是错误的。所以，对于以上的种种不适当的做法，最后归结为一点："如此者，灾及其身者也。"

【原文】

非天子，不议礼，不制度①，不考文②。今天下车同轨，书同文，行同伦③。虽有其位，苟无其德，不敢作礼乐焉；虽有其德，苟无其位，亦不敢作礼乐焉。

【注释】

① 制度：指制订法度。礼是亲疏贵贱相互接触的礼仪，度是宫室、衣物、器具、车马等的等级。
② 考文：考订文字规范，这里指文字的笔画和形体。
③ 车同轨，书同文，行同伦：车子的轮距一致，字体统一，伦理道德相同。这种情况是秦始皇统一六国后才出现的，所以有些学者认为据此可以判断《中庸》是秦汉时代儒者的作品。也有不少学者认为这句话是后代掺入的，不能据此断定整个《中庸》的写作年代。

【译文】

不是天子，不得制定礼法，不得修订制度，不得考订文字规范。现在天下统一，车子的轮距一致，文字的字体统一，伦理道德也相同。虽然身处天子的位置，如果没有圣人的德性，那也是不敢制定礼乐的；虽然具有圣人的德性，如果不在天子的位置，那也是不敢制定礼乐的。

【品鉴】

　　这是孔子一直倡导的正名原则，在其位谋其政、不在其位不谋其政。评述、商议区别亲疏贵贱的礼仪，制定宫室、衣物、器具、车马等的等级，以及考证、规定文字的规范，都是国家大事。只有具备才能和品德的天子，才可以做。古代政教都出于朝廷，统一于天子，其他臣下不能随便干预。所以后文又再次强调："虽有其位，苟无其德，不敢作礼乐焉；虽有其德，苟无其位，亦不敢作礼乐焉。"必须既有其位，又有其德，才能行其事。

【原文】

　　子曰："吾说夏礼①，杞②不足征也；吾学殷礼③，有宋④存焉；吾学周礼⑤，今用之，吾从⑥周。"

【注释】

　　① 夏礼：夏朝的礼制。夏朝，约公元前 2205 年—前 1776 年，传说是禹建立的。

　　② 杞：国名，传说是周武王封夏禹的后代于此，故城在今河南杞县。

　　③ 殷礼：殷朝的礼制。商朝因盘庚迁都至殷（今河南安阳），所以一般称为殷代，整个商朝也称商殷或殷商。

　　④ 宋：国名，商汤的后代居此，故城在今河南商丘市南。

　　⑤ 周礼：周朝的礼制。

　　⑥ 从：遵从，听从。

【译文】

孔子说:"如果让我阐述夏代的礼法,夏的后裔杞国已经不足以考证明白了;如果我学习商代的礼法,商的后裔宋国至今还残存一些痕迹;我学习周代的礼法,今天还在使用着,所以我遵从周礼。"

【品鉴】

这是针对上面的"生乎今之世,反古之道"所说的。孔子认为,在礼崩乐坏的时代,想要取得最大的现实功效,就要根据文武盛世所实行的周礼制定规范。夏王朝与殷王朝的礼制要么考证不到了,要么不合乎当时的社会情况,只有周礼可以运用,能够取得实效。但是孔子并不主张照搬,他对于周礼是有"损益"的:根本的原则不变,细枝末节可以根据现实情况的不同做出调整。朱熹认为:"三代之礼,孔子皆尝学之而能言其意;但夏礼既不可考证,殷礼虽存,又非当世之法,惟周礼乃时王之制,今日所用。孔子既不得位,则从周而已。"也就是说,孔子实际上是有资格制定礼乐制度的,但不在王位,所以只能遵从周礼。

这不仅诠释了中庸的含义,也再次说明了"圣人之道"是需要通过政治活动体现出来的,而政治活动也与德性修养密切相关。

第二十九章 三 重

【原文】

王天下①有三重②焉，其寡过矣乎！上焉者③，虽善无征④，无征不信，不信民弗从。下焉者⑤，虽善不尊⑥，不尊不信，不信民弗从。故君子之道，本诸身⑦，征诸庶民，考诸三王⑧而不缪⑨，建⑩诸天地而不悖⑪，质⑫诸鬼神⑬而无疑，百世以俟⑭圣人而不惑。质诸鬼神而无疑，知天也；百世以俟圣人而不惑，知人也。

【注释】

① 王天下："王"作动词用，称王而治理天下，也就是统治天下。
② 三重：指的是制定礼法、创立制度、考订文字三个方面。朱熹在《中庸章句》中引证说："吕氏曰：'三重，谓议礼、制度、考文。惟天子得以行之，则国不异政，家不殊俗，而人得寡过矣。'"
③ 上焉者：最好的做法，这里指古代的礼仪制度。孔颖达认为："上，谓君也，言为君虽有善行，无分明徵验，则不信著于下，既不信著，则民不从。"朱熹则认为："上焉者，谓时王以前，如夏、商之礼虽善，而皆不可考。"
④ 虽善无征：虽然很好，但没有办法考证。

⑤下焉者：指在下位的圣人，像孔子那样的人。孔颖达认为："下，谓臣也，言臣所行之事，虽有善行而不尊，不尊敬于君，则善不信著于下，既不信著，则民不从，故下云徵诸庶民，谓行善须有徵验于庶民也。"朱熹认为："下焉者，谓圣人在下，如孔子虽善于礼，而不在尊位也。"

⑥尊：指君主的尊位。

⑦本诸身：以修身为根本。

⑧三王：指夏、商、周三代君王。

⑨缪：差错。

⑩建：建立。

⑪悖：违背。

⑫质：质询，询问。

⑬鬼神：阴阳二气的神妙变化。郑玄认为，"鬼神，从天地者也。《易》曰：'故知鬼神之情状，与天地相似。'圣人则之，百世同道。"孔颖达认为："此鬼神，是阴阳七八、九六之鬼神生成万物者。此是天地所为，既能质正阴阳，不有疑惑，是识知天道也。……云'鬼神从天地者也'，解所以质诸鬼神之德、知天道之意，引《易》曰'故知鬼神之情状，与天地相似'者，证鬼神从天地之意。案《易·系辞》云'精气为物，游魂为变。'郑云：'木火之神生物，金水之鬼成物。'以七八之神生物，九六之鬼成物，是鬼神以生成为功，天地亦以生成为务，是鬼神之状与天地相似。"

⑭俟：等待。

【译文】

治理国家有制定礼法、创立制度、考订文字三个重要的方面，如果能做到，那么就很少过错了啊！上古的圣王都已经故去了，他们虽然有一套至善的方略来治国，但终究无法考证，得不到确信。得不到确信人民就不会拥护，更不会跟从；普通人虽然能够提出一套至善的治国方略，但是身不在至尊的位置，没有权威。没有权威就不能取信于人民，人民就不会拥护，更不会跟从。所以君子的治国之道应该是：先从自身修养出发，使人民了解他的事迹从而相信他，再考证上古三王的礼法制度，确保没有严重的偏差，然后可以建立治国之道，有如天地般运行而没有悖逆，交给鬼神质证也不会有心存疑虑，交给后世的圣人也不会心有惶惑。交给鬼神质证而没有疑虑，是了解天道；交给后世圣人而心不惶惑，是了解人意。

【品鉴】

开头的"王天下"三个字，明确点出本章的核心依然是"圣人之道"。"王天下"三个字，表面上讲的是"为政"，实际上是"为圣"，因为唯有圣人，才能够制定礼法、创立制度、考订文字，这是"平天下"的伟大事业。

本章细说上一章提出的三件国家大事，而且进一步说明一位称职的君主如何做好这三件事。《中庸》认为，一位君主如果能够将这些事情做好，就可以称得上是贤君了。

所谓"上焉者"，指的是上古的圣王所制定的礼法。"上焉者虽善无征"，上古圣王制定的这些礼法，是很好的，在特定的时期发挥过很大的功用，后世的君主应该尊重它；但因其时代久远，已经不能考订了。不能考订的最大问题在于无法使他人信服，缺乏一定的说服力；缺乏说服力则民众不会跟从。所谓"下焉者"，指的是在野的圣人，他们的见解十分深刻，他们提出的治国方略也非常合理，但"虽善不尊"，即缺乏尊位。缺乏尊位则民众也不会信服和跟从。所以"王天下有三重焉",它是有前提的,这个前提就是当世的圣人,又在天子的尊位。这个要求是很高的,是真正的德才兼备!

那么一位君主要实行圣人之道,要实施这三种大事,应该怎样做呢?朱熹在这里的解释是:"此君子,指王天下者而言。其道,即议礼、制度、考文之事也。本诸身,有其德也。征诸庶民,验其所信从也。建,立也,立于此而参于彼也。天地者,道也。鬼神者,造化之迹也。百世以俟圣人而不惑,所谓圣人复起,不易吾言者也。"首先"本诸身",还是从自己本身做起,要完成自我的修养,成为一个君子。自己制定的种种法度,自己亲身实践,在民众面前立一个标准;接下来"征诸庶民",就是征验于百姓,考查实际的效果,使人人遵守奉行。既然有了一个实行的法度,则"考诸三王而不缪,建诸天地而不悖,质诸鬼神而无疑,百世以俟圣人而不惑"。这可以看作是四个标准:是不是能够收到与上古圣王时代相等同的效果,没有太大的偏差;是不是本源于自然的法则,没有与自然法则冲突;古代有鬼神崇拜,认为鬼神可以代表天意,所以也要质证一下鬼神;即使在百世以后,有圣王出现,考证从前的法度,也能够有所借鉴,不会提出质疑。所谓的君子之道,是能够在现实中实践,并且能够尽善尽美的。"质诸鬼神而无疑,知天也;百世以俟圣人而不惑,知人也。"这里的知天可以理解为知晓天理,古代儒家相信天理会在鬼神身上得到体现,所以"质诸鬼神而无疑"就相当于质诸天理而不疑。这里也有天人合一的意蕴,就是圣人与天地万物为一体,他所制定的礼法通行于世间而不与他物相矛盾。这是从知天的角度来说的;知天以外还要知人,而凡是圣人都有相通之处,再退一步讲,所有的人在根本上都有相通之处。"知人"的含义就是圣人把握住了人的相通之处,进而了解人道。圣人的礼法就是根据人道所制定的,这也就是为什么百世之后的圣人不会质疑百世之前的先圣所作礼法的原因。从这一点上来说，圣人的能力超越了一般的人，可以说达到了通晓神明的境地；这种能力正是从"尊德性而道问学，致广大而尽精微，极高明而道中庸"中得来的。

【原文】

是故君子①动②而世为天下道③，行④而世为天下法⑤，言⑥而世为天下则⑦。远之⑧则有望⑨，近之则不厌⑩。《诗》⑪曰："在彼无恶，在此无射⑫。庶几⑬夙夜⑭，以永终⑮誉。"君子未有不如此而蚤⑯有誉于天下者也。

【注释】

① 君子：这里是君临天下的人。

② 动：举动。

③ 道：道路。这里指具体地制定礼法、创立制度、考订文字的事务。

④ 行：行动，这里指政治活动。

⑤ 法：法则，效法。

⑥ 言：言语，这里指发出的号令。

⑦ 则：准则。

⑧ 远之：远处的人。

⑨ 望：威望，引申为景仰。

⑩ 厌：厌倦。

⑪ 诗：指《诗经·周颂·振鹭》。全文是："振鹭于飞，于彼西雝。我客戾止，亦有斯容。在彼无恶，在此无射；庶几夙夜，以永终誉。"这一篇是周王设宴招待来朝的诸侯微子时所唱的乐歌。孔颖达

注解为："此引《周颂·振鹭》之篇，言微子来朝，身有美德，在彼宋国之内，民无恶之，在此来朝，人无厌倦。故庶几夙夜，以长永终竟美善声誉。言君子之德亦能如此，故引《诗》以结成之。"

⑫ 射（yì）：《诗经》本作"斁"，厌弃的意思。

⑬ 庶几：差不多，几乎。

⑭ 夙夜：早晚。夙，早。

⑮ 终："众"的假借字。

⑯ 如此而蚤：如此的"此"，朱熹认为是"本诸身以下六事而言"；蚤：即"早"。

【译文】

所以君子在治国方面有什么举动，足以被天下、后世之人所效仿；君子的政治行为，足以作为天下、后世之人的法则；君子的言论号令，也足以作为天下、后世之人的准则。身在远方的人也能感受到君子的威望，心生景仰；身处近前的人也不会因为接触时间长久而感到厌烦。《诗经》中说："在本国没有人怨恨，在这里没有人讨厌；愿您早晚都这样，永远保持在众人中的美誉！"君子都是这样做而早早称誉于天下的。

【品鉴】

上文提到的三件大事，都已经处理得非常理想。这说明为政之人不仅仅是一个官僚，而是一个政治家，是一个圣人。所以圣人是值得所有人敬仰和赞赏的，他可以做到基本不犯错误。最终的结果，就是他所制定的礼法可以通达天下，造福百姓，可以作为放之四海而皆准的标尺。本章后文就是对圣人的赞美："是故君子动而世为天下道，行而世为天下法，言而世为天下则。远之则有望，近之则不厌。""动"是大的动作和举动,具体表现就是"行"和"言"。"行"是处理事情的方法,"言"就是与他人的对话,也包括政令。朱熹认为:"动,兼言行而言。道,兼法则而言。法,法度也。则,准则也。"作为大道的体现,足可为世人效法。如果没有机会亲自见到其本人,他的威望也足以让人崇敬;如果可以亲近,他又不使人感到厌恶,这是遵循中庸之道的结果,已经转化为圣人的人格魅力。所谓圣人之道,可以功垂万世,推之四海,就是这个道理。文中引用《诗经·周颂·振鹭》的一句来赞赏圣人之德,大体意思是,人无论在此还是在彼,都没有人厌恶他,彼此皆善,无往不宜,则可以永终其美誉。古往今来的圣贤之人,必须先达成天道,达成人道,才誉满天下,为后世所赞美、效法。做不到这一点,就无法在世间获得盛名。孔颖达认为,最后的一句话是说"欲蚤有名誉会须如此,未尝有不行如此而蚤得有声誉者也",是一句激励的话,鼓励人们"明明德于天下"。

其实这一章所强调的,依然是重视实践的观点。"本诸身,征诸庶民",以自身的德行为根本,并从老百姓那里得到验证。这是主客观的结合,理论与实践的统一,用客观实践来检验自己的主观意图、见解、理论是否符合老百姓的利益与愿望,从而使自己的举止能世世代代成为天下的先导,行为能世世代代成为天下的法度,语言能世世代代成为天下的准则。这里当然还是蕴涵着儒者对伟大与崇高的向往和对不朽的渴望,也就是中国古代知识分子崇奉的"立德、立功、立言"三不朽追求。以赞美微子的言行来表现儒家的理想人生,足可以体现儒家"为圣以德"、德政相通的终极关怀。此章文字,与前面的第二十七章、第二十八章的内容一起,反复申述圣人之道在于道德"彪炳天下"的道理。如果在王位,自然应该加强自身的道德修养,博施济众;即使不在王位,也可以通过自我的修身达到微子那样的高度。

关于微子，这里应该多说几句话。商朝第三十代君王帝乙的长子名启（因避汉景帝刘启的名讳，故改启为开），始封于微（今山东梁山西北），又称微子启，是殷纣王帝辛的哥哥，因其母为妃而未被立为接班人。商纣王继位后荒淫暴虐，多行不义，导致众叛亲离，国势日衰。微子启与太师箕子、少师比干屡次进谏，不被采纳。后来，微子启出走，箕子装疯被殷纣王囚禁，比干因再三直谏而被剖腹挖心。周武王灭商以后，微子启带着族人和商朝宗庙祭器，抬着棺木，捆绑起自己的双手，表示是罪人，跪着去见周武王，要求保全商族的后裔。周武王答应了，封商纣王的儿子武庚在殷墟（今河南安阳小屯），又命自己的弟弟管叔、蔡叔、霍叔帮助武庚监管商族遗民。周武王死后，成王继位，因成王年少，由武王弟周公旦掌管政事，武庚趁机和管叔、蔡叔串通起来，起兵反叛。周公调动大军，平息了叛乱之后，见微子启忠心顺从周朝，成王封微子启到商族的发祥地商丘，封国号为宋，爵位为公，成王特准其用天子礼乐祭祀祖先。微子启仁慈贤明，一向得到商民的拥护。在他的治理下，商民渐渐习惯了周人的统治，没有再出过什么乱子。后来孔子说"殷有三仁"，其中就有微子启。

微子启是宋国的建立者，孔子的祖先也是宋国人。《中庸》在这里引述这一段《诗经》原文，下一章接着就是赞美孔子的话。我们在这里应该可以感受到作者对于圣人气象的思考，至少，我们能够感觉到前后两章之间的自然过渡。

第三十章 祖 述

【原文】

仲尼祖述①尧、舜,宪章②文、武,上律天时,下袭③水土。辟如天地之无不持载,无不覆帱④,辟如四时之错行⑤,如日月之代明⑥。万物并育而不相害,道并行而不相悖。小德川流,大德敦化⑦,此天地之所以为大也!

【注释】

① 祖述:效法、遵循前人的行为或学说。祖,远。朱熹认为:"祖述者,远宗其道。"

② 宪章:遵从,效法。朱熹认为:"宪章者,近守其法。"

③ 袭:因袭。与上文的"律"近义,都有符合的意思。朱熹认为:"袭水土者,因其一定之理。"

④ 覆帱:覆盖。帱(dào),覆盖的意思。

⑤ 错行:错综运行,流动不息。

⑥ 代明:交替照明,循环变化。

⑦ 敦化:使万物敦厚纯朴。

【译文】

孔子远述尧舜的事迹，发扬文王、武王的政法，以自然时节为规律，从水土之中发掘道理。比如天地无不承载、无不包容，比如季节周而复始的运行、日月的交替照明。万物在天地之间发育生长，彼此不相妨碍；各种道理在天地间流行，彼此不相矛盾。从小的方面看，德性就像山间的流水；从大的方面看，德性渊深本厚、化育无穷。这就是天地的伟大之处啊！

【品鉴】

本章赞叹孔子的功德与天地之道相同。圣人之道，上合天道，下应人文，时中而行，"致中和，天地位焉，万物育焉"。局限于某时某地的君子，可以像小河流水一样滋润万物，如果能够"明明德于天下"，天底下还有什么能比这种人更伟大的呢？孔子不正是这样的人吗？

郑玄认为："此以《春秋》之义说孔子之德。孔子曰：'吾志在《春秋》，行在《孝经》。'二经固足以明之，孔子所述尧、舜之道而制《春秋》，而断以文王、武王之法度。《春秋传》曰：'君子曷为为《春秋》？拨乱世，反诸正，莫近诸《春秋》。其诸君子乐道尧舜之道与？末不亦乐乎？尧舜之知君子也。'又曰：'是子也，继文王之体，守文王之法度。文王之法无求而求，故讥之也。'又曰：'王者孰谓，谓文王也。'此孔子兼包尧、舜、文、武之盛德而著之《春秋》，以俟后圣者也。"孔颖达认为："此明孔子之德与天地日月相似，与天子、诸侯德化无异。'小德川流，大德敦化'者，言孔子所作《春秋》，若以诸侯'小德'言之，如川水之流，浸润萌芽。若以天子'大德'言之，则仁爱敦厚，化生万物也。'此天地之所以为大也'，言夫子之德比并天地，所以为大不可测也。"

后世儒家都认为，孔子继承了尧舜、文武的大业，秉承和发扬周代的礼法，试图重现远古的盛世。这就是儒家的道统，后世帝王和圣贤都以尧舜时代为大道盛行的时代，以周朝文王和武王的时代为礼法昌隆的时代，所以都以这两个时代为理想社会的代表。孔子则是理想中圣人的化身，所以能够"上律天时，下袭水土。辟如天地之无不持载，无不覆帱，辟如四时之错行，如日月之代明"，其实就是说明孔子钻研礼制，想要使社会恢复法度，人民恢复安定，这是顺应天地的规则。天地的伟大之处，就是孔子的伟大之处。因为孔子与天地比肩，与日月同辉。这一章以孔子为典范，盛赞他的德行，塑造了一个伟大、崇高而不朽的形象，使他流芳百世而成为后代人永远学习与敬仰的楷模。没有天子之位，照样可以成为圣人，因为孔子已经实现了"明明德于天下"的圣人抱负！

下文的"万物并育而不相害，道并行而不相悖，小德川流，大德敦化，此天地之所以为大也"一句，蕴涵的道理十分深刻。世界上的万物多种多样，人只是其中一类；世界之所以博大，之所以丰富，之所以变幻莫测、包罗万象，就是因为万物的生存、生活、生长可以不相妨害，都可以在阳光之下茁壮发展。这之中就有一则道理：人的生存不应该以他物的毁灭为代价，人的发展不应该以他人的痛苦为代价。人处于万物之中，是万物之一，人的生存发展与万物的生存发展互为前提；而万物之中，每一物的生存与发展都有其遵循的规则与道理，天地之间又有养育万物、发展万物的道理，这些道理也是并行不悖的。大德与小德就像是水的干流与支流一样，没有谁有用谁没有用的区别，应该求同存异、和而不同。

第三十一章 至 圣

【原文】

唯天下至圣，为能聪明睿知，足以有临①也；宽裕温柔，足以有容②也；发强③刚毅，足以有执④也；齐庄⑤中正，足以有敬⑥也；文理密察，足以有别⑦也。溥博⑧渊泉⑨，而时出⑩之。溥博如天，渊泉如渊。见而民莫不敬，言而民莫不信，行而民莫不说⑪。是以声名洋溢⑫乎中国，施及蛮貊⑬。舟车所至，人力所通，天之所覆，地之所载，日月所照，霜露所队⑭，凡有血气者⑮莫不尊亲⑯，故曰配天⑰。

【注释】

①临：居上临下。

②容：容纳，包容。

③发强：奋发自强。

④执：固执。这里引申为操持决断、固守正道。

⑤齐庄：庄重恭敬，虔诚的样子。齐（zhāi），同"斋"。

⑥敬：恭敬谨慎。

⑦别：明辨是非正邪。

⑧ 溥博：周遍而广阔的意思。溥（pǔ），普遍，这里形容天上的日月。

⑨ 渊泉：深潭。这里指精深的知识与道德。

⑩ 出：显露于外。

⑪ 说：同"悦"，喜悦、喜欢。

⑫ 洋溢：充满。引申为广泛传播。

⑬ 施（yǐ）：同"迤"，旁及之意。蛮貊，南北周边的少数民族。

⑭ 队（zhuì）：同"坠"，坠落。

⑮ 血气者：指有生命的人。

⑯ 尊亲：尊重和亲近。

⑰ 配天：与天相配。配：配合，相配。

【译文】

天下之大，只有达到最高境界的圣人，其聪慧睿智，足以君临天下；其胸怀宽广，足以包容天下；其奋发刚毅，足以固守礼法；其威仪万千，足以让四方来敬；其明察文理，足以明辨是非。他的德性如同周遍广阔的日月，又如同奔流不止的泉水，时时涌出。广阔如天，深泉如渊，百姓见到他没有不尊敬的，他的言语百姓没有不相信的，他的作为百姓没有不赞同的。所以他的声名遍及中原，就连周边的少数民族地区都享有他的恩泽。只要是车船能够达到的地方，只要是人力能够达到的地方，凡是天所覆盖的地方，凡是大地所承载的地方，凡是日月照临的地方，凡是霜露所降临的地方，所有的人都尊敬、爱戴他，所以说，他的德性可以与天相提并论。

【品鉴】

　　这一章是阐述圣人的功德：天下至圣，其德其政，足可配天。

　　郑玄认为："言德不如此，不可以君天下也。盖伤孔子有其德而无其命。"孔颖达认为："此又申明夫子之德聪明宽裕，足以容养天下，伤其有圣德而无位也。……此节更申明夫子蕴蓄圣德，俟时而出，日月所照之处，无不尊仰。'溥博渊泉'者，溥，谓无不周遍；博，谓所及广远。以其浸润之泽，如似渊泉溥大也。既思虑深重，非得其时不出政教，必以俟时而出。'溥博如天'者，言似天无不覆帱。'渊泉如渊'，言润泽深厚，如川水之流。"朱熹则说："聪明睿知，生知之质。临，谓居上而临下也。其下四者，乃仁义礼知之德。"

　　圣人的言论、行为，圣人定下的制度、礼法，可以泽被后世，让所有百姓不论远近都有所受益。"聪明睿知，足以有临"是指天资明慧，聪颖通达，足以处理天下国家的各种事务，这是"圣"；"宽裕温柔，足以有容"，是指他具有美德，性情温和，心胸豁达，能够包容万物，这是"仁"；"发强刚毅，足以有执"，说的是他能制定礼法，并以身作则，实行的时候坚毅果断，这是"义"；"齐庄中正，足以有敬"，是指他的圣人气象庄严肃穆，处理政事中正无倚，可以让其他人心生崇敬，这是"礼"；"文理密察，足以有别"，指的是他身居尊位，言论、文章都能细察义理，明辨是非，没有一丝一毫的偏差，这是"智"。这些都是在说明一位理想的圣人应该具备的品德与气象，无所不知，无所不闻，无所不通，无所不明。儒家认为，这样的人才能够治理朝政，太平天下。这种品德其实是历史中和传说中的圣王以及伟人的集合，所谓"溥博渊泉，而时出之。溥博如天，渊泉如渊"，"见而民莫不敬，言而民莫不信，行而民莫不说"。圣王的教化、影响遍及四海，圣王的恩泽遍及四方，"是以声名洋溢乎中国，施及蛮貊；舟车所至，人力所通；天之所覆，地之所载,日月所照,霜露所队;凡有血气者,莫不尊亲"。达到此种境地,可以说是功盖万世,可以与天地相媲美,所以说"配天"。这可以说是儒家的理想。

孔子就是这样"配天"的圣人。朱熹说:"配天,言其德之所及,广大如天也。"天道、人道,在圣人那里,难分轩轾,本身就是一而二、二而一的事情。周敦颐看到窗前小草的一岁一枯荣,不仅没有伤感,而且也从不拔除小草,他从中体悟出来的,则是天地万物的生机——"生生之意"!小草如此,大树如此,虎狼豺豹如此,男女老少又焉能例外?每一个生命生存、发展的权利,都是与生俱来的,没有人能够剥夺。圣人不仅应该仔细体会万事万物的"相与不害",更应该"如保赤子"般的保育万事万物的生存与发展。所以周敦颐能够"绿满窗前草不除",所以周敦颐才写出了《爱莲说》,这就是天人合一啊!这种思想,在张载那里,则被表述为"为天地立心,为生民立命,为往圣继绝学,为万世开太平"。做到了这一点,不就实现了"与天地参"吗?这是圣人的境界,是宋明理学家们矻矻以求的圣人气象!

第三十二章 经 纶

【原文】

　　唯天下至诚，为能经纶①天下之大经②，立天下之大本③，知天地之化育。夫焉有所倚④？肫肫⑤其仁！渊渊⑥其渊！浩浩⑦其天！苟不固⑧聪明圣知达天德者⑨，其孰⑩能知之？

【注释】

　　① 经纶：原指整理丝缕，引申为制定、治理。

　　② 大经：常道、法则。

　　③ 大本：根本道德。

　　④ 倚：倚傍、依靠。

　　⑤ 肫肫（zhūn）：诚恳真切的样子。

　　⑥ 渊渊：水静深的状态。

　　⑦ 浩浩：形容水势浩大的样子，引申为极其广大、广阔无际。

　　⑧ 固：实实在在。

　　⑨ 达天德者：通达天赋美德的人。天德，指仁义礼智信。

　　⑩ 孰：谁，哪一个。

【译文】

  只有具备至诚品德的人，才能够梳理阐发治理天下的纲要，树立治理天下的根本，知晓天地养育万物的道理。他哪里是有什么倚靠呢？他的仁德是多么敦厚！他的学识是多么渊博！他的功德是多么广大！假使没有实实在在的聪慧圣知和至高道德境界的话，谁能够了解至诚的圣人呢？

【品鉴】

  这一章比较短，承接上一章"唯天下至圣"而论述"唯天下至诚"，并且重述至诚的体现。"至诚"是"为圣"的重要体现，所以本章是"为圣以德"或"平天下以德"的小结。

  郑玄解释说："至诚，性至诚，谓孔子也。大经，谓六艺，而指《春秋》也。大本，《孝经》也。"孔颖达在郑玄解释的基础上又说："此又云夫子无所偏倚，而仁德自然盛大也。倚，谓偏有所倚近，言夫子之德，普被于人，何有独倚近于一人，言不特有偏颇也。……上经论夫子之德大如天，此经论唯至圣乃知夫子之德。"朱熹从理学的角度也进行了分析："经者，理其绪而分之；纶者，比其类而合之也。经，常也。大经者，五品之人伦。大本者，所性之全体也。唯圣人之德极诚无妄，故于人伦各尽其当然之实，而皆可以为天下后世法，所谓经纶之也。其于所性之全体，无一毫人欲之伪以杂之，而天下之道千变万化皆由此出，所谓立之也。其于天地之化育，则亦其极诚无妄者有默契焉，非但闻见之知而已。此皆至诚无妄，自然之功用，夫岂有所倚着于物而后能哉……前章言至圣之德，此章言至诚之道。然至诚之道，非至圣不能知；至圣之德，非至诚不能为，则亦非二物矣。此篇言圣人天道之极致，至此而无以加矣。"朱熹的解说，当更为贴切。

圣人之所以圣明，就是因为具有了至诚的品质，这是一个根本。有了这个根本之后，再建立人道的制度、礼法，就犹如从高空俯瞰大地一般，不会有丝毫差错。儒家一直倡导具备大德的人才可以制定、整理治国的大纲领，健全管理社会的各种法度；树立人道的大的根本，比如君臣、父子、夫妇、兄弟、朋友五种关系，使各尽其道；通晓天地生养万物的道理，根据这些道理来化育、教导百姓。他所做的一切只是天地正理的体现，不勉而中，不思而得，自然而然，不是凭借什么外物外力达到的。"肫肫其仁！渊渊其渊！浩浩其天！"正是对圣人境界的赞美。这个境界，不能简单描述，只能由人亲身去实践才能够体会到，所以结尾说："苟不固聪明圣知达天德者，其孰能知之？"只有境界相当的人才能彼此了解，所以儒家讲求潜心自修，博学多识，亲身实践。改变自我的心境，提高自我的修养，通晓天道与人道，到了那个时候，圣人境界自然就会呈现出来。

第三十三章　尚　䌹

【原文】

《诗》①曰"衣锦尚䌹②",恶其文之著③也。故君子之道,暗然而日章④;小人之道,的然而日亡⑤。君子之道,淡⑥而不厌,简而文,温而理,知远之近⑦,知风之自⑧,知微之显⑨,可与入德⑩矣。

【注释】

① 诗:指《诗经·卫风·硕人》。整段诗文为:"硕人其颀,衣锦褧衣,齐侯之子,卫侯之妻,东宫之妹,邢侯之姨,谭公维私。"

② 衣锦尚䌹:原文作"衣锦褧衣","褧"通"䌹",意思是古代女子出嫁时在途中穿在锦衣外面的罩衫,常用麻纱织成。这一句的意思是里面穿着华丽的锦服,外面罩着一件单衣。衣,此处作动词用,穿衣锦,指穿着色彩鲜艳的衣服。尚,加在上面。䌹(jiǒng),用麻布制的罩衣。

③ 恶其文之著:厌恶耀眼的文采。恶(wù),厌恶。

④ 暗然而日章:德行修养隐藏不露而又能够日渐显露出来。章:同"彰",彰显。

⑤ 的然而日亡:处处表露出来但终归消亡。的(dì),鲜明、显著。

的然，刻意表现。

⑥ 淡：平淡、恬淡。

⑦ 知远之近：要往远处去，必须先从近处开始。

⑧ 知风之自：要想教化别人，必须先从自己身上做起。

⑨ 知微之显：能够从细微之处看出明显的结果。

⑩ 入德：进入道德之门。

【译文】

《诗经》说："身穿锦绣衣服，外面罩件套衫。"这是为了避免锦衣花纹太过张扬。所以君子之道看起来很平淡，日子一久就会彰显出来；小人之道虽然外表光彩，但经不起时间的考验。君子之道：平常而不使人厌倦，简约而不失涵养，温和而不失文理。知晓由近至远的道理，知晓由内而外的道理，知晓小中见大的道理。了解这些，就可以进入圣人的境界了。

【品鉴】

《中庸》的最后一章，主要通过引用《诗经》中的句子来表达、赞美圣人之道，并借此回应第一章的主旨。此处引用《诗经》原文八处，反复咏叹，耐人寻味！最后以"上天之载，无声无臭。至矣"结束《中庸》全文，展现至诚为本、天人合一的君子境界，激发起人们无穷的想象空间！

对这一节的经文，郑玄的解释是：本节"言君子深远难知，小人浅近易知。人所以不知孔子，以其深远。"孔颖达进一步发挥说："以前经论夫子之德难知，故此经因明君子、小人隐显不同之事。此《诗·卫风·硕人》之篇，美庄姜之诗。言庄姜初嫁在涂，衣著锦衣，为其文之大著，尚著禅䌹加於锦衣之上。……记人欲明君子谦退，恶其文之彰著，故引《诗》以结之。故君子之道暗然而日章者，章，明也。言君子以其道德深远谦退，初视未见，故曰暗然。其后明著，故曰日章明也。小人之道的然而日亡者，若小人好自矜大，故初视时的然。以其才艺浅近，后无所取，故曰日益亡。"朱熹说得也比较详细："前章言圣人之德，极其盛矣。此复自下学立心之始言之，而下文又推之以至其极也。……古之学者为己，故其立心如此。尚䌹故暗然，衣锦故有日章之实。淡、简、温，䌹之袭于外也；不厌而文且理焉，锦之美在中也。小人反是，则暴于外而无实以继之，是以的然而日亡也。远之近，见于彼者由于此也。风之自，着乎外者本乎内也。微之显，有诸内者形诸外也。有为己之心，而又知此三者，则知所谨而可入德矣。故下文引诗言谨独之事。"

"衣锦尚䌹"，即里面穿着华丽的锦服，外面罩着一件单衣，是上古女子出嫁的穿着习惯。为什么穿了华丽的锦服，还要罩一件朴素的单衣呢？这里比喻君子的修养、学习不是为了显露于外，不是为了让别人知道，目的主要是加强自我修养，专务为己。一个人，有志于君子之学，应该如此立心。真正的知识和学问，真正的美德，都是厚积薄发的。与君子之道相反，"小人之道，的然而日亡"。对于小人来说，学问、知识与文采都变成了外在的装饰，乍一看非常华丽，但其内在是空虚的，是一种伪装。如此一来，必然会随着时间的消逝而逐渐消亡。君子之道，外表虽然朴素，但其中自有旨趣，时间越久就会越醇厚。表现在什么地方呢？外表虽然简单但其中大有文采；外表虽然浑厚但其中不失条理；就好像简朴的外表下其实是锦衣一般。用文章中的话说就是简单但不是单调的令人生厌，质朴又不失文采，温和而条理分明。知道"远由近始"的道理，也知道如何用自己的美德与人格去感化他人、影响他人，也知道怎样显现微妙的精深义理。这是所谓的道德境界，或圣人境界。

【原文】

《诗》①云："潜虽伏矣，亦孔之昭②！"故君子内省不疚③，无恶于志④。君子之所不可及者，其唯人之所不见乎？《诗》⑤云："相⑥在尔室，尚不愧于屋漏⑦。"故君子不动⑧而敬⑨，不言而信⑩。

【注释】

① 诗：指《诗经·小雅·正月》。整段诗文为："鱼在于沼，亦匪克乐；潜虽伏矣，亦孔之炤。忧心惨惨，念国之为虐。"意思是鱼儿虽然潜伏到水底躲起来，但还是可以清楚地看见。

② 孔：很。昭，原诗中作"炤"，意为明显。

③ 内省不疚：经常在内心省察自己，不感到惭愧。疚，原意为久病，引申为忧虑不安、惭愧。

④ 无恶于志：无愧于心。无恶，无愧疚、无恶念。志，心。

⑤ 诗：指《诗经·大雅·抑》。整段诗文为："视尔友君子，辑柔尔言，不暇有愆。相在尔室，尚不愧于屋漏，无曰不显，莫予云觏。神之格思，不可度思，矧可射思。"

⑥ 相：注视。

⑦ 屋漏：指古代室内西北角设小帐的地方，相传是神明所在，所以这里是以屋漏指代神明。古代主人的卧室，一般位于坐北朝南的正室里面，居室的西北，上面有窗户以取光明，故曰屋漏。因为有日光所照，所以有"当室之白"的说法。晚上躺在床上，仰头看天，所以也有"仰不愧于天"或"仰不愧于屋漏"的说法。不愧屋漏，比喻心地光明、不在暗中做坏事、起坏念头。

⑧ 动：行动。

⑨ 敬：恭敬。

⑩ 信：诚信。

【译文】

《诗经》中说："潜藏虽然很深，但也会很明显。"所以君子经常反省自己的过错，没有恶念存于心志之中。君子让人感到望尘莫及的地方，大概就是在这些不被人看见的地方吧？《诗经》中说："看你独自在室内的时候，是不是能无愧于神明。"所以，君子就是在没做什么事的时候也是恭敬的，就是在没有开口说话的时候也是诚实的。

【品鉴】

本节引用诗经的两段话，进一步说明君子"慎独"的功夫及其表现。

郑玄认为："言圣人虽隐遁，其德亦甚明矣。疚，病也。君子自省，身无愆病，虽不遇世，亦无损害於己志。"孔颖达说："所引者《小雅·正月》之篇，刺幽王之诗。《诗》之本文以幽王无道，喻贤人君子虽隐其身，德亦甚明著，不能免祸害，犹如鱼伏于水，亦甚著见，被人采捕。记者断章取义，言贤人君子身虽藏隐，犹如鱼伏于水，其道德亦甚彰矣。……《诗》云相在尔室，尚不愧于屋漏，此《大雅·抑》之篇，刺厉王之诗。诗人意称王朝小人不敬鬼神，瞻视女在庙堂之中，犹尚不愧畏于屋漏之神。记者引之断章取义，言君子之人在室之中屋漏，虽无人之处不敢为非，犹愧惧于屋漏之神，况有人之处君子愧惧可知也。言君子虽独居，常能恭敬。……云西北隅谓之屋漏者，《尔雅·释宫》文。以户明漏照其处，故称屋漏。屋漏非有人者，言人之所居，多近于户，屋漏深邃之处，非人所居，故云无有人也。云况有人乎者，言无人之处尚不愧之，况有人之处不愧之可知也。言君子无问有人无人，恒能畏惧也。"

"潜虽伏矣，亦孔之昭"的意思是鱼儿虽然潜伏到水底躲起来，但还是可以清楚地看见。在这里引入这句话，是为了说明君子要善于反省，问心无愧，其实是《中庸》中慎独的功夫。在公共场合，大家的行为都会因为有他人的注意而谨小慎微，对于一般人来说，独处时便不必掩饰了；但是一位君子，即使是自己一人独处，其内心的恶也仍旧是恶，不会因为不为他人知道而减少一分。所以君子独处之时，要时刻内省，举心动念都要合乎正理，方可以无愧于心。君子与一般人不同之处就在于他能在别人都看不到的情况下严格要求自己。诗云："相在尔室，尚不愧于屋漏。"大意是当你独自待在屋子里时，也应该无愧于屋中的鬼神。这也是类似于慎独的警言，是要说明君子的内心即使在没有外在动作时，也要谨慎；在发出言语之前，也要保持诚信，不但言而有信，而且不言亦有信。

【原文】

《诗》①曰："奏假②无言，时靡有③争。"是故君子不赏④而民劝⑤，不怒而民威于铁钺⑥。《诗》⑦曰："不显⑧惟德，百辟⑨其刑⑩之。"是故君子笃恭⑪而天下平。

【注释】

① 诗：指《诗经·商颂·烈祖》。整段诗文为："嗟嗟烈祖，有秩斯祜，申锡无疆，及尔斯所。既载清酤，赉我思成。亦有和羹，既戒既平。奏假无言，时靡有争。绥我眉寿，黄耇无疆。约軝错衡，八鸾鸧鸧，以假以享，我受命溥将。自天降康，丰年穰穰，来假来飨，降福无疆。顾予烝尝，汤孙之将。"意思是祭祀先祖时保持肃静，一切声音皆要停止。

② 奏假：祷告，进祭而感动神明。奏，进奉。假（gé），通"格"，感通，指诚心能与鬼神或外物互相感应。

③ 靡有：没有。

④ 赏：赏赐。

⑤ 劝：受到鼓励。

⑥ 铁钺（fū yuè）：古代执行军法时用的斧子。铁，通"斧"。

⑦ 诗：指《诗经·周颂·烈文》。整段诗文为："烈文辟公，锡兹祉福，惠我无疆，子孙保之。无封靡于尔邦，维王其崇之。念兹戎功，继序其皇之。无竞维人，四方其训之。不显惟德！百辟其刑之。於乎前王不忘！"意思是大大发扬天子的美德，四方诸侯都要以之为楷模。

⑧ 不显：大显，充分显扬。不，通"丕"，大。

⑨ 百辟：指诸侯。辟，君主，如复辟。

⑩ 刑：通"型"，示范、效法。

⑪ 笃恭：敦厚恭敬。

【译文】

《诗经》说："进奉诚心，感通神灵。肃穆无言，没有争执。"所以，君子不用赏赐，老百姓也会互相劝勉上进；不用发怒，老百姓也会很畏惧各种刑罚。《诗经》中说："弘扬那德行啊，诸侯们都来效法。"所以君子敦厚恭敬就能使天下太平。

【品鉴】

君子"慎独"的功效究竟有多大？德性能够化人于无形，君子愈诚，则其化人的效能就会愈大；诚到极致的状态，也就是全部仁德的呈现，自然可以"笃恭而天下平",这正是"明明德于天下"的功效。这就是《中庸》中反复强调的"至诚能化"的含义。

郑玄的解释是:"此《颂》也,言奏大乐于宗庙之中,人皆肃敬。金声玉色,无有言者,以时太平,和合无所争也。……是故君子不赏而民劝,不怒而民威于铁钺。"孔颖达说:"所以然者,时既太平,无有争讼之事,故无言也。引证君子不言而民信。"朱熹说:"承上文而遂及其效,言进而感格于神明之际,极其诚敬,无有言说而人自化之也。……承上文言天子有不显之德,而诸侯法之,则其德愈深而效愈远矣。笃,厚也。笃恭,言不显其敬也。笃恭而天下平,乃圣人至德渊微,自然之应,中庸之极功也。"

"奏假无言,时靡有争"的意思是祭祀先祖时要保持肃静,一切声音都要停止。这是说圣人的教化之功。教化之中包含了感化,圣人以身作则,慎言慎行,足以成为人民的表率。这种感召的力量本身就像祭祀伟大的先祖时所有人都极尽诚敬一样,能够使人民归于天理和至善。这样精神感召的力量,使百姓们心悦诚服,不需要什么奖励的措施,百姓们都能勉励向善;圣人根本不需要发怒制裁百姓,百姓也都能自觉遵守法度,这就是不怒而威的效果。圣贤的君主,只要做到敦厚、谦恭、宽容,这样对待所有人,天下自然就会大治,因为圣人的道德修养已经成为天下诸侯、大夫、百姓学习的榜样!

由此可见,圣人的德性即是天的德性,圣人的德化之功,也就是天地之道生化万物的功效。圣人之道与天地之道,通过慎独等修身功夫,圆融无碍地结合在一起,所谓"苟不至德,至道不凝"说的也就是这个意思。天人之间的通道彻底打通,"参天地之化育"也就变成了日常生活的组成部分。到了这个境界,"致中和,天地位焉,万物育焉",又有何难?

【原文】

《诗》^①云："予^②怀明德，不大声以色^③。"子曰："声色^④之于以化^⑤民，末也。"《诗》^⑥曰"德辀^⑦如毛"，毛犹有伦^⑧。"上天之载，无声无臭"，^⑨至矣！

【注释】

① 诗：指《诗经·大雅·皇矣》。整段诗文为："帝谓文王，予怀明德，不大声以色，不长夏以革，不识不知，顺帝之则。帝谓文王，询尔仇方，同尔兄弟，以尔钩援，与尔临冲，以伐崇墉。"引文的意思是"我怀念文王的美德，他从来都不会厉声厉色。"

② 予：我。

③ 声以色：号令与容貌。以：与。

④ 声色：言论和仪容。

⑤ 化：教化、感化。

⑥ 诗：指《诗经·大雅·烝民》。整段诗文为："人亦有言：德辀如毛，民鲜克举之。我仪图之，维仲山甫举之，爱莫助之。衮职有阙，维仲山甫补之。"引文的意思是美德就如同羽毛般轻盈。

⑦ 辀（yóu）：古代一种轻便车，引申为轻巧。

⑧ 伦：比，比较、类比的意思。

⑨ 上天之载，无声无臭：整段诗文为："命之不易，无遏尔躬。宣昭义问，有虞殷自天。上天之载，无声无臭。仪刑文王，万邦作孚。"载，事，这里指化育万物之事。臭（xiù），气味。

【译文】

《诗经》中说："我怀有光明的品德，不用厉声厉色。"孔子说："用厉声厉色去教育老百姓,是最拙劣的行为。"《诗经》中又说:"德行轻如毫毛。"轻如毫毛还是有物可比拟的。"上天所承载的,既没有声音也没有气味。"这才是最高的境界啊!

【品鉴】

对这最后一节经文,郑玄的解释是:"言化民常以德,德之易举而用,其轻如毛耳。……言毛虽轻,尚有所比;有所比,则有重。上天之造生万物,人无闻其声音,亦无知其臭气者。化民之德,清明如神,渊渊浩浩然后善。"孔颖达说:"记者引之,证君子亦不作大音声以为严厉之色,与文王同也。""此一节是夫子之言。子思既说君子之德不大声以色,引夫子旧语声色之事以接之,言化民之法当以德为本,不用声色以化民也。若用声色化民,是其末事,故云化民末也。……既引《诗》文德辀如毛,又言德之至极本自无体,何直如毛?毛虽细物,犹有形体可比并,故云毛犹有伦也。上天之载无声无臭至矣,载,生也,言天之生物无音声无臭气,寂然无象而物自生。言圣人用德化民,亦无音声,亦无臭气而人自化。是圣人之德至极,与天地同。"

"予怀明德,不大声以色",也与上一段引文类似,意思是赞美周文王的美德,他从来都不会以厉声厉色来取得威望。但这里的语气已经和缓许多,指出要在不知不觉中实现天人合一的大同境界。这其实是一位圣王美德的彰显,是真正的以德服人,不需要奖惩、颜色,自然会感动他人、影响他人。下面引用孔子的话反说,目的是要说明用疾言厉色来治理天下、国家是最下等的方法。那么最上等的方法是什么呢?还是顺应天理、运用美德。"德辀如毛",是说大的美德就犹如羽毛一般细微轻巧,运用美德治理天下也如羽毛般平实无显,但美德发生作用的时候简直就是春风化雨一般。美德尚且还有一个事物来比喻,至于真正的天道圣德，更是技高一筹："上天之载，无声无臭"，上天对万物的化育完全是无声无臭的，消失了外在的形态，这可以说是大德的表现了。尽可能慎独修身，尽可能把中和之道应用于日常生活，演变成人类的社会行为，就是把天道内化为个人自然、潜意识式的思维方式。喜怒哀乐之发动，均合乎社会规范、合乎天道，但又能发挥巨大的积极作用。正如诗圣杜甫《春夜喜雨》中所说："好雨知时节，当春乃发生。随风潜入夜，润物细无声。"这种境界，和风细雨，沁人心脾，使人在潜移默化中受到感化，这大概就是圣人的境界吧。只有这种自然而然春风化雨般的德性，才是极致的圣人之德，可以与天地相互融合。"天人合一"可谓中庸之德的极大功用，本章以此结尾，重新体现了《中庸》全书的主旨：诚。

本章是《中庸》全篇的结尾，重在强调德行的实施。从天理到人道，从知到行，从理论到实践，从"君子笃恭"到"天下平"，既回到与《大学》相呼应的人生进修阶梯之上，又萃取《中庸》全篇的宗旨而加以概括。各段文字，既有诗为证又引申发挥，难怪朱熹要在《中庸章句》的末尾大发感叹："右第三十三章，子思因前章极致之言，反求其本，复自下学为己谨独之事，推而言之，以驯致乎笃恭而天下平之盛。又赞其妙，至于无声无臭而后已焉。盖举一篇之要而约言之，其反复丁宁示人之意，至深切矣，学者其可不尽心乎！"亦愿以此与各位有心人共勉！

参考书目

1. （明）王守仁：《王阳明全集》，上海古籍出版社 1992 年版。
2. （清）张岱：《四书遇》，浙江古籍出版社 1985 年版。
3. （清）阮元：《十三经注疏·礼记》，中华书局 2009 年版。
4. （宋）陆九渊：《陆九渊集》，中华书局 1980 年版。
5. （宋）张载：《张载集》，中华书局 1978 年版。
6. （宋）赵顺孙：《大学纂疏——中庸纂疏》，华东师范大学出版社 1992 年版。
7. （宋）周敦颐：《周敦颐集》，岳麓书社 2002 年版。
8. （宋）朱熹：《四书章句集注》，中华书局 1983 年版。
9. 来可泓：《大学中庸直解》，复旦大学出版社 1998 年版。
10. 欧阳竟无：《内外学》（第五册），上海社会科学出版社 2014 年版。
11. 劳思光：《大学中庸译注新编》，香港中文大学出版社 2000 年版。
12. 岑溢成：《大学义理疏解》，鹅湖出版社 1983 年版。
13. 杨祖汉：《中庸义理疏解》，鹅湖出版社 1984 年版。

14. 谭宇权:《中庸哲学研究》,台湾文津出版社 1995 年版。

15. 黄忠慎:《四书引论》,台湾文津出版社 2003 年版。

16. 陈逢源:《朱熹与四书章句集注》,台湾里仁书局 2006 年版。

17. 蔡仁厚:《儒家心性之学论要》,台湾文津出版社 1990 年版。

18. 钱穆:《论语新解》,生活·读书·新知三联书店 2002 年版。

19. 冯友兰:《中国哲学史新编》(第三册),人民出版社 1985 年版。

20. 牟宗三:《中国哲学的特质》,上海古籍出版社 1997 年版。

21. 牟宗三:《中国哲学十九讲》,上海古籍出版社 1997 年版。

22. 牟宗三:《宋明儒学的问题与发展》,华东师范大学出版社 2004 年版。

23. 方立天:《寻觅性灵:从文化到禅宗》,北京师范大学出版社 2007 年版。

24. 刘文英:《儒家文明——传统与传统的超越》,南开大学出版社 1999 版。

25. 牟钟鉴:《儒学价值的新探索》,齐鲁书社 2001 年版。

26. 李零:《郭店楚简校读记》,北京大学出版社 2002 年版。

27. 黄俊杰:《中国孟学诠释史论》,社会科学文献出版社 2004 年版。

28. 宋志明:《中国传统哲学通论》,中国人民大学出版社 2004 年版。

后记

关于本书写作的缘由、思路,以及感慨、感谢的话,在听写的"导论"部分中都已经做了说明。现在还想延伸探讨一下"底色文化"的问题。

一个民族,特别是历史悠久、文明灿烂的民族,必有其"底色文化"。这个"底色文化",不仅是该民族立于世界民族之林的独特"标签",也是该民族历久弥新、繁荣昌盛的内在源泉。一个民族的"底色文化",应该是维护该民族的团结与发展、提供该民族基本价值观的源泉。

究竟什么是民族?定义的争议较大。斯大林用"共同语言、共同地域、共同经济生活以及表现在共同文化上的共同心理素质"来定义民族,但这难以概括我国多民族多语言的情况。美国学者安德森在《想象的共同体》导论中认为:民族"是一种想象的政治共同体"。但过于强调民族自决的"主权"性质,难以解释多民族国家的统一问题。牟钟鉴教授结合诸家之说,在《民族宗教学导论》一书中从祖源、文化、自我意识等三个维度界定民族,提供了一种新的视角,凸显了民族在血缘基础上的文化内涵。就中华民族而言,虽然其形成漫长而复杂,但对多元祖先的认可以及对"和谐"的强调,逐渐形成了我们独特的思维方式和文化标志。"自天子以至于庶人,壹是皆以修身为本",修身养性所追求的,首先就是个体身心之间的和谐；三纲五常等礼仪规范的背后，贯穿着"和为贵"的社会诉求（《论语·学而》中就指出，"有子曰：礼之用，和为贵。先王之道，斯为美。"），要求人与人之间、国与国之间、民族与民族之间遵礼守法，维护和谐；我们耳熟能详的"天人合一"，则要求人们在人类与自然界之间维持一种良性的互动关系。当然，所有的和谐追求，都不能偏离"人本"或"民本"的立场。这种思想，与西周初年的人文主义精神有着很大的渊源。

和谐价值观，不仅是中华民族崇尚统一反对分裂、追求社会稳定和谐的心理基础，而且也是中华民族的"底色文化"，是中华民族共同精神家园的重要基础。当然，实现和谐社会的具体道路、体现和谐价值观的具体方式，也需要跟上时代的步伐，吸收西方文化中饱含人类文明的积极因素。

《大学》从格物致知到治国平天下的外向扩展，对自强不息、勇于承担的刚健人生做出了很好的注解；《中庸》从天道至诚到"致中和"的理性诠释，对立足人本、升华人格的内在依据也做出了系统化的概括。在林林总总的世界各个文明中，上下五千年的中华文明绵延不绝、卓然挺立，是当代文明对话的重要参与者；在浩如烟海的先秦典籍中，《大学》《中庸》亦如两颗璀璨明珠、启明星辰，正是"底色文化"的重要组成部分。经典自有经典的魅力，各人有各人的解读角度与方法，本无须置喙。本文之所以冒昧续貂，一是表达对"底色文化"经典的敬畏，二是表达对祖先文化遗产的感恩。谨此与有缘者共勉。

刘成有

2022 年 3 月于北京存顺居